做一个理想的法律人
To be a Volljurist

法律人进阶译丛【法学拓展】
李昊/译丛主编

所有权的终结

数字时代的财产保护

The End of Ownership
Personal Property
in the Digital Economy

〔美〕亚伦·普赞诺斯基（Aaron Perzanowski）
〔美〕杰森·舒尔茨（Jason Schultz） /著

赵精武 /译

著作权合同登记号　图字：01-2018-4475

图书在版编目(CIP)数据

所有权的终结：数字时代的财产保护／（美）亚伦·普赞诺斯基，（美）杰森·舒尔茨著；赵精武译. —北京：北京大学出版社，2022.3

（法律人进阶译丛）

ISBN 978-7-301-32852-1

Ⅰ.①所… Ⅱ.①亚…②杰…③赵… Ⅲ.①个人财产—所有权—保护—研究　Ⅳ.①D913

中国版本图书馆 CIP 数据核字（2022）第 015288 号

The End of Ownership: Personal Property in the Digital Economy, by Aaron Perzanowski, Jason Schultz

© 2016 Massachusetts Institute of Technology

本书原版由麻省理工学院出版社于 2016 年出版。本书简体中文版由原版权方授权翻译出版。

书　　　名	所有权的终结：数字时代的财产保护 SUOYOUQUAN DE ZHONGJIE: SHUZI SHIDAI DE CAICHAN BAOHU
著作责任者	〔美〕亚伦·普赞诺斯基　〔美〕杰森·舒尔茨　著 赵精武　译
丛书策划	陆建华
责任编辑	陆建华　张文桢
标准书号	ISBN 978-7-301-32852-1
出版发行	北京大学出版社
地　　　址	北京市海淀区成府路 205 号　100871
网　　　址	http://www.pup.cn　http://www.yandayuanzhao.com
电子邮箱	编辑部 yandayuanzhao@pup.cn　总编室 zpup@pup.cn
新浪微博	@北京大学出版社　@北大出版社燕大元照法律图书
电　　　话	邮购部 010-62752015　发行部 010-62750672 编辑部 010-62117788
印　刷　者	北京宏伟双华印刷有限公司
经　销　者	新华书店
	880 毫米×1230 毫米　A5　11 印张　262 千字 2022 年 3 月第 1 版　2025 年 5 月第 3 次印刷
定　　　价	59.00 元

未经许可，不得以任何方式复制或抄袭本书之部分或全部内容。

版权所有，侵权必究

举报电话：010-62752024　电子邮箱：fd@pup.cn

图书如有印装质量问题，请与出版部联系，电话：010-62756370

"法律人进阶译丛"编委会

主　编

李　昊

编委会

（按姓氏音序排列）

班天可	陈大创	杜志浩	季红明	蒋　毅
李　俊	李世刚	刘　颖	陆建华	马强伟
申柳华	孙新宽	唐志威	夏昊晗	徐文海
查云飞	翟远见	张　静	张　挺	章　程

做一个理想的法律人（代译丛序）

近代中国的法学启蒙受自日本，而源于欧陆。无论是法律术语的移植、法典编纂的体例，还是法学教科书的撰写，都烙上了西方法学的深刻印记。即使是中华人民共和国成立后兴盛过一段时期的苏俄法学，从概念到体系仍无法脱离西方法学的根基。20世纪70年代末，借助于我国台湾地区法律书籍的影印及后续的引入，以及诸多西方法学著作的大规模译介，我国重启的法制进程进一步受到西方法学的深刻影响。当代中国的法律体系可谓奠基于西方法学的概念和体系之上。

自20世纪90年代开始的大规模的法律译介，无论是江平先生挂帅的"外国法律文库""美国法律文库"，抑或许章润、舒国滢先生领衔的"西方法哲学文库"，以及北京大学出版社的"世界法学译丛"、上海人民出版社的"世界法学名著译丛"，诸多种种，均注重于西方法哲学思想尤其英美法学的引入，自有启蒙之功效。不过，或许囿于当时西欧小语种法律人才的稀缺，这些译丛相对忽略了以法律概念和体系建构见长的欧陆法学。弥补这一缺憾的重要转变，应当说始自米健教授主持的"当代德国法学名著"丛书和吴越教授主持的"德国法学教科书译丛"。以梅迪库斯教授的《德国民法总论》为开篇，德国法学擅长的体系建构之术和鞭辟入里的教义分析方法进入中国法学的视野，辅以崇尚德国法学的我国台湾地区法学教科书和专著的引入，德国法学在中国当前的法学教育和法学研究中日益受到尊崇。然而,"当代德国法学名著"丛书虽然遴选了德国当代法学著述中的上乘之作,但囿于撷取名著的局限及外国专家的视角,丛书采用了学科分类的标准,而未区分注重体系层次的基础教科书与偏重思辨分析的学术专著,与戛然而止的"德国法学教科书译丛"一样,在基础教科书书目的选择上尚未能充分体现当代德国法学教育的整体面貌,是为缺憾。

职是之故,自 2009 年始,我在中国人民大学出版社策划了现今的"外国法学教科书精品译丛",自 2012 年出版的德国畅销的布洛克斯和瓦尔克的《德国民法总论》(第 33 版)始,相继推出了韦斯特曼的《德国民法基本概念》(第 16 版)(增订版)、罗歇尔德斯的《德国债法总论》(第 7 版)、多伊奇和阿伦斯的《德国侵权法》(第 5 版)、慕斯拉克和豪的《德国民法概论》(第 14 版),并将继续推出一系列德国主流的教科书,涵盖了德国民商法的大部分领域。该译丛最初计划完整选取德国、法国、意大利、日本诸国的民商法基础教科书,以反映当今世界大陆法系主要国家的民商法教学的全貌,可惜译者人才梯队不足,目前仅纳入"日本侵权行为法"和"日本民法的争点"两个选题。

系统译介民商法之外的体系教科书的愿望在结识季红明、查云飞、蒋毅、陈大创、葛平亮、夏昊晗等诸多留德小友后得以实现,而凝聚之力源自对"法律人共同体"的共同推崇,以及对案例教学的热爱。德国法学教育最值得我国法学教育借鉴之处,当首推其"完全法律人"的培养理念,以及建立在法教义学基础上的以案例研习为主要内容的教学模式。这种法学教育模式将所学用于实践,在民法、公法和刑法三大领域通过模拟的案例分析培养学生体系化的法律思维方式,并体现在德国第一次国家司法考试中,进而借助于第二次国家司法考试之前的法律实训,使学生能够贯通理论和实践,形成稳定的"法律人共同体"。德国国际合作机构(GIZ)和国家法官学院合作的《法律适用方法》(涉及刑法、合同法、物权法、侵权法、劳动合同法、公司法、知识产权法等领域,由中国法制出版社出版)即是德国案例分析方法中国化的一种尝试。

基于共同创业的驱动,我们相继组建了中德法教义学QQ群,推出了"中德法教义学苑"微信公众号,并在《北航法律评论》2015年第1辑策划了"法教义学与法学教育"专题,发表了我们共同的行动纲领:《实践指向的法律人教育与案例分析——比较、反思、行动》(季红明、蒋毅、查云飞执笔)。2015年暑期,在谢立斌院长的积极推动下,中国政法大学中德法学院与德国国际合作机构法律咨询项目合作,邀请民法、公法和刑法三个领域的德国教授授课,成功地举办了第一届"德国法案例分析暑期班"并延续至今。2016年暑期,季红明和夏昊晗也积极策划并参与了由西南政法大学黄家镇副教授牵头、民商法学院举办的"请求权基础案例分析法课程暑期培训班"。2017年暑期,加盟中南财经政法大学法学院的"中德法教义学苑"团队,成功举办了"案例分析暑期培训班",系统地在民法、公法和刑法三个领域以德国的鉴定式模式开展了案例分析教学。

中国法治的昌明端赖高素质法律人才的培养。如中国诸多深耕法学教育的启蒙者所认识的那样,理想的法学教育应当能够实现法科生法律知识的体系化,培养其运用法律技能解决实践问题的能力。基于对德国奠基于法教义学基础上的法学教育模式的赞同,本译丛期望通过德国基础法学教程尤其是案例研习方法的系统引入,能够循序渐进地从大学阶段培养法科学生的法律思维,训练其法律适用的技能,因此取名"法律人进阶译丛"。

本译丛从法律人培养的阶段划分入手,细分为五个子系列:

——法学启蒙。本子系列主要引介关于法律学习方法的工具书,旨在引导学生有效地进行法学入门学习,成为一名合格的法科生,并对未来的法律职场有一个初步的认识。

——法学基础。本子系列对应于德国法学教育的基础阶段,注重民法、刑法、公法三大部门法基础教程的引入,让学生在三大部门法领域中能够建立起系统的知识体系,同时也注重扩大学生在法理学、法律史和法学方法等基础学科上的知识储备。

——法学拓展。本子系列对应于德国法学教育的重点阶段,旨在让学生能够在三大部门法的基础上对法学的交叉领域和前沿领域,诸如诉讼法、公司法、劳动法、医疗法、网络法、工程法、金融法、欧盟法、比较法等有进一步的知识拓展。

——案例研习。本子系列与法学基础和法学拓展子系列相配套,通过引入德国的鉴定式案例分析方法,引导学生运用基础的法学知识,解决模拟案例,由此养成良好的法律思维模式,为步入法律职场奠定基础。

——经典阅读。本子系列着重遴选法学领域的经典著作和大型教科书(Grosse Lehrbücher),旨在培养学生深入思考法学基本问题及辨法析理之能力。

我们希望本译丛能够为中国未来法学教育的转型提供一种可行的思路,期冀更多法律人共同参与,培养具有严谨法律思维和较强法律适用能力的新一代法律人,建构法律人共同体。

虽然本译丛先期以德国法学教程和著述的择取为代表,但是并不以德国法独尊,而是注重以全球化的视角,实现对主要法治国家法律基础教科书和经典著作的系统引入,包括日本法、意大利法、法国法、荷兰法、英美法等,使之能够在同一舞台上进行自我展示和竞争。这也是引介本译丛的另一个初衷：通过不同法系的比较，取法各家，吸其所长。也希望借助于本译丛的出版，展示近二十年来中国留学海外的法学人才梯队的更新，并借助于新生力量，在既有译丛积累的丰富经验基础上，逐步实现对外国法专有术语译法的相对统一。

本译丛的开启和推动离不开诸多青年法律人的共同努力，在这个翻译难以纳入学术评价体系的时代，没有诸多富有热情的年轻译者的加入和投入，译丛自然无法顺利完成。在此，要特别感谢积极参与本译丛策划的诸位年轻学友和才俊，他们是：留德的季红明、查云飞、蒋毅、陈大创、黄河、葛平亮、杜如益、王剑一、申柳华、薛启明、曾见、姜龙、朱军、汤葆青、刘志阳、杜志浩、金健、胡强芝、孙文、唐志威，留日的王冷然、张挺、班天可、章程、徐文海、王融擎，留意的翟远见、李俊、肖俊、张晓勇，留法的李世刚、金伏海、刘骏，留荷的张静，等等。还要特别感谢德国奥格斯堡大学法学院的托马斯·M. J. 默勒斯（Thomas M. J. Möllers）教授慨然应允并资助其著作的出版。

本译丛的出版还要感谢北京大学出版社副总编辑蒋浩先生和策划编辑陆建华先生，没有他们的大力支持和努力，本译丛众多选题的通过和版权的取得将无法达成。同时，本译丛部分图书得到中南财经政法大学法学院徐涤宇院长大力资助。

回顾日本的法治发展路径，在系统引介西方法律的法典化进程之后，将是一个立足于本土化、将理论与实务相结合的新时代。在这个时代中，中国法律人不仅需要怀抱法治理想，还需要具备专业化的法律实践能力，能够直面本土问题，发挥专业素养，推动中国的法治实践。这也是中国未来的"法律人共同体"面临的历史重任。本译丛能预此大流，当幸甚焉。

李　昊

2018 年 12 月

推荐序

推荐序一

亚伦·普赞诺斯基(Aaron Perzanowski)和杰森·舒尔茨(Jason Schultz)在《所有权的终结：数字时代的财产保护》一书中提出"所有权正在走向末路"。这一论断并非危言耸听。当人类社会进入数字化时代以后，数据等新型资源所需要的配置和作用方式，确实使传统的所有权模式难以为继。那么，对于包括个人数据在内的数据资源，如果不能按照传统所有权形式加以配置，究竟应当采取何种法律方式加以合理处理呢？各位读者不妨细细品味本书作者的思考和分析。两位作者通过论证数字时代权利体系的重组现象，特别是通过揭示传统所有权理论所忽视的重要"细节"，洞见深刻，极具说服力。

龙卫球

北京航空航天大学法学院院长、教授，教育部长江学者特聘教授

2022 年 2 月

推荐序二

所有权是指权利人对自己的不动产或动产依法享有的占有、使用、收益和处分的权利，是一种经典的自由支配权，根深于民法最基本的财产权理论。而互联网时代的到来，打破了

权利人对其财产权的支配能力。在注册网络平台用户时,人们已经习惯性地匆匆略过用户协议,也无视平台运营者的版权政策和隐私政策,通常径直点击"同意"按钮。在这点击动作的背后,人们的财产权益已经被平台运营者提供的对世"合同"所"强制"约定,面对网络平台服务者的强势地位,当事人往往无从加以选择,更谈不上对其合法权利的控制。

无论人们接受的是互联网提供的有形交易商品还是无形的文化产品,抑或各种各样的电子商务服务,只要使用平台单方面提供的用户协议,所有权就可能被逐步蚕食甚至消解。这并非批判者的主观臆想,而是被社会大众忽视的客观趋势。

亚伦·普赞诺斯基(Aaron Perzanowski)和杰森·舒尔茨(Jason Schultz)所著的《所有权的终结:数字时代的财产保护》解读了所有权概念瓦解背后的社会图景,重新回顾和审视所有权概念在当下的理论内涵和实践基础。译者也忠实地再现了原著的学术观点和文字风采,使读者在阅读过程中能够切身感受并体会到互联网对传统法律制度形成的挑战。

张平

北京大学知识产权学院常务副院长、北京大学法学院教授

2022年2月

推荐序三

数字产权的制度建构成为当下理论界与实务界的热点话题之一。在《民法典》确认了个人信息权益的人格权属性之后,数据保护正式步入"数据财产权"的探索阶段,数字产权的内涵和外延也发生了巨大变化。信息技术创新带来的不仅仅

是物质层面的生产方式的改变，还包括理论层面的概念重组和制度重塑。美国学者亚伦·普赞诺斯基（Aaron Perzanowski）和杰森·舒尔茨（Jason Schultz）发现了数字社会中产权、所有权、财产权概念体系的崩塌，便直接以"所有权的终结：数字时代的财产保护"作为书名。这种看似"离经叛道"的观点有可能为数字社会的财产权、所有权、产权等基础概念带来新的制度生机，也能够为社会在"制度重构"和"理论释义"两条道路的选择中提供更为直接的参考要素。

高圣平
中国人民大学法学院副院长、教授，教育部长江学者特聘教授
2022年2月

推荐序四

本书聚焦财产法与知识产权法的结合部分，运用法学与经济学工具，借助实证资料，并通过对数字图书馆、数字版权、副本、云服务和数据流等前沿论题的讨论，对数字时代传统财产所有权的侵蚀与变化条分缕析，提出限制格式合同、复兴权利用尽原则、引入信息披露等因应之道。本书流淌的学术洞见，将对完善我国新领域、新业态知识产权的立法与司法，深化数字时代物权、所有权和知识产权的法理研究，推动数字经济背景下的规制与治理，具有相当的启迪价值。

宋华琳
南开大学法学院副院长、教授，教育部青年长江学者
2022年2月

推荐序五

社会学家曼纽尔·卡斯特预见到随着网络社会的崛起,信息技术革命的兴起和网络空间秩序的形成,原有社会结构形态下的传统观念被逐渐打破。而在当下数字经济崛起的背景下,原本"毋庸置疑"的概念开始受到质疑:历经数世纪的实践活动所形成的社会形态和制度结构开始分崩离析。其中,最为突出的问题就是:数字经济时代下所有权的概念体系和制度范式依然是那么牢不可破吗?无论是英美法系,还是大陆法系,所有权概念都是所有财产制度和社会生产关系的理论基础,象征着权利主体对土地等不动产、物等财产所享有的专属、排他性权益。

尽管两大法系对所有权制度的内容存在认知差异,但并不会对所有权概念本身产生怀疑,鲜有学者会提出"所有权概念是过去时代的遗留物,在现代社会已经失去制度生命力"等类似观点。然而,本书的作者亚伦·普赞诺斯基(Aaron Perzanowski)和杰森·舒尔茨(Jason Schultz)却提出了离经叛道的命题:所有权概念正在走向终结。作者在本书中探讨了所有权概念在数字市场中的转变,及其对个人财产权益的影响。他们不无遗憾地指出,在数字经济日益发达的今天,人们越来越习惯于"使用",而不是"拥有"各种各样的产品。这有可能预示着,所有权这个概念已经走到了尽头。

本书作者向我们展示了数字经济时代权利变迁的社会趋势:我们是如何失去拥有和控制媒体和各种设备的权利,以及信息技术革命带来的新型社会风险是如何改变传统的权利体系。作者构思精妙之处在于,不落窠臼地完成了对"技术"和"法律"之间关系变化的趋势追踪,精辟地指出这些技术革新产生的社会变化正在削弱人们对自己的东西充分支配的权能。这些变化包括向云分发和订阅模式的转变、版权和专利法的扩大、数字版权管理，以及通过用户协议、用户须知等平台规则文件来显示所有信息服务内容的基础是"许可"而不是"拥有"。作者绝非纸上谈兵，而是通过令人信服的论证揭开了被社会遗漏的事实真相——许多人在"购买"数字产品时并不知道他们放弃了什么。

正如作者解释的那样，所有权制度奠定了社会生产的基本形态，但重要的是，它代表个人的自主权，即作者在书中提到的"自我指导意识"。个人的行为反映了自己的偏好和选择，而不是受命于外部权威的指令。所有权能够使人们选择如何处理购买来的东西，即保留、借出、转卖、修理、赠送或修改，而无须寻求任何人的许可。这些权利对整个社会有更广泛的影响。比如，如果可以转售我们的东西，就会产生良好的社会效应：促成二级市场和转售市场，帮助传播知识和技术，支持知识隐私，促进竞争和用户创新。

作者反复提醒我们，由谁来决定什么是所有权，什么是许可权，无论在个人还是社会层面都是至关重要的。如果允许公司通过最终用户许可协议或数字版权管理来定义我们何时可以拥有自己的东西，就等于把关于社会应该如何运作的重要决定从公共机构和公共程序转移给了私有实体，而这些实体并不具有为我们的利益服务的动力。而且，如果个体不知道在"购买"数字产品时到底放弃了什么，那就不能说他们已经做出的选择是明智的。此外，如果选择单纯的使用权而不是所有权，将会产生更广泛的社会影响。越是转向许可和订阅模式，那些宁愿拥有自己东西的人就越难进行这一选择，从而导致商店关闭，公司转变分销模式，以及一些作品从市场上消失。

总的来说，《所有权的终结：数字时代的财产保护》一书对数字经济发展中消费者如何失去宝贵的权利做了深刻的探讨。有评论者认为,该书用通俗易懂的文字展现了数字消费的混乱世界,用最简单的类比取代了晦涩难懂的行话,回答了一些人们在一般情况下尚未想过的与数字所有权有关的问题。在这个日益复杂的世界里,充斥着难以读懂(或是没人读过)的条款和条件,而本书优美、简单的解释会让人耳目一新。对于想要做出明智决定的消费者来说,阅读本书是很重要的——不仅是为了学到法律和经济知识,而且可能影响每个人对财产所有权概念的认识,尤其是处于当前的发展趋势之下。

毫无疑问,本书是近年来出版的众多有关智能科技的书籍中为数不多的佳作,很值得一读。精武博士慧眼独具,将它翻译为中文并介绍给中国读者,表明他对英文出版的智能科技书籍有比较全面的了解。本书中文版的面世不仅能帮助人们理解数字经济时代所有权面临的诸多问题,也正好为提升大众的数据素养提供了一本通俗易懂的读物。

於兴中
美国康奈尔大学法学院 the Anthony W. and Lulu C. Wang
讲席终身教授
2022 年 2 月

致 谢

本项目诞生于一系列的学术文章,包括:"Digital Exhaustion". UCLA Law Review 58(2011):889-946;"Copyright Exhaustion and the Personal Use Dilemma", Minnesota Law Review 96(2012):2067-2143;"Legislating Digital Exhaustion", Berkeley Technology Law Journal 28(2015):1535-1557;and "Reconciling Personal and Intellectual Property", Notre Dame Law Review 90(2015):1213-1263。同时,本项目还借鉴了:Aaron Perzanowski 和 Chris Jay Hoofnagle 的"What We Buy When We Buy Now",即将在 the University of Pennsylvania Law Review(2016)发表。我们对这些期刊和其编辑以及我们的同事们表示感谢。是他们在项目的早期阶段帮助我们完善了想法。我们同时还要向诸多法学院表示感谢,它们的研讨提供了诸多文章和书中的部分内容。我们非常感谢 Peter Steffensen 对我们的研究给予的积极帮助,也非常感谢 Yawen Li 在最后一刻的重要编辑。我们还要感谢 Brandon Butler、Ryan Calo、Rochelle Dreyfuss、Dave Fagundes、Josh Fairfield、Tomás Gómez-Arostegui、James Grimmelmann、Parker Higgins、Chris Hoofnagle、Peter Jaszi、Ariel Katz、Mark Lemley、Lydia Loren、Mike Madison、Christina Mulligan、Sean O'Connor、John Rothchild、Sarah Schindler、Matthew Schruers、Sherwin Siy、Molly Shaffer Van Houwelingand Fred von Lohmann,感谢他们对本项目初稿提出的考虑周详的意见。

目　录

第一章　引言 / 001

第二章　财产及权利用尽原则 / 021
　　1. 初识财产法 / 022
　　2. 理解所有权 / 029
　　3. 财产冲突 / 033
　　4. 权利用尽原则 / 035
　　5. 抵制权利用尽原则 / 040

第三章　副本、云服务和数据流 / 051
　　1. 硬拷贝时代 / 053
　　2. 下载的麻烦 / 057
　　3. 不确定的"云" / 062

第四章　所有权和许可协议 / 083
　　1. 许可协议细则 / 086
　　2. 终端用户许可协议（EULA）的起源 / 093
　　3. 作为合同的终端用户许可协议 / 097
　　4. 作为许可的终端用户许可协议 / 105
　　5. 定义所有权 / 109
　　6. 许可和价格歧视 / 114

第五章 "立即购买"的谎言 / 121

  1. 混乱的信号 / 123

  2. 虚假和欺骗性广告的法律框架 / 128

  3. "立即购买"对数字消费者意味着什么 / 133

  4. 走向清醒 / 144

第六章 数字图书馆的前景与危机 / 149

  1. 制造阻碍 / 155

  2. 没有藏书的图书馆 / 157

  3. 图书馆和文化保护 / 162

  4. 当版权人发起攻击时：与保存对立的知识产权 / 165

  5. 图书馆和读者隐私保护 / 166

  6. 图书馆与创新 / 171

  7. 一个没有朋友的图书馆 / 173

第七章 数字版权管理（DRM）和设备内部的秘密战争 / 175

  1. 聪明的奶牛和愚蠢的代码 / 179

  2. 为你的客厅而战 / 182

  3. 数字版权管理走进华盛顿 / 185

  4. 数字版权管理重返法庭 / 189

  5. 至多不过是一次失败 / 191

  6. 最坏不过是一场灾难 / 195

  7. 车库门遥控器版权所有的保护 / 199

第八章 无法拥有的物联网 / 203

  1. "越狱不是犯罪" / 207

2. 老麦克唐纳经营一个农场 / 211

  3. 限制越多,反击越多 / 215

  4. 咖啡中的"自由" / 220

  5. 打开救生舱门,芭比 / 222

  6. 我们的身体,我们的服务器 / 224

第九章　专利与生活的平凡追求 / 229

  1. 专利法对用尽原则的灵活处理 / 232

  2. 爱迪生标签的回归 / 236

  3. 自我复制技术与永久复制机之谜 / 241

  4. 全球销售,局部用尽 / 242

  5. 用尽原则,终局否？ / 246

第十章　所有权的不确定的未来 / 249

  1. 所有权,共享和选择 / 250

  2. 法律改革之路 / 256

  3. 技术的角色 / 273

  4. 结论 / 281

索引 / 285

译后记 / 321

第一章　引言

　　作为一位普通消费者,你可能并未注意到,在数字产品的世界中,财产权利的概念和规则已经悄然改变。在我们的生活逐渐被数字产品渗透的同时,不但在电子书领域,而且在音乐、电影、游戏等领域内的数字产品无一不被终端用户许可协议和数字版权保护所充斥。这种新的"许可证"商业模式带来了一系列的后果:个人用户的所有权被限制,教育和文化机构难以正常运转,数字产品缺乏稳定性和持久性,消费者隐私更难被保护,市场交易的信息成本增加,等等。本章中,作者以全景的视角展示了数字经济中存在的传统财产所有权被侵蚀的种种现象,并提出了本书最核心的问题:在版权与消费者财产权之间存在利益冲突的情况下,我们应当如何定义数字经济中的个人财产所有权?为了回答这个问题,本书以历史和发展的眼光解构了当代错综复杂、利益交织的数字经济。

——译者注

1　　你很有可能正通过以下两种方式之一来阅读本书。要么拿着一本纸质印刷书,也就是传统的实体书,要么拿着一台载有电子书籍的电子设备,也就是电子书。无论是实体页面还是虚拟页面,上面的文字都是相同的。但是在这两种文本传递方式之间看似简单的选择,实际上为人们打开了一扇窗口,从而能够深入了解新兴的数字经济与我们在其中的地位,以及有关的一系列更加广泛的问题。无论是在法庭上、在市场上,还是在我们的家里,越来越多的证据表明,人们占有、控制、修复和使用自己所购买产品的有关权利,在很大程度上取决于这些商品是实体商品还是数字商品。实体商品和数字商品买家之间这种隐然的裂痕,是近期法律、技术和市场发展的副产品。这些变化不仅影响了书籍、音乐、电影等媒体内容,还影响了几乎所有具备软件功能的设备,从手机、汽车、咖啡机,再到心脏起搏器和胰岛素泵等医疗设备,无一不在其中。

有个例子可能有助于说明这个问题。在乔治·奥威尔(George Orwell)的反乌托邦经典小说《1984》中,"真理部"(the Ministry of Truth)按照"老大哥"(Big Brother)的要求,把数字文件扔进记忆黑洞(Memory Hole)中销毁。记忆洞是一个通往焚化炉的巨大管道网络。亚马逊(Amazon)公司是世界上最大的书籍销售商,其通过纸质印刷品和亚马逊电子阅读器(Kindle)两种方式,销售了连同《1984》在内数以百万计的书籍。试想一下,如果亚马逊电子书阅读器的用户们有机会提前读到这本书,他们绝对会被亚马逊的决定所震惊;多么讽刺,在与图书出版商发生纠纷后,亚马逊决定远程删除他们所购买的《1984》来作为反击。[1] 这些顾客晚上入睡前还想着自己拥有

---

〔1〕 参见 Brad Stone, "Amazon Erases Orwell Books from Kindle", New York Times, July 17, 2009, http://www.nytimes.com/2009/07/18/technology/companies/18amazon.html, accessed June 14, 2015。

了一本奥威尔写的警世故事书,结果第二天早上醒来却发现自己的书被"没收"了。取而代之的是,他们获得了退款,以及一次有关数字阅读风险的反面教训。

在实体书籍的世界里,这种情况是难以想象的。当地的书商不可能半夜爬进你家,收回你书架上的书。但是亚马逊公司对你的数字图书馆有着完全不同的控制力。你的亚马逊电子书阅读器上运行着亚马逊公司编写的软件,且保持着网络连接。这就意味着亚马逊公司可以向你的设备发送删除图书甚至是版本更新的指令,且不需要你的任何干预。[1]

然而,实体书和电子书不仅在技术上存在不同,在法律层面也大有不同。如果你买了这本书的印刷本,它就成了你的个人财产。就像你喜欢的鞋子或牙刷那样,你拥有它。拥有一本书意味着你可以用它做很多事情。你可以永久地保留它,可以想看几遍看几遍,可以借给朋友,可以转卖或者赠送,也可以在遗嘱中把它留给你所爱的人。虽然不提倡这种做法,但是只要你愿意,你甚至可以把它给烧了。由于版权法的要求,未经许可,一般情况下,你不能复制这本书。但如果你拥有它,你想复制就复制。这一切似乎是显而易见的。数百年来,个人财产的基本规则同样适用于书籍和其他动产。

也许你会认为电子书和实体书的运作原理差不多。它们明明包含相同的文字,且通常由相同的销售商按照相同的价格出售。可事实上,2012年的一项研究表明,近三分之一的畅销电子书比印刷版书的价格更高。[2] 按照图书出版商和销

---

[1] 如果你从朋友或当地图书馆那里借到了这本书的副本,你将受益于允许他们出借这本书的财产权。我们将在第六章中深入讨论图书馆的问题。

[2] 参见 Paul Bentley, "How a Third of Bestselling Ebooks Cost More Than the Same Title in Hardback", Daily Mail (London), September 30, 2012, http://www.dailymail.co.uk/sciencetech/article–2211022/How–bestselling–ebooks–cost–MORE–title–hardback.html, accessed June 14, 2015.

售商的说法,电子书遵循着一套截然不同的规则。对于实体书,人们的理解依赖于熟悉的个人财产规则。但你真的拥有你的电子书吗?大多数读者可能从来没有停下来问过自己这个问题。毕竟,你点击了"立即购买"的按钮,为你喜欢的电子书支付了销售价。你凭什么不能拥有你买到的东西呢?

尽管这一观点符合常识,但数字销售商坚持认为,所有权取决于"终端用户许可协议"(End User License Agreement,简称EULA)条款。而面对这些晦涩难懂的法律术语,你只是本能地点击了"我同意"就不再理会。这些为销售商和出版商工作的律师们所协商确定的条款,而不是默认的财产权,决定了你的权利。而在这些我们忽视的千言万语中,有一个始终如一的信息:你买的书不是你的,你只是被许可接触它们。也就是说,你有阅读它们的权限。也许有一天,你会失去这个权限。

3 《1984》事件绝不是读者丧失电子书访问权限的唯一案例。挪威的亚马逊电子书阅读器用户林·尼加德(Linn Nygaard),丢失了她在亚马逊购买的数十本电子书。亚马逊公司在没有任何通知的情况下删除了她的电子阅读器账户,书也消失了,理由是"滥用(他们的)许可政策",但并没有指明具体是什么。[1] 最可能的猜测是尼加德的确违反了这些政策,因为她住在挪威,而亚马逊还没有在挪威推出电子书阅读器商店。但我们也不能确定,因为亚马逊公司从没想过告诉她原因。需要澄清的是,她没有盗用信用卡付款,也没有入侵亚马逊的服务器免费获取电子书;她只是从错误的国家买了东西。在全球范围内一连串批判性的新闻报道之后,亚马逊公司作出

---

〔1〕参见 Mark King, "Amazon Wipes Customer's Kindle and Deletes Account with No Explanation", Guardian (UK), October 22, 2012, http://www.theguardian.com/money/2012/oct/22/amazon-wipes-customers-kindle-deletes-account, accessed June 14, 2015。

让步,恢复了尼加德所购买的电子书。但是亚马逊公司拿走用户电子书的技术能力和法律权威并没有改变。

其他销售商甚至无须以读者的不当行为作为借口,就直接让读者购买的电子书消失。儿童教育书籍出版商美国学术出版社(Scholastic)在2012年推出了Storia电子书平台,承诺客户购买的书最多可以与10名学生共享。但仅仅两年后,Scholastic就宣布改变计划。它将通过流媒体模式一对一地提供电子书。而且它新的订阅服务需要保持互联网连接畅通。没有Wi-Fi就无法阅读,这是美国许多资金不足的学校的真实情况。[1] 订阅服务本身并不是坏事。它可以为我们中一些需要临时服务的人提供实际帮助,但Scholastic的方法追溯地将学生和教育者认为的购买变成了租赁,从永久占有变成有条件的许可。正如该出版商所解释的那样,"转向流媒体意味着你以前购买的电子书可能很快就无法访问了"[2]。

接下来的章节将说明这个问题不仅发生在电子书领域。音乐的数字发行已经在很大程度上取代了CD的销售。预计在未来几年内,数字电影的发行量也将超过DVD和蓝光。软件和视频游戏的销售也趋向于数字模式。关于所有权的故事,正在每个行业上演。购买光盘游戏的玩家可以将其借给朋友或者转卖。而通过Xbox Live或PlayStationNetwork下载游戏的用户,即使支付了相同的价格,也不能这样做。当人们购买音乐、电影或其他内容时,我们所期待的那种财产权利,往

---

[1] 参见Peter Cohen and Jeff Livingston, "More Than Half of U. S. Public Schools Don't Have Adequate Wireless Access", Atlantic, November 13, 2013, http://www.theatlantic.com/education/archive/2013/11/more-than-half-of-us-public-schools-dont-have-adequate-wireless-access/281410/, accessed June 14, 2015。

[2] Nate Hoffelder, "Scholastic to Close Storia eBookstore; Customers Could Lose Access to Their eBook Purchases", The Digital Reader (blog), July 27, 2014, http://the-digital-reader.com/2014/07/27/scholastic-close-storia-ebookstore-customers-will-lose-access-ebook-purchases/#.U_fFdvSE-a5, accessed June 14, 2015。

好的方面说是不确定的,往坏的方面说就是压根不存在于数字市场。

那么,人们在媒体商品上的权利是怎样变得如此不稳定的呢?一部分是技术原因。廉价的远程存储、高速的移动网络连接以及平板电脑、智能手机等几乎无处不在的计算设备,为媒体商品的传播提供了新的途径。数字下载、云存储和流媒体服务为消费者提供了便利的即时访问和更低的购买价格,但同时也将人们与所阅读的书籍、播放的音乐和观看的电影分开。那些内容已经不在我们的书架上了。它们在某个遥远而未知的城市服务器群中。

与此同时,激进的知识产权法律、限制性的合同条款和技术锁定削弱了终端用户对所购数字产品的控制。我们稍后将详细讨论每一项因素。不过,阅读器商店的使用条款或许能简要地说明消费者在数字市场遭遇权利动荡的一个主要原因。就像亚马逊公司在(你可能从未读过的)终端用户许可协议中所解释的那样,"亚马逊电子书阅读器中的内容是授权给你访问,而不是卖给你的"〔1〕。换句话说,你并不拥有购买的电子书。更为重要的是,"如果您未能遵守本协议中的任一条款……亚马逊公司可能会立即撤销您访问……亚马逊电子书阅读器的内容且不退款"〔2〕。所以,如果你违反了亚马逊公司的规则,例如发布"威胁、诽谤……或令人不适"的产品评论,你的书就会被没收。〔3〕 你的权利被一份你从未读过且不可协商的协议所界定。如同下文所要展示的那样,关于人们

---

〔1〕 "Kindle Store Terms of Use", Amazon Digital Services, Inc., last modified September 6, 2012, http://www.amazon.com/gp/help/customer/display.html?nodeId=201014950, accessed June 14, 2015.

〔2〕 Ibid.

〔3〕 参见 "Conditions of Use", Amazon Services LLC, last modified December 5, 2012, http://www.amazon.com/gp/help/customer/display.html/?nodeId=508088, accessed June 14, 2015。

能够对自己所购买的产品做什么，协议的内容与大多数人的想法背道而驰。

除了这些协议限制之外，当前许多产品都内含限制用户使用的技术。数字版权管理（Digital Rights Management，简称DRM）在人们所购买产品的设计中嵌入限制性技术。如果你发现自己因为授权了太多的设备而无法再观看电影，那么你就是数字版权管理的受害者。但数字版权管理并不仅限于数字媒体。今天，我们可以在各式各样的产品中看到它，它扮演着几乎完全相同的角色，一本正经地告诉你能对购买的产品做什么，又不能做什么。例如，当科瑞格（Keurig）公司在2014年发布家用咖啡机2.0版时，它就采用了数字版权管理来促进自家咖啡的销售。当顾客打算冲泡价格更低的、非品牌的咖啡时，该设备的显示屏上会显示一条信息，礼貌地拒绝他们继续冲泡这种咖啡，并指示他们购买科瑞格品牌的咖啡。

"叛逆的"咖啡机并非个例。威胁着无形数字媒体所有权的演进趋势已经进入有形物的世界。智能手机、电视、汽车、家用电器和可穿戴设备，例如苹果智能手表（Apple Watch）、Fitbit智能手环等，这些产品都具有嵌入式软件和网络连接的特点，控制着人们对所购买产品的使用。和亚马逊电子书阅读器的电子书一样，这些产品附带的协议通常坚称购买者只是获得了使用许可，并明确禁止出借、转卖、修改甚至修复的行为。

这样的未来图景可能会令人不安。但产品制造商和销售商对消费者权益缺乏了解只是问题的一个方面。所有权是一个充满争议的问题，数字市场也是一个充满争议的领域。正如将要讨论的那样，我们有充分的理由去抵制这些意图重塑我们与数字媒体和硬件设备之间关系的行动，这些数字媒体和硬件设备很大程度上形塑着我们与世界的互动。尽管一些法院和决策者被引导走上了不断削减消费者权利的道路，但也有一些法院和决策者表示，不愿意不假思索地否定这些权利，要再三思考这样做的后果。[1] 也许更重要的是，读者、听众、玩家等日常生活中的普通人，也在表达他们的不情愿，他们不愿意接受所有权成为逝去的前数字时代的产物。我们在本书中提出的问题都很复杂，并没有简单的答案。我们想要解释当前人们与其所购买的产品之间的关系，以及人们是如何走到了这个所有权历史上的关键时刻的，并且希望开启一个开放和持续的对话，讨论人们未来可能会走向何方。

当然，任何有关数字化未来的讨论，都不得不承认新兴技术及其驱动的商业模式的好处。我们中的许多人，包括本书的作者，都欢迎数字市场的到来。想想亚马逊电子书阅读器是如何变革阅读体验的？如今的设备允许人们在一个比普通装订书更小、更轻的数据包中存储上千本电子书。这些设备允许读者搜索书籍、添加书签或注释、与一群朋友分享喜爱的段落，并即时查找不熟悉的词。得益于无线网络连接和集成式的购物平台，读者只需点击一下就可以购买到新书。就算是像我们这种喜欢实体书让人安心的份量、喜欢纸张印刷墨水的味道，还喜欢下午漫步在 Strand、Powell's 或 John K. King 等书店过道的人，多少也能认识到电子书的吸引力。

除了书籍之外，许多人还兴高采烈地把其他数字产品存储在云端，或者完全放弃永久性存储，转而直接从网飞（Netflix）、声破天（Spotify）等网站上获取订阅内容。随着流媒体服务的流行，似乎意味着更广泛的选择、更便携、更便利和更低价，如果确实如此，那么我们中的很多人都乐意牺牲永久的所

---

［1］ 参见，例如 Ron Wyden, "Regulatory Hardball about Software", Wall Street Journal, October 13, 2015, http://www.wsj.com/articles/regulatory-hardball-about-software-1444776652, accessed November 27, 2015.

有权而获得服务。许可模式的拥护者说,许可模式使服务在一定程度变得灵活,传统销售模式根本无法做到这一点。如果可以通过精准授权来满足用户的特定需求,如只阅读一本书而不借出它,或只是在智能手机上而不是在电视上看电影,他们可以相应地进行支付,这样每个人的需求都得到满足,大家都能受益。我们要回到"价格歧视"(Price Discrimination)的概念,即根据用户不同的产品偏好和支付意愿收取不同的价格。就目前而言,恰当的说法是我们同意某些形式的价格歧视具有增加消费者选择的作用。但我们也认为价格歧视的好处往往会被夸大,如果不加以限制则可能弊大于利。

今天,我们所处的市场在很大程度上给我们提供了一个选择的机会,即可以在获得所有权与获得非永久性且附带条件的使用权但能获得更多的数字和实体商品之间进行选择。两个选择都无所谓正确或错误。但它们对个人和社会都有着广泛的影响。有些东西我们得到了,有些东西则失去了。而如果我们能知道得到的同时失去了什么,就可以做出更明智、更有价值的,不仅是关于购买商品,还是关于市场管理法律和政策的选择。

那么,我们在选择时需要考虑哪些利害关系?非所有权最直接的后果就是人们失去了一连串的实质性权利。大多数终端用户许可协议中,由数字版权管理加以实施的限制性条款与私有财产的默认规则形成了鲜明的对比。你不能转卖自己并不拥有的商品,不能把它借给别人、不能送给别人,也不能捐献。你不能在未经许可的设备上阅读、观看或收听。你不能修改或修复所使用的设备。也许你有充分的理由放弃这些权利,但我们即将提供的证据有力地表明了这一点:大多数消费者对所有权和许可模式之间的差异知之甚少。

从完整的所有权向一般许可的转变所造成的影响并不局

限于个人,我们的教育和文化机构也在应对这些后果。例如,当某个图书馆购买了一本实体书,它可以把书借给任意数量的读者,而无须征得图书出版商的许可或支付任何额外的费用。图书馆的书可以流通几十年,满足许多读者的需要。但当图书馆购买电子书时,许可条款和软件代码往往会对借阅行为设定硬性上限。例如,哈珀·柯林斯(Harper Collins)的电子书只能被借出 26 次,也就是大概一年的借阅期,之后电子书基本上会自行销毁。[1] 在图书馆向出版商支付额外的费用之前,读者们不能再借阅该书。因此,尽管兰登书屋(Random House)等出版商声称图书馆"拥有"它们的电子书,但事实上并非如此,就像你也从没真正拥有过网飞列表中的电影那样。[2]

数字产品的消费者也失去了稳定性和持久性。正如《1984》那一幕所显示的那样,人们购买的东西可以在没有任何通知或原因解释的情况下被删除或禁用。也许是你在不知不觉中违反了网站服务条款的某些规定,也许是销售商采用了一种新的商业模式,忽略了现有客户的权益。谷歌(Google)、美国职业棒球大联盟(Major League Baseball)、MSN 音乐、索尼(Sony)、维珍数码(Virgin Digital)、沃尔玛(Walmart)、雅虎(Yahoo)决定关闭客户获取已购媒体内容所

---

[1] 参见 Julie Bosman, "Publisher Limits Shelf Life for Library E-Books", New York Times, March 14, 2011, http://www.nytimes.com/2011/03/15/business/media/15libraries.html, accessed June 14, 2015; Jeremy Greenfield, "What Is Going on with Library E-Book Lending?" Forbes, June 22, 2012, http://www.forbes.com/sites/jeremygreenfield/2012/06/22/what-is-going-on-with-library-e-book-lending/, accessed June 14, 2015.

[2] 参见 Michael Kelley, "Random House Says Libraries Own Their Ebooks", LJ Insider (blog), Library Journal, October 18, 2012, http://lj.libraryjournal.com/2012/10/opinion/random-house-says-libraries-own-their-ebooks-lj-insider, accessed June 14, 2015.; Peter Brantley, "Random House Did Not Mean Own, Exactly", PWxyz (blog), Publisher's Weekly, October 23, 2012, https://web.archive.org/web/20150626112010/http://blogs.publishersweekly.com/blogs/PWxyz/2012/10/23/just-another-word/ (site discontinued), accessed June 14, 2015。

需的服务器时,都采取了类似的行动。[1] 一些客户获得了转换为其他服务的机会,但更多的人被告知,如果没有把购买的媒体内容刻录成 CD 的话,就会永远失去它们。在另外一些情况下,销售商干脆完全破产。你可能会为当地书店的倒闭感到惋惜,但你至少保留了购买的书籍。而当一家高质量音视频文件的供应商 HDGiants 破产时,它的服务器终止了,而它的付费客户却什么也得不到。[2]

　　隐私是另一个要关注的问题。[3] 对于实物媒体,我们有强劲的隐私保护措施,限制别人获取你在当地图书馆的借阅记录和红盒子(Redbox)的电影租赁记录。抛开法律不谈,现实的障碍确保了政府、出版商和销售商无法轻易地追踪某人购买、拥有、转卖、享受作品的记录,包括被封禁、被销毁作品的复本,如《北回归线》(Tropic of Cancer)[4]、《要多脏有多

---

〔1〕 参见 Matt Buchanan, "Five Stores That Hosed Customers with DRM", Gizmodo (blog), April 28, 2008, http://gizmodo.com/384741/five-stores-that-hosed-customers-with-drm, accessed June 14, 2015; Jon Healey, "Yahoo Pulls An MSN Music (Only Faster)", Bit Player (blog), Los Angeles Times, July 23, 2008, http://opinion.latimes.com/bitplayer/2008/07/yahoo-pulls-and.html, accessed June 14, 2015. Walmart later reversed course: Antone Gonsalves, "Wal-Mart Reverses Decision to Shutdown Digital Music DRM Servers", InformationWeek, October 10, 2008, http://www.informationweek.com/wal-mart-reverses-decision-to-shutdown-digital-music-drm-servers-/d/d-id/1072848, accessed June 14, 2015。

〔2〕 参见 Julie Jacobson, "Perils of DRM: What Happens to Your Digital Content if the Provider Goes Out of Business?" CEPro, June 5, 2009, http://www.cepro.com/article/print/what_happens_to_your_digital_content_if_the_provider_goes_out_of_business/ accessed June 14, 2015。

〔3〕 参见 Julie E. Cohen, "The Right to Read Anonymously: A Closer Look at Copyright Management in Cyberspace", Connecticut Law Review 28 (Summer 1996): pp. 981-1039, p. 982; R. Anthony Reese, "The First Sale Doctrine in the Age of Digital Networks", Boston College Law Review 44 (March 2003): pp. 577-652, at 584。

〔4〕 亨利·米勒(Henry Miller)的小说在 1934 年首次发行时就被禁止。30 年后,最高法院在格罗夫出版社诉格斯坦案[378 U.S. 577 (1964)]中最终认定该书不属于淫秽作品。

脏》(As Nasty As They Wanna Be)[1]或《铁皮鼓》(The Tin Drum)[2]。数字交易使这种跟踪变得容易很多。首先,数字购物几乎总是与一个专门的用户账户绑定,把你的购买历史与身份联系起来。其次,网络媒体的架构允许对消费者行为实施前所未有的监控。例如,最近有研究人员发现,奥多比系统公司(Adobe)广受欢迎的电子书平台 Digital Editions 不仅会报告读者在个人图书馆中每本书的书名,而且会报告读者何时阅读了这些书,甚至查看了哪些页面。这使奥多比系统公司受到了抨击。更令人不安的是,这些信息以未加密的方式在互联网上传输,这意味着任何稍微有点经验的黑客都可以了解关于你阅读习惯的一切信息。[3] 当然,还有被国家安全局(NSA)等政府机构监控的风险。[4]

从所有权到许可的转变还引发了另一个更普遍的问题。由于条款间存有巨大差异,许可模式可能导致人们实际获得的权利具有不确定性。几个世纪以来,明确法律强制规则下的实践表明,所有权意味着当一个读者走进商店,用现金购买一本书时,他们相当肯定地知道自己获得了什么。[5] 当权利

---

[1] 说唱组合 2 Live Crew 的专辑在发行了数月、售出 170 多万张后宣布为淫秽作品。后来这一决定在上诉中被推翻。[详见案件:Skyywalker Records, Inc. v. Navarro, 739 F. Supp. 578, 582 (S.D. Fla. 1990), rev'd sub nom. Luke Records, Inc. v. Navarro, 960 F.2d 134 (11th Cir. 1992).]

[2] 这部奥斯卡获奖影片在上映了近二十年后,被美国俄克拉荷马市的一名法官认定为淫秽作品,该法官要求地方当局没收全部副本。这一决定最终也被推翻了。参见 Camfield v. City of Okla. City, 248 F.3d 1214, 1217 (10th Cir. 2001)。

[3] 参见 Iain Thompson, "Adobe Spies on Readers: EVERY DRM Page Turn Leaked to Base over SSL", Register (London), October 23, 2014, http://www.theregister.co.uk/2014/10/23/adobe_updates_digital_editions_encryption/ accessed June 15, 2015。

[4] 参见 Glenn Greenwald, No Place to Hide: Edward Snowden, the NSA, and the U.S. Surveillance State (New York: Metropolitan Books, 2014)。

[5] 在本书中,我们尽可能使用性别中立的单数"他们"。参见 Jeff Guo, "Sorry, grammar nerds. The singular 'they' has been declared Word of the Year", Washington Post, January 8, 2016, https://www.washingtonpost.com/news/wonk/wp/2016/01/08/donald-trump-may-win-this-years-word-of-the-year/, accessed March 16, 2016。

由许可协议那可变的、大多令人费解的文本决定时,这种确定性就消失了。从销售商到销售商,从出版商到出版商,再从产品到产品,许可的内容各不相同。仔细研究亚马逊电子书所附的许可,你就会发现,几乎没有任何有关从苹果商店购买电子书的信息。它也没有告诉你任何关于你的咖啡机的权利许可信息。许可是由制造商、销售商和出版商的共同利益,以及彼此之间的协商所驱动的。结果是,这样的许可往往是特殊的、可变的,有时甚至在你购买之后改变。因此,与所有权的相关权利相比,你获得的权利更不明确,也更不可预测。

除了对个人产生影响外,这种确定性的减弱还带来了更广泛的社会危害风险。明确可靠的财产权带来的一个好处是能引导人们,让市场交易相对容易。用复杂和不确定的合同规则取代明确的财产规则,会使我们所有人的生活都更加艰难,而且损害整个经济的运作。

用经济学家的话说,产权通过降低交易成本来提高效率。交易成本是指人们在购买产品或进行某种交易时,除去标价以外产生的所有成本。[1] 假设你想买一本新近发行的畅销书,它的零售价是 25 美元。但这个价格并没有考虑购买本身产生的所有相关成本。你要开车去书店;要花时间在书架上寻找这本书;在某些文化中,你可能还得讨价还价。这些都是交易成本。即便是了解该书的信息也是有成本的。在决定购买商品之前,人们必须进行调查,确定其质量和特性。例如,在决定购买这本书之前,你读了多少条评论?

明确的产权有助于减少这些成本。[2] 如果没有稳定可

---

[1] 参见 R. H. Coase, "The Problem of Social Cost", Journal of Law and Economics 3 (October 1960): pp. 1–44, 15–28。

[2] 参见 Thomas W. Merrill and Henry E. Smith, "Optimal Standardization in the Law of Property: The Numerus Clausus Principle", Yale Law Journal 110 (October 2000): pp. 1–70, 40–42。

靠的规则,说明人们在购买产品时获得了什么权利,信息成本就会上升。一方面,当你看到一本书的价格标签,你就马上明白,支付25美元之后你就能拥有它。这种对所有权的理解深深根植在大多数人的观念中。另一方面,在我们所处的世界里,有些书可以拥有,有些书只能阅读一次,有些书一个月后必须归还,还有一些书只能在浴缸里读、而不能在海滩上读,每一次购买都需要仔细地调查。你必须向销售人员提很多问题,或者仔细翻阅每本书的附带条款,以准确地弄清自己获得了哪些权利、它们的有效期间、又受到哪些限制。

信息成本问题导致了经济学家所说的外部性成本,即一种由交易产生的、但不由交易双方承担的成本。污染是一个典型的例子。[1] 一家工厂生产零件,并将其出售给公众。在这个过程中,工厂排放了污染物,降低了空气质量。零件的最终价格是由许多要素决定的——劳动力成本、材料成本、研发成本和广告成本,等等。但污染成本并不是其中之一。零件的购买者并不为此买单,而且在缺少环境法规的情况下,工厂也无须为此买单。因此,污染是销售零件产生的成本,但买方和卖方都不需要加以考虑。

信息成本也是如此。假设你的邻居喜欢在海滩上阅读,但是你更喜欢在浴缸里安静地喝杯波旁威士忌。因此,他们热衷于通过购买"海滩而不是浴缸"的许可,为下一本书省下1美元。而你不同,更喜欢拥有自己的书。当邻居和其他像他一样的人选择附带许可的书时,如果他们对自己的选择已有充分的了解,他们得到的可能正是他们想要的东西。就买卖双方而言,这笔交易看起来是成功的。但他们都忽略了一个成本。下次你去书店的时候,必须小心翼翼地留意附有

---

[1] 参见 Arthur Pigou, The Economics of Welfare (1920; repr., New York: Palgrave Macmillan, 2013), pp. 184-185。

许可的书籍，以免你在洗澡的时候才发现自己被禁止阅读。因此，你和其他潜在的书籍所有者的信息成本增加了。这些带有特殊规则的书籍事实上给所有购书者都带来了成本，无论他们的喜好是怎样的。

这并不是所有权转变为许可所产生的唯一外部性成本，还有其他一些在我们计算中没有注意到的损失。所有权的一个好处是保存。有价值的文化作品会因为各种原因而消失。政府的审查制度可以使作品退出市场，书籍和唱片会被认为在商业上不可行而绝版，而电影，从《采访》(The Interview)到迪士尼的《南方之歌》(Song of the South)，都由于政治争议、营销策略等各种原因而被雪藏。[1] 作品也可能因事故、自然灾害和单纯的疏忽而丢失。而所有权有助于防止这些损失。当人们拥有自己的副本时，人们就有更大的动力去努力保存它们，出版商和政府也就更难抹去它们。当作品通过转售和出借的方式在二手市场上广泛传播时，损毁灭失的风险就会降低。尽管所有人都会受益于对共同文化遗产的保护，但除了档案学者和历史文化学家的小圈子之外，很少有人会考虑这个问题。因此，当人们选择许可而不是所有（权）时，不可否认，我们是在一点点地破坏这些为保护所做的努力。

所有权也可以激励创新。当人们购买的二手商品可以再次转售时，这些二手市场就为产品的创新和改进创造了动力。

---

[1] 无论好坏，2014年的电影《采访》最初由于担心其对朝鲜的批判而被搁置发行。Drew Harwell and Ellen Nakashima, "Hackers' Threats Prompt Sony Pictures to Shelve Christmas Release of 'The Interview'", Washington Post, December 17, 2014, https://www.washingtonpost.com/business/economy/top-movie-theater-chains-cancel-premiere-showings-of-the-interview/2014/12/17/dd1bdb2a-8608-11e4-9534-f79a23c40e6c_story.html, accessed June 15, 2015. 迪士尼之所以维持着一个非家庭访问的电影"保险库"，部分是为了引入稀缺内容和推动消费需求，但也是为了确保像1946年《南方之歌》这样的电影不会被看到，但也不会被遗忘。Jason Sperb, Disney's Most Notorious Film: Race, Convergence, and the Hidden Histories of Song of the South (Austin: University of Texas Press, 2012).

我们看到的汽车、手机的新功能,重新录制的音乐,以及电影的幕后花絮,它们产生的部分原因是所有权和可转让性增加了竞争压力。这一趋势也许在视频游戏行业最为明显,游戏出版商经常发布"年度游戏"或者载有额外内容的特别版游戏,来与便宜的二手版本竞争。所有权同样使用户从所购买产品的修改者或改进者处获得创新的灵感。[1] 这种创新是有价值的。许可在一定程度上减少了创新的动机和机会,它给社会带来的成本并没有反映在许可商品的低价上。正因为个人对这些成本的感受并不强烈,由此我们有理由怀疑,仅凭消费者自身的选择——即使是知情的选择——是否能完全解决许可模式下信息成本、保存和创新方面的问题。

个人所有权也可以促进竞争,因为它有助于降低在不同形式、设备或平台之间相互转移的成本。较低的转移成本为具备潜在优势产品的新进入者打开了市场。想象一下,你是微软 Xbox 的忠实爱好者,在游戏硬件和软件上花费了数千美元。但你正在考虑转换阵营,购买索尼的 PlayStation 游戏机。如果你拥有 Xbox 设备,你就可以在克雷格列表网站(Craigslist)或易贝(eBay)上把它和你收集的游戏一起卖掉。但是如果微软能阻止你转售设备和游戏,就像它目前对在 Xbox Live 端购买的数字游戏所做的那样,你就不会那么倾向于转售了,而市场的竞争也会因此而减少。

但是,在所有权和许可的选择中,最根本的价值是自主权,即自我导向的意识,人们的行为反映了自身的偏好和选择,而不是一些外部权威的指令。人们如果拥有所购买的东西,就可以自由合法地使用它们。如果你拥有你的书,就可以把它们送人。如果你拥有你的唱片,就可以把它借给某个朋

---

[1] 参见 Eric von Hippel, Democratizing Innovation (Cambridge, MA: MIT Press, 2005)。

友。如果你拥有你的苹果手机,就可以选择移动运营商并安装你喜爱的应用程序。如果你拥有你的 PlayStation 游戏机,就可以更换它的操作系统,把它当成一个低成本的电脑使用。如果你拥有你的法拉利,你就可以按照你自己的喜好定制它。如果你拥有你的科瑞格咖啡机,就可以冲泡你喜欢的任何品牌的咖啡。这些不同行为的共同之处在于,它们都不依赖于许可。你不需要问亚马逊公司、苹果公司或索尼公司是否同意,你可以自由地按照自己的意愿行动,即使它们反对。

这也是难以通过许可来重建转卖、出借和其他权利的原因之一。例如,亚马逊公司创建了一个程序,允许读者附条件地将电子书"借给"朋友。一本电子书总共只能被借出一次,而且只能借出 14 天。最重要的是,能否借阅取决于图书出版商的许可。因此,只有小部分电子书被允许出借。而另一方面,不管出版商是否喜欢,你的实体书都可以借给许多朋友、亲戚或陌生人。因此,尽管亚马逊公司重建了人们习以为常的实体书借阅文化的某些内容,但数字借阅仍然是一种不完美的模拟,因为它很大程度上并不取决于我们自己的选择。

当然,即使有了所有权,人们也不享有完全的自由。人们对自己拥有的东西所能做的事是有限制的。但这些限制通常由法律所规定。在我们的制度下,法律是通过一个在许多方面都不完善的过程创造出来的,最终对人们的投入做出回应。但是,许可所定义的未来是这样的:人们与周围世界以及彼此之间的互动方式的控制权,越来越集中在一小撮实力强大的私人主体手里。在那个未来,对人们自主权的限制将来自终端用户许可协议而不是集体自治。其实不应该是这样的。技术可以限制人们的自由,但它也可以赋予人们权力。

1984 年,美国最高法院就录像机的命运进行了权衡。环球影城起诉了索尼公司,声称电视观众使用其贝塔卡带(Betamax player)非法录制广播节目。这个企图规定新技术的所有者如何设计和使用新技术的尝试，最终被法院驳回。这个案件的关键证词来自一个不太可能的证人，即美国公共广播公司（PBS）主要节目《罗杰斯先生的邻居》（Mister Rogers' Neighborhood）的主持人弗雷德·罗杰斯（Fred Rogers）。他用简单而有力的语言解释了录像机对于个人自主性的重大意义。"我始终觉得，随着这一新技术的出现，人们可以把下播的《罗杰斯先生的邻居》录下来……这样人们在家庭电视生活的安排上会变得更加积极。非常坦率地说，我反对人们被他人安排。我在广播领域的整体做法一直都是'你就是这样一个重要的人，你可以做出有益的决定'……任何能让一个人以健康的方式更积极地控制自己生活的事物都是重要的"[1]。所有权促进了罗杰斯先生心中所设想的那种积极参与，而许可模式则使它处于危险之中。

到目前为止，我们关注的是所有权对普通人的影响。但在这场争论中，还有其他层面的利益受到威胁。大部分取代所有权的努力都是以保护创作者的知识产权（IP）为名进行的。一般来说，知识产权被理解成法律为新发明创造和作品表达提供经济激励的一种方式。通过保护发明者和作者不被抄袭，知识产权法增加了他们在经济上获得成功的机会。如果知识产权保护所依据的理论是正确的，我们就会看到更多的创造力。

从出版商到汽车制造商，知识产权所有者们都被许可会给他们带来更大控制权的承诺所吸引。他们可以消灭二手书店等二级市场，可以减少咖啡或墨盒等补充产品的竞争，还可以垄断维修以及其他相关服务的市场。他们认为，所有这些都激发了他们投资全新优质产品的动力。此外，版权所有者认为，数字产

---

[1] Sony Corp. of Am. v. Universal City Studios, Inc., 464 U.S. 417, 446 n. 27 (1984).

品与实物产品有着根本的不同。它们可以被完美地复制并且免费分发。不像实体书读了几遍就会散架,电子书可以被无限地传递给读者。尽管实物商品和数字商品之间的差异经常被夸大,但我们同意它们互相不能完美替代。同样,我们也承认,数字所有权的规则不能简单地从实物世界中复制和粘贴得来。并且,我们也不应该简单地放弃所有权。

如果加强知识产权保护是以牺牲个人财产权为代价的话,那么仅使用许可的策略很可能适得其反。在今天,无论是否得到版权所有者的许可,大多数具有商业价值的版权作品都可以在网上免费获得。版权法面临的挑战是如何说服公众为其可以免费获得的东西付费,而随着 3D 打印技术的引入,很快专利法也将面临同样的挑战。法律的方法之一是挥舞起侵权责任的大棒。根据版权法规定,非法下载一首歌曲可引发高达 15 万美元的侵权损害赔偿。[1] 然而,就算尽最大的努力,版权所有者也无法找到并起诉海盗湾(the Pirate Bay)网站上的每一个下载者。[2] 而且成功起诉的概率太低了,大部分人都无法被阻止。

如果想说服人们放弃非法下载产品而是选择为之付费,"胡萝卜"和"棍棒"一样重要。人们会为那些具有良好价值的商品付费。而所有权恰好是良好价值的一个主要成分。财产权是一种购买者能够使用和享受所购产品的保证。法律承认属于你个人财产的书籍、电影或视频游戏要比权利未被承认的那些东西更有价值。因此,个人财产权为购买合法的作品复本提供了一个强有力的理由。但是,当作品复本缺乏我们所期望的权利和自由时,它们就不那么受欢迎了,与那些

---

[1] 参见 17 U.S.C. § 504(e) (2012)。
[2] 对于不熟悉的人来说,海盗湾是一个非常流行的网站,它允许用户上传和查找种子文件,这往往有助于未经授权的版权作品的传播。

免费且侵权的复本也没什么区别。

创作者、出版商和数字零售商正积极地控制着读者、听众和观众对产品的使用，在不知不觉中降低了人们购买产品的动力，这正是风险所在。在对被施加的限制有所了解后，如果人们不再相信数字产品能够带来良好的价值，我们就能看到他们的一些反应。如果可以的话，一些人将重新回归实物复本，其他人则会把钱花在声破天和网飞等订阅服务上，这类服务对版权所有者而言比基于销售的商业模式利润更低。一些人会选择非法下载，还有一些人决定把可支配收入花在其他地方，比如度假或者请私人教练。篡改所有权可能会产生重大后果，而且很可能不是创作者所期望的那样。

这就是这些问题和本书的重要性。以下是其余各章的内容。首先，我们概述了个人财产权和知识产权法上的一些基本原则，特别是"权利用尽"的概念，为本书的其余部分奠定了概念基础。接下来，我们会追溯所有权受到侵蚀的两个关键节点——数字发行技术和许可协议的兴起。其次，我们探讨了终端用户许可协议细则与数字市场上盛行的有关"购买"和"拥有"的说法之间的错配。我们将证明，这些说法在数字交易的基本性质方面误导了消费者。在此基础上，我们将注意力转向个人许可模式对另一个重要的机构参与者——公共图书馆的影响。再次，我们将看看几十年来主要局限于数字媒体的许可模式，是如何被输出到实体商品世界的。这种转变从数字版权管理技术和相关法律开始。随着物联网的出现，我们与周围设备（有时是我们体内的设备）的关系从未如此紧张。随后我们将探讨另一条对人们使用已购物品施加控制的法律途径，即专利制度，以及正在进行的所谓"售后限制"的斗争如何威胁到了所有权。最后，我们将规划一个蓝图来协调稳定、可靠的个人财产权与不可避免的数字未来。

第二章　财产及权利用尽原则

　　在所有权基本制度中，个人财产规则拥有充足且有限的自由，而对于无形财产来说，针对其非竞争性、非排他性等特点的财产规则在很大程度上仍未确定。从本质上来看，财产权由于法律的承认而存在，知识产权更是如此。在数字市场中，消费者与知识产权权利人之间存在利益冲突，为实现其平衡，在过去的一个多世纪里，权利用尽原则在版权领域做出了主要贡献，起到了保护隐私，促进创新和竞争，控制信息成本等作用。然而，图书出版、影视、计算机和视频游戏等行业的版权所有人始终将其视为一根"肉刺"，欲除之而后快。而在数字经济时代，权利用尽原则面临着空前的威胁。本书认为，以权利用尽为代表的规则试图实现版权与消费者所有权的平衡，这种平衡应当随着时代发展而调整和改变。

——译者注

要理解我们与数字商品之间不断变化的关系,需要从对所有权制度的基本认知入手。本章应该澄清一些事实。一方面,通过许可而非默认的所有权规则去定义消费者权利,与我们通常对待个人财产的方式大相径庭;另一方面,虽然存在普遍的误解,但所有权确实很少是绝对的。相反,所有权是相对的,往往不得不顾及他人的利益。法律已经发展出不少方法来解决这些彼此矛盾的权利诉求。在这场争夺宝贵资源控制权的斗争中,输赢的结果会告诉我们一些关于优先权的事情,以及人们认为什么样的用途和什么样的使用者应该在法律上享有特权。对于受知识产权保护的商品,权利用尽原则是解决知识产权人与个人财产所有权人纠纷的主要工具。从用尽到许可的转变是为了把权利从个人手中夺走,转而支持版权人及其销售合作伙伴。由于这种权利的攫取降低了效率,产生了有害的外部性,并干扰了个人的自主权,人们发现它成为一个麻烦。

1. 初识财产法

首先,我们应该区分四种基本类型的财产:有形财产、个人财产、智力财产和无形财产。我们大多数人把"财产"一词与土地,比如你的家或众所周知的家庭农场联系在一起。在法律上,我们称这种有形财产为不动产。不动产在许多方面与其他类型的财产不同。第一,每一块不动产均由它占据的物理空间定义,是独一无二的。从理论上讲,每块土地都可以被清晰地界定,并与所有其他土地区分开来。第二,由于不动产与物理空间相连,因而不会移动。抛开诸如地质构造变化、山体滑坡、河流改道等因素不谈,不动产会一直保持在原来的位置。第三,不动产相对昂贵。因此,我们中的大多数人在生活中只是进行少量的房地产交易。试想,你购买的房屋数量与袜子、书籍或手机的数量是否一致?

区分不动产的另一个关键特征是法律赋予土地所有者界定和重新安排其权利的相对灵活性。不动产权益可以有多种形式。最常见的是律师所说的土地绝对所有权(Fee Simple)。土地绝对所有权人有权使用和占有土地,排除他人干涉,出售或赠送土地,以及从土地中获取利润。还有其他方法可以拥有不动产。例如,终身产权(Life Estate)是一种占有和使用土地的权利,但有效期只为一个人的一生。共有产权(Tenancy in Common)允许两个或多个所有者同时拥有土地,每个人都有平等的占有和使用财产的权利。相比而言,分时共用产权(Timeshares)允许多个业主使用该房产,但每个业主每年只能使用一定的时间。而公寓(condominiums)则允许个人拥有建筑物中的每个单元,但大堂和走廊等公共区域是共有的。[1]

不动产所有者不仅可以从上述和其他现成的所有权形式中进行选择,也可以使用被称为不动产契约(Real Covenant)和衡平法地役权(Equitable Servitude)的法律工具来进一步定制自己的财产权。[2] 使用这些工具,所有权人可以对未来财产的使用设定限制或义务,可以附加条款指示他人对财产做何种事。这些条款"随土地转移而转移",约束着该财产所有后续所有者。通过这些法律工具,所有权人可以对后继者施加广泛的限制。他们可以为一块土地限定用途,例如建造一座家庭住宅;或者可以禁止某些用途,例如不允许建造灯塔或有机超市;可以禁止养宠物;可以坚持要有绿色草坪,并要求园

---

[1] 参见 Brad Dashoff and John Antonacci, "Understanding Real Property Interests and Deeds", ABA GPSolo Law Trends & News 7, no. 4 (Summer 2011), http://www.americanbar.org/newsletter/publications/law_trends_news_practice_area_e_newsletter_home/2011_summer/real_property_interests_deeds.html accessed June 15, 2015。

[2] 有关这些设备的详细说明,参见 Gerald Korngold, Private Land Use Arrangements: Easements, Real Covenants, and Equitable Servitudes (Huntington, NY: Juris Publishing, 2004), p.287。

丁来照料;可以要求你从给定的调色板中选择油漆的颜色;可以禁止节日装饰。简而言之,通过财产法,所有权人可以定制自己的权利,将自身的偏好和奇思异想强加于接触到特定不动产的每一个人。[1]

当涉及个人财产时,就不能随心所欲地定制规则了。[2] 个产(chattels)——法律上对个人财产的表述——中的财产权益要平淡得多。你可以拥有、租赁、出借一件燕尾服,但是财产法不承认燕尾服中的分时共用。[3] 法律也不承认动产上的物役;个人财产不附带任何条件。虽然在19世纪中期,英国一些法院曾考虑过将物役权适用于动产,但它们很快便纠正了这种想法。美国法院也纷纷效仿。[4] 因此,你的燕尾服不会带来必须穿特定品牌的鞋子或禁止连续两个周末穿着等负担。当然,你可以选择在合同中约定这些限制,但只有合同各方受其条款约束。这些义务不会"随燕尾服转移而转移",来约束未来的所有者。

坚持清晰、简洁的个人财产规则存在以下几个相关目的。首先,它有助于控制信息成本。人们可能愿意仔细调查每次

---

〔1〕 法院对不动产所有者的权利施加了一些重要的限制,以约束后代对财产的使用。在 Shelley v. Kraemer, 334 U. S. 1 (1948)中,法院禁止向非白人出售不动产的种族限制契约被视为违宪。

〔2〕 参见 Christina Mulligan, "A Numerus Clausus Principle for Intellectual Property", Tennessee Law Review 80 (Winter 2013): pp. 235-290, 251-252。

〔3〕 历史证明,法院对动产的物役持有敌意,因为动产上的物役往往缺少充分的通知,制约了所有权的转让,限制了未来使用财产的可预见性,并给后来的购买者带来了沉重的信息成本。参见 Zechariah Chafee Jr., "The Music Goes Round and Round: Equitable Servitudes and Chattels", Harvard Law Review 69, no. 7 (May 1956): pp. 1250-1264, at 1261; Molly Shaffer Van Houweling, "The New Servitudes", Georgetown Law Journal 96 (2008): pp. 885-950, 897-898。

〔4〕 参见,例如,De Mattos v. Gibson (1858) 4 De G&J 276 (Eng.); Taddy & Co. v. Sterious & Co. (1904) 1 Ch. 354 (Eng.); John D. Park & Sons Co. v. Hartman, 153 F. 24, 39 (6th Cir. 1907); Miles Med. Co. v. John D. Park & Sons Co., 220 U. S. 373 (1911); Van Houweling, "The New Servitudes". 参见 Glen O. Robinson, "Personal Property Servitudes", University of Chicago Law Review 71 (Fall 2004): pp. 1449-1523 (arguing in favor of servitudes on personal property)。

房地产交易时的特殊财产义务,毕竟人们并不经常买房,而且可能会花掉很多钱。但是当购买甜甜圈、订书机和书籍时,这种做法似乎并不值得。在这类交易中尝试明确财产权轮廓的成本很容易超过商品本身的价值。[1] 其次,明确的财产权能够保障日常商业活动中的普通物品可以自由买卖。如果燕尾服制造商可以定制买家通过交易获得的财产权利,那么它们完全可能会试图通过禁止租赁或控制转售价格来保护自己免受竞争。正如一个法院所言,为个人财产附加条件的做法"不符合公共政策,而公共政策最好是通过物品之间的自由交易来实现"[2]。

个人财产规则高度重视可转让性,即财产的所有者有权转售、赠与或以其他方式转让财产。但也并非必须如此。可以想象,不同的财产制度会导致迥异的结果。来看一下妖精(goblins)的财产。在 J. K. 罗琳(J. K. Rowling)的《哈利·波特》(Harry Potter)系列小说中,小精灵哥布林是技艺高超的铁匠。他们对自己制造的物品有着很深的感情,即使是在售出之后,他们也依然将自己视为这些物品真正的主人。罗琳解释道:"小精灵哥布林对所有权、付款和偿还的概念与人类不同……对于小精灵哥布林来说,任何物品的真正主人都是它的制造者,而不是购买者。在妖精眼中,所有小精灵哥布林制造的物品都是他们的……他们会认为物品是由购买者租用的……他们认为人类习惯于保留小精灵哥布林制造的物品,在巫师之间传递它们而无须支付额外费用,这种行为和盗窃差不多。"[3]

---

[1] 参见 Christina Mulligan, "Personal Property Servitudes on the Internet of Things", Georgia Law Review (forthcoming)。

[2] John D. Park & Sons Co. v. Hartman, 153 F. 24, 39 (6th Cir. 1907).

[3] J. K. Rowling, Harry Potter and the Deathly Hallows (New York: Arthur A. Levine Books, 2007), pp. 417-418.

但我们不是小精灵哥布林,至少现在还不是。当你出售二手普锐斯(Prius)汽车时,不会欠丰田公司(Toyota)销售提成。当你不幸离世时,三星(Samsung)也不能收回你的电视。一旦你购买了一件物品,它就属于你了。

到目前为止,我们已经考虑了与实物资产相关的财产权益。有了知识产权,我们的关注点就从有形财产转向无形财产。知识产权法包括一系列立法和司法规则,这些规则授予人类智慧的无形创作物以近似于财产的权利。专利法赋予发明者对其新颖的创造性成果享有专有权;版权法为独创性表达作品的创作者赋权;商标法则保护独特的符号免于混淆性的相似使用。这些和其他相关法律制度均属于知识产权的保护范畴。

尽管专利将在我们后面的内容中发挥重要作用,但我们当前的重点仍是版权法。[1] 版权与独创性表达作品有关。书籍、音乐、电影、视觉艺术和计算机软件都包含于其广泛的主题范围。为了使作品符合版权保护的条件,它必须是原创的,即必须反映一定程度的独创性,并且不能抄袭现有作品。[2] 另外,要想受版权保护,作品还必须记录在某种有形载体上。[3] 当作家在笔记本上写下一个故事,或者摄影师将图像保存到存储卡中时,便满足了这种固定性要求。

如果作品符合条件,版权人将被授予许多宝贵的专有权。这些权利包括复制作品、出售或以其他方式转让作品副本、公开表演或展示作品,以及基于原作品制作新的作品。[4] 只有版权人才具备在未经许可的情况下从事这些行为的合法权

---

[1] 权利用尽原则在商标法中也发挥了作用,它允许在未经商标持有人许可的情况下转售正版商品。参见 Generally Yvette Joy Liebesman and Benjamin Wilson, The Mark of a Resold Good, George Mason Law Review 20 (Fall 2012):pp. 157-205。

[2] 参见 Feist Publ'ns, Inc. v. Rural Tel. Serv. Co., 499 U.S. 340 (1991)。

[3] 参见 U.S.C. § 102(a) (2012)。

[4] Ibid., § 106.

利。举个更具体的例子，比方说你购买了一部蓝光电影，除非你获得版权人的许可，否则你不能复制该影片；不能为一屋子的陌生人放映它；未经授权不能制作续集。这种控制他人如何使用作品的能力阐释了版权的财产性质。由于受版权保护的作品通常以实物形式出售，因此知识产权使版权人能够对我们购买的有形产品进行一定程度的持续控制。但正如我们将在本章后面描述的那样，这种控制在关键方面受到权利用尽原则的约束。

尽管知识产权与人们熟悉的财产形式具有一些共同特征，但它在许多方面与后者不同。事实上，虽然"知识产权"一词被广泛使用，但许多人质疑它是否夸大了知识产权与其他更为常见的财产形式之间的联系。与大多数的有形财产不同，专利和版权会过期。美国宪法要求它只能持续"有限的时间"。最初，持续时间为14年。而在今天，专利在产生后20年到期，而版权在作者死后70年到期。[1]

更为根本的是，知识产权法所关注的"智力成果"，即我们所说的公共产品，具有两个区别于传统财产的特征。其一，思想和表达是非竞争性的。一个人对智力资源的使用不会干扰另一个人对它的使用。但是，如果我在开车，你就不能使用。无论你多么努力，你都无法让两个人穿上同一件燕尾服。而数百万人却可以在不耗尽潜在智力资源的情况下观看同一电视节目、唱同一首歌或阅读同一部小说。正如托马斯·杰斐逊(Thomas Jefferson)所解释的那样："(其他人)从我这里接收到思想，并没有减少我所拥有的；就像他从我的蜡烛上点燃了他的蜡烛，接收到了光，并没有使我的蜡烛黯淡。"[2]其二，信

---

[1] 参见35 U.S.C. § 154(a)(2) (2012); 17 U.S.C. § 302(a) (2012)。
[2] Thomas Jefferson to Isaac McPherson, 13 August 1813, in The Writings of Thomas Jefferson, ed. Andrew A. Lipscomb and Albert Ellery Bergh (Washington, DC: Thomas Jefferson Memorial Association, 1905), p.334.

息是非排他性的。一旦知识资源被公开,就很难保持对它的控制。你可以在土地周围放置围栏以防止入侵者,可以将珠宝锁在保险箱中,但是控制信息的使用和传播就像你试图在供给自己的空气周围建造围栏。由于上述两个原因,智力资源有别于其他种类的财产。

好的想法,比如治疗致命疾病的新方法或完美的分手歌曲,有可能改善生活。人们希望它传播开来。因此,我们应该庆幸信息产品与耕地或 iPhone 不同,它不会耗尽或磨损。但是,信息资源的公共产品特性会产生一个潜在的问题。尽管突破性的疾病疗法或令人心碎的歌曲可以被自由分享和欣赏,但制作这些新事物需要投入时间、精力和金钱。如果创作者不能收回这些投资,以及加上一些合理的利润,一些人就会望而却步。在一个创作新作品成本高昂,而对公众来说复制他们低廉、便捷的世界里,诗人会成为会计师,发明家会成为水管工。知识产权法意在通过禁止复制为竞争设置法律障碍,从而解决这一公共产品问题,即令人担忧的创意投资不足问题。知识产权其实是一种克服智力资源的固有特性,并迫使其表现得更像有形财产的尝试。

重要的是,并非所有无形资源都属于知识产权的保护范畴。债务、证券和政府特许经营权的权益,比如酒牌或出租车牌照,都涉及无形资产,而非有形物品,但它们不受知识产权法的规制。同样的,我们可以从财产的角度考虑数字货币和虚拟物品等资产(例如,你最喜欢的电子游戏里的强大武器)。针对这些相对较新的无形资产的财产规则在很大程度上仍未明确。[1] 数字资产融入知识产权或个人财产的法律框架并非易事。设想你从苹果公司购买一部数字电影:你在 iTunes

---

[1] 参见 Joshua A. T. Fairfield, "Virtual Property", Boston University Law Review 85, no. 4 (October 2005): pp. 1047-1102。

上浏览,找到一部似乎很有看头的电影,比如我们推荐什恩·卡鲁斯(Shane Carruth)的《逆流的色彩》(Upstream Color),然后以12.99美元的价格购买它。你可以将该电影从苹果的服务器下载到你的电视上,也可以将其下载到你的笔记本电脑里,又或者你可以改天再看。然而,是什么规则定义了你对该数字资产的权利?是个人财产规则还是知识产权规则,抑或iTunes许可协议?本书的核心问题是,数字商品(包括数字媒体内容和嵌入软件的设备)是遵循我们熟悉的个人财产规则,还是更灵活但往往不透明的知识产权许可规则?简而言之,我们是否拥有自己的数字商品?

2. 理解所有权

拥有财产意味着什么?这是一个难以回答的问题。几个世纪以来,法律学者、经济学家和哲学家一直在争论财产的基本性质。我们不指望这本书能在此结束这长期的对话,而是有一个更为温和的目标,那就是说服你重新考虑自己对所有权的一些先入之见。

大多数人认为,财产的所有权是赋予有形物品所有者的绝对权利。你可能知道关于财产法的一句格言,它是威廉·布莱克斯通(William Blackstone)经常引用的关于财产的说法:"一个人对世界上的外部事物主张并行使的唯一的、专制的统治,并且完全排除宇宙中任何其他个人的权利"[1]。但我们的讨论已经表明了布莱克斯通内心非常清楚的一点:这种对财产的绝对主义观点过于简单化了。[2]

在过去一个世纪左右的时间里,财产法专家之间流行着

---

[1] William Blackstone, Commentaries on the Laws of England, ed. John L. Wendell, vol. 2 (New York: Harper & Bros., 1857), 1.

[2] 参见 Albert W. Alschuler, "Rediscovering Blackstone", University of Pennsylvania Law Review 145 (November 1996): pp.30-32。

一个细致入微的看法。根据这种观点,所有权由一系列截然不同且可互相分离的权益组成。以一块土地的所有者为例,我们可以把所有权的概念分解为所有者可能享有的许多分立的权利:拥有土地,并对其进行实际控制的权利;使用土地的权利,例如野餐或放风筝;管理土地的权利,决定谁可以在其上野餐和放风筝;从土地获得收入的权利,收取野餐和放风筝的租金;还有转让土地的权利,将其售卖或赠送出去。这些权利中的每一项都有助于增加所有者的财产利益,但没有任何一项权利是所有权不可或缺的。所有者可以出租他们的土地,但不占有土地并不意味着所有者不再拥有它。所有者可以将土地上的采矿权出售给能源公司,但该公司使用土地和获取利润与个人所有权并不矛盾。

把财产理解为一组相关但可分离的权利,有助于我们解释财产权益的复杂性和灵活性,尤其是对于土地权益。但当涉及个人财产时,这个类比就不那么有用了,因为法律并不主张通过如此复杂的权利安排来限制信息成本,以保证商品的自由流动和保护消费者权益。对于你的燕尾服,法律就不允许这种权利的分片和切割。相比之下,版权在国会的设计下属于权利束(bundle of rights)模式。版权是一个明确列举的权利集成包——包括对作品进行复制、分发、公开展示和表演、改编的权利。而且,这些权利中的每一项都可以依据时间、地域、媒介或权利持有人制定任何其他条件进行分割。例如,戏剧作家可以转让他们的最新戏剧作品的公开表演权,而且只要他们愿意,就能够要求仅在威斯康星州的每隔一次周二进行公开表演。实践中,这很容易导致单个作品拥有数十个版权所有者权益。从理论上讲,这个数字是无限的。

这两种财产权概念一个强调简洁性,另一个拥有灵活性,二者处于对立的状态。整体而言,我们认为权利束的观点更准确地描述了财产的运作过程。但我们也认识到对权利束所支持的灵活性施加限制十分重要，尤其是在消费品方面，与不动产相比，其特点是成本低、数量大。我们认为定制的权利束所带来的信息成本和负外部性，使有限的标准化交易清单成为可能。

假设你决定接受我们推荐的《逆流的色彩》这部电影。为简单起见，我们还假定你更喜欢实体副本。你有四个基本选择：你可以直接购买这部蓝光电影；或者如果你能找到的话，可以从 Redbox 或当地的影视租赁店租用它；也可以从订阅服务中获取它，例如网飞残存的光盘邮寄服务；或者你可以从朋友那里或当地图书馆借到它。这份熟悉且简单的交易清单将满足大多数人的需求。

我们还可以想出其他奇特的替代方案。有些方案甚至可能最终看起来像是苹果公司或亚马逊公司的终端用户许可协议。极端地说，权利束的观点将允许人们创建可以想到的任何可定制权利与限制条件的组合。也许有些人会更喜欢这些新型交易，但我们认为，这种程度的灵活性将给个人和社会带来成本，而没有相应地提高消费者的满意度。灵活性具有一定价值，但仅限于收益递减的情况。

我们要挑战的第二个大众观念与财产权的客体有关。大多数人都认为所有权是赋予物（通常是有形财产）的权利。但我们已经看到法律如何将一些财产概念逐渐扩展到无形资产了。那么，如果财产权没有定义所有人与物体之间的关系时，它究竟定义了什么？对于许多法律学者来说，答案是所有权实际上定义了人与人之间的关系。说我拥有一块土地，或一件燕尾服，或一首歌，是说我有权利在不同程度上控制你与我所拥有的东西有关的行为。我控制的不是这个东西，而是其他人与它互动的方式。

从这个角度来看,财产法只是允许人们构建与他人关系并影响他人行为的众多工具之一。合同是另一个工具,但合同权利只对协议各方有效。相比之下,财产权不需要谈判,不需要合意,也不需要同意。你的所有权适用于每个人,无论他们喜欢与否。财产和合同提供的救济措施也有所不同。例如,侵害版权可能导致数万甚至数十万美元的赔偿,而不必考虑版权人由此遭受的任何可衡量的损失。但纯粹基于合同的赔偿将仅限于违约造成的可证明的实际损失。

接下来,我们应该谈谈财产权的来源。有些人把财产视为一种自然权利,是一种独立于任何法律规则的存在,且植根于一些更深层次的哲学基础。约翰·洛克(John Locke)有一个著名的论点,即财产是一种源于劳动的自然权利。洛克认为,人们通过努力收集资源、耕种土地或发展新思想来获得财产权。[1] 黑格尔对财产的基础提出了另一种观点,他认为财产是个人自我实现的必要条件。人们只有能对世界上的事物施加控制,才能表达自身的意愿、实现自我的目标,或作为个体茁壮成长。[2]

但不管其基础如何,作为一个实际问题,财产很大程度上取决于法律的规则。财产权的存在是由于政府愿意承认并最终执行它。想象一下,如果你在自己的土地上遇到了侵入者,你会怎么做?也许你会打电话给警察。某些情况下,你可能还会提起诉讼。如果法律系统拒绝处理侵入者,那么你的财产权就没有什么价值。即使是所有权人的私力救济措施,最终也取决于法律认可。只有在法律制度有利于你的而

---

[1] 参见 John Locke, "Of Property", chap. 5 in Second Treatise of Government, ed. Jonathan Bennett (2010), http://www. earlymoderntexts. com/assets/pdfs/locke1689a_1.pdf, accessed June 16, 2015。

[2] 参见 Hegel's Philosophy of Right, trans. T. M. Knox (London: Oxford University Press, 1820)。

非侵入者的利益之时，将某人从你的财产上赶走才是合法的。

知识产权对于法律承认的依赖更为明显。如果没有立法，美国的版权和专利权压根就不会存在。没有公认的自然权利能获得此类保护。相反，是法律在保护作者和发明者，以促进有价值的智力资源的创造，供整个社会使用和享受。当国会和法院被说服改变现状会产生更好的结果时，它们就会调整这些财产利益——增加新的权利，扩大或限制现有的权利。

财产权的存在和具体形态由人们的法律制度所决定。因此，通过将某物称为财产并将某人称为其所有者的方式，法律正通过将某物定义为财产和将某人定义为所有者的方式进行概念的简化表达。在对宝贵资源的争夺行为中，法律通过标签化的方式对胜利者进行了确定。在这一点上，我们关于所有权未来的主张应开始采纳某种更清晰的含义。当我们说个人财产权在数字市场中被侵蚀或消除时，我们的意思是，使用、控制、保留和转让购买物的权利，不论是实体的还是数字的，都正在从购买者历来享有的权利束中被剥夺，并转移给知识产权权利人。反过来，这意味着，这些权利的持有人可以更好地控制每个人如何消费数字媒体与使用设备，如何与家人朋友互动、如何花钱消费、甚至如何生活。由此来看，消费者与知识产权权利人各自的权利之间显然存在潜在的冲突。所以下一个问题是：我们应该如何解决它？

3. 财产冲突

在公众的想象中，财产权能够以有利于财产所有者的方式解决冲突。但这并不是财产的实际运作方式。当你的利益与邻居的利益不一致时会发生什么？或者更确切地说，当购买者的个人财产利益与版权人的知识产权不一致时会发生什么?不同类型的财产权都在其范围内受到限制。它们具有内在的限制,可防止权利人忽视他人的利益。在不动产领域,征用权与妨害条例提醒着我们财产所有者的权利是有限的。例如,你的财产所有权不能成为损害邻居的过度噪声或污染的借口。同样,个人财产所有者必须遵守为其使用财产施加各种限制的一般性法律。你不能把车停在人行道上,也不能在拥挤的公园里挥舞你最喜欢的斧头,即使你拥有它们。

知识产权也有其固有的局限性。例如,版权仅保护作者使用的特定表达方式,却不保护其作品背后的思想。因此,《星球大战》(Star Wars)的版权保护电影、剧本、情节,甚至具体的角色免遭复制,但并未赋予乔治·卢卡斯(George Lucas)或当下的迪士尼(Disney)公司这种"千面英雄"的专有权。[1] 而合理使用原则有时允许复制作者的表达方式,只要该复制符合公共利益,且给版权人带来的经济损害风险有限。例如,我们在前几页从《哈利波特与死亡圣器》(Harry Potter and the Deathly Hallows)中复制了一小段话,用来说明关于财产法的观点,这就是一种合理使用,其不需要得到版权人的许可。

版权人与消费者之间的财产利益冲突是我们故事的核心。对于创作者来说,知识产权法关注的是无形的创作,谁拥有它,如何使用它,以及一个创作是否与另一个创作过于接近。但对我们大多数人而言,版权法是一套规则,告诉我们用自己的东西可以做什么、不能做什么。你可以把蓝光电影复制到笔记本电脑吗,你可以与朋友分享你最喜欢的新专辑吗,你能卖掉你的旧书吗,你可以邀请多少人到家里观看超级

---

〔1〕参见 Joseph Campbell, The Hero with a Thousand Faces (New York: Pantheon Books, 1949)。

碗?以及如果你在当地酒吧观看,电视机可以有多大?[1] 在这个意义上,版权法限制了人们日常使用财产的方式。

因此,消费者和知识产权权利人之间存在着一场拉锯战。如果法律加强了知识产权,就会缩小个人财产权的范围。如果法律给予人们更多的自由,可以对自己购买的东西为所欲为,知识产权权利人就会牺牲一些对我们的控制。这种张力是兼顾创作者与消费者利益的法律制度所不可避免的特征。从政策的角度来看,知识产权和个人财产权之间的讨论可以替换成一系列广泛的问题,比如创新性激励、信息成本和其他外部性、欺诈和自主权。由于法律创造并定义了这些权利的轮廓,因此,怎样实现这些权利的最佳平衡是难以避免的问题。一个多世纪以来,版权法通过权利用尽原则为该问题提供了透明且可预测的答案。该原则是我们描述数字时代其他发展变化的法律背景。

4. 权利用尽原则

权利用尽,是指知识产权人一旦把产品销售或交付给新的所有者,就必须放弃对产品的某些控制权。我们说这些权利已经用尽,是因为权利人无法再控制新的所有者对该产品的诸多使用方式。禁止分发、展示,甚至有时禁止复制作品的权利都让位于所有者的个人财产利益。权利用尽原则在许多版权规则中都有表述,其中最重要的是首次销售规则。《版权法》禁止未经授权的分发,即出售、出租、租赁或赠送受保护的作品。如果不存在任何例外或限制,我们将无权捐赠旧书或出售二手视频游戏,甚至无权在朋友生日时将新购买的 CD 赠

---

[1]《版权法》免除了公开表演特定视听作品的侵权责任,只要屏幕的对角线不超过55英寸。参见 17 U.S.C. § 110(5)(B) (2012)。

送给他。[1] 首次销售规则旨在防止这种荒诞的结果发生。即使版权人反对，法律也允许副本所有者出售、赠送、出借或出租他们的副本。

这里有一个首次销售规则发挥作用的最新例子。1982年，雅达利（Atari）公司为其2600号家用游戏机发行了《E.T.外星人》（E.T. the Extra-Terrestrial），这是一款基于热门电影的视频游戏。这款游戏当时引发了热议，在今天也被广泛认为是有史以来最糟糕的视频游戏之一。1983年，雅达利公司的二十多辆卡车装载着尚未售出的游戏副本开往新墨西哥州的阿拉莫戈多城，在那迅速掩埋了这些游戏副本。据报道，雅达利之所以选择这个特定的垃圾填埋场，是因为这里不允许清扫，它想抹去关于这个难堪创意失误的所有证据。几十年后，市民们认为这款游戏在地面上比在地下更有价值。于是市政府把它们挖出来，以超过10万美元的价格拍卖了900个幸存的《E.T.外星人》的游戏卡盘。[2]

但首次销售并不是版权唯一的权利用尽规则。《版权法》还禁止未经授权的公开展示受保护作品的行为。同样的，若无例外，这意味着博物馆虽然为一幅画支付了数百万美元，但在将其挂在墙上之前仍然需要版权人的许可。幸运的是，该法案明确规定，绘画或其他作品的所有者可以自由地展示它们。[3] 此外，软件副本的所有者有权为运行、备份或修改软

---

［1］ 与公开表演和展示权中使用的"公开"一词不同，发行权中使用的"向公众"在版权法中没有定义。很少有案例去讨论这句话的含义。

［2］ 参见 Thad Moore, "Here's Why Atari Fans Just Spent ＄100,000 on Video Games from a Dump", Washington Post, September 4, 2015, https://www.washingtonpost.com/news/the-switch/wp/2015/09/04/heres-why-atari-fans-just-spent-100000-on-video-games-from-a-dump, accessed November 25, 2015。

［3］ Ibid., § 109(c), 90 Stat. at 2549 (current version at 17 U.S.C. § 109[c] [2012])。

件而制作必要的副本。[1] 早在《版权法》规定权利用尽原则之前，法院就承认书籍和其他作品的所有人有权转售这些作品，复制其中的部分内容，并利用这些作品创作新的作品。所有这些权利用尽规则的共同点是，它们将副本所有者的财产利益置于版权人的经济利益之上。

权利用尽是版权法调解知识产权和个人财产权之间矛盾的主要工具。一个多世纪以来，这一系列以权利用尽为基础的法律规则达成了一种平衡，使购买者和其他所有者拥有相当大但并非无限的权利去使用和享受他们的副本。与此同时，这些规则也在两方面帮助保护了版权人的经济利益。首先，它们将因权利用尽原则而产生的权利，限制在合法副本的所有者身上。因此，如果你购买的是侵权副本，权利用尽原则并不能使你拥有转让它的权利。其次，即使你是副本所有者，也不能对其为所欲为。比如，你不能购买了一本最新的青年畅销小说，然后给你所有的朋友复印。权利用尽原则并没到这种程度，也不应该达到这种程度。

权利用尽原则在人们关于版权的经济经验中是如此地根深蒂固，是财产规则如此基本的组成部分，以至于我们大多数人在日常工作中几乎没有注意到它。但这并不意味着它不重要。权利用尽原则是唱片店和书店存在的原因，也是公共图书馆和易贝(eBay)存在的原因。这就是为什么我们可以将小说借给朋友，并在遗嘱中将我们的唱片收藏留给所爱的人，为什么博物馆可以展示他们的画作，以及为什么你可以备份你的软件。但是，允许你自由使用的规则并不是必然的，它们由

---

[1] 参见 Thad Moore, "Here's Why Atari Fans Just Spent \$100,000 on Video Games from a Dump", Washington Post, September 4, 2015, https://www.washingtonpost.com/news/the-switch/wp/2015/09/04/heres-why-atari-fans-just-spent-100000-on-video-games-from-a-dump, accessed November 25, 2015。

法院和国会建立，它们的存续取决于法律的持续认可。

美国最早承认权利用尽原则的案例可以追溯到19世纪。例如，马克·吐温（Mark Twain）计划通过高价订阅服务独家销售《哈克贝利·费恩历险记》（The Adventures of Huckleberry Finn），但该计划因图书经销商向书店出售副本而泡汤。当吐温起诉经销商时，法院认为由于他们拥有从吐温那里购买的书籍，因此经销商可以自由地将图书出售给他们选择的任何人。[1] 后来的法院甚至更进一步。他们裁定，被火烧坏的、作为废纸出售的书页可以不顾版权人的反对进行装订和转售[2]；书商可以修补和转售使用过的儿童教科书副本，即使该副本可能存在缺失或损坏[3]；人们可以购买约瑟夫·鲁德亚德·吉卜林（Rudyard Kipling）的诗歌散页，把它们与其他作品结合起来形成一个新的作品。[4] 权利用尽原则迅速发展，尽管法院对其的采纳并不一致，但大多数人都同意，拥有一份副本的所有权意味着所有者有权能够对其进行各种使用；若缺少所有权则属于非法的使用。

终于，在图书出版商与销售商梅西百货（Macy's）的案件中，版权权利用尽的问题被提交到了最高法院。[5] 1904年，博布斯-美林（Bobbs Merrill）出版了小说《漂流者》（The Castaway）。像当时以及今天的许多出版商一样，博布斯-美林热衷于控制其书籍的零售价格。为了抬高价格，博布斯-美林出版社在《漂流者》的每本副本中都印有以下通知，这也是当今终端用户许可协议的鼻祖："这本书的价格是1美元。任何

---

［1］ 参见 Clemens v. Estes, 22 F. 899 (D. Mass. 1885)。
［2］ 参见 Harrison v. Maynard, Merrill & Co., 61 F. 689 (2d Cir. 1894)。
［3］ 参见 Doan v. Am. Book Co., 105 F. 772 (7th Cir. 1901)。
［4］ 参见 Kipling v. G. P. Putnam's Sons, 120 F. 631 (2d Cir. 1903). Bobbs-Merrill Co. v. Straus, 210 U.S. 339 (1908)。
［5］ 参见 Bobbs-Merrill Co. v. Straus, 210 U.S. 339 (1908)。

经销商都不得以更低的价格出售，否则将被视为侵犯版权。"

梅西百货仅以89美分的价格出售这本书，博布斯·美林立即以侵犯版权为由提起诉讼。博布斯·美林声称，既然它有权选择是否向公众出售该书，它就可以在出售时附加条件，以约束所有后续买家。但最高法院认为这一理论相当于燕尾服上的物役，对此并不认可。根据法官的说法，一旦博布斯·美林以其选定的批发价格出售副本，其控制这些副本进一步分销的权利就结束了。版权法不承认对他人个人财产的持续控制。

几乎在同一时间，国会采纳了首次销售规则。仅仅一年后，国会就通过了《版权法》(1909年)，其中规定："本法中的任何内容均不得被视为禁止、阻止或限制转让任何合法的版权作品的副本。"[1] 当国会在1976年全面修订《版权法》时，保留了首次销售规则，虽然有些许修改，但至今仍然有效。[2] 由于博布斯-美林公司诉施特劳斯集团案(Bobbs Merrill Co. v. Straus)只涉及转售问题，法院和国会在此并没有讨论早期判决中获得认可的各种复制和修改行为。尽管如此，权利用尽原则已经牢固地确立了。

一个多世纪以来，权利用尽的法律一直在美国的大地上实行着。事实证明，这是一项良好的公共政策。个人和社会更广泛地受益于允许所有者在购买版权作品时行使财产权的法律规则。通过开放二手市场，权利用尽原则促进了文化作品的传播。出租、出借使用过的副本降低了文化作品的获取成本，更多的人可以阅读书籍、观看电影和玩游戏。消费者给版权产品的所有权带来了隐私、保护、创新和竞争利益，而权

---

[1] 1909 Copyright Act: An Act to Amend and Consolidate the Acts Respecting Copyright, Pub. L. No. 60-349, ch. 320, § 41, 35 Stat. 1075, 1084 (1909).

[2] 参见 Copyright Act of 1976, Pub. L. No. 94-553, § 109, 90 Stat. 2541, pp. 2548-2549(1976) (current version at 17 U.S.C. § 109 [2012])。

利用尽原则是保障这些利益的核心。

作为一个明确的财产规则,权利用尽有助于控制信息成本。权利用尽的规则简单、直观且令人熟悉,它们在很大程度上遵循了适用于其他有形财产形式的规则。因此,我们不必进行艰苦的研究来确定我们对购买的每本书、电影或游戏的权利。我们已经知道规则了。这让生活更轻松,市场更有效率。从普通人的角度来看,权利用尽原则很容易理解。

5. 抵制权利用尽原则

版权人几乎每时每刻都在抵制权利用尽原则。许多人似乎将其视为某种漏洞,允许所有者进行本应取得许可或额外付款的使用。尽管这些对权利用尽的疑虑已经存在了几十年,但近年来权利人开始采取特别激进的措施来规避权利用尽,以削减消费者的财产利益。

图书出版商为限制个人财产的自由转让做出了许多努力,反而使权利用尽原则得到明确承认。博布斯·美林试图对《漂流者》副本所有者施加的限制,本身就是对"产品的购买者可以控制转售与转售价格"这一理论的否定。博布斯-美林当然输掉了这场战斗,但一百年后,出版商们仍在提起版权诉讼以控制图书的转售价格。

2008年,占有数十亿美元的大学教科书出版商约翰威利国际出版公司(John Wiley & Sons, Inc.)起诉一名南加州大学的研究生,因为他在易贝上转售教科书。被告人苏巴普·基尔特桑(Supap Kirtsaeng)是从他的家乡泰国来到美国学习数学的移民。对于那些很少涉足大学书店的人来说,可能不知道一本必修教科书的价格可以高达300美元。但正如基尔特桑所理解的那样,出版商在海外以更合理的价格销售相同的书籍,有时甚至比国内价格低九成。基尔特桑看到了一个商业机会,他开始进口在国外市场购买的书籍,并通过网络出售给急需教科书的美国大学生。这看起来正是权利用尽原则所要实现的自由转让。

但威利公司不这么想。它争辩说,这些书是在美国境外印刷的,并不适用首次销售原则,因此基尔特桑的转售行为是非法的。2013年,最高法院驳回了这一论点。[1] 法院认为,书籍由出版商负责出售,无论它们是在何处制造,都适用权利用尽原则。法院担心如果不这么做,可能会导致任何在海外制造的产品,包括受版权保护的作品,都不能在未经许可的情况下出售、出租或赠送。[2] 这些产品不仅包括你在度假时购买的小说,而且包括你的智能手机和汽车,这些设备上安装了运行必需的受版权保护的软件。

约翰威利国际出版公司及其支持者警告说,制止国际价格歧视,即在美国高价销售而在发展中国家低价销售的做法,最终的受害者将会成为最脆弱的读者。像威利这样的出版商们表示,如果不能细分市场,它们将被迫在泰国这样的国家提高价格或完全停止在那里销售产品。但我们有充分的理由对这些威胁的真实性表示怀疑。首先,出版商可以在不取消首次销售规则的情况下规避进口,比如它们可以通过租赁或订阅模式为发展中经济体提供书籍。其次,市场细分对价格的影响是一个棘手的问题,没有准确的答案。价格的形成涉及许多变量,这些变量使预测价格和概括规律变得

[1] 参见 Kirtsaeng v. John Wiley & Sons, Inc., 133 S. Ct. 1351 (2013)。
[2] 法院在 Kirtsaeng 案中采用的全球性权利用尽规则与 Wiley 公司声称的生产地规则之间存在折中做法。一些国家采用了区域性的权利用尽规则,即在一个国家的销售不会用尽全世界的权利,而只是用尽特定数量的邻近地区的权利。参见 Ariel Katz, "The First Sale Doctrine and the Economics of Post-Sale Restraints", Brigham Young University Law Review 2014, no. 1 (2014): pp.57-142, at 75。在 Kirtsaeng 案中,Kagan 法官在支持起诉意见中提出的另一个方案是,禁止未经授权进口国外合法销售的作品复本,但当它们到达美国后,就应当适用首次销售规则。参见 Kirtsaeng, 133 S. Ct. pp.1372-1373 (Kagan, J., concurring)。

十分困难。[1] 就全球效应而言,权利用尽可能会降低成本,但它对任何特定地理市场的影响都很难预测。有一个像泰国这样受益于较低书价的国家,就会有一个像南非那样的国家,甚至在基尔特桑之前,就有大量公民报告说书籍太贵买不起。[2] 或者想一下印度,那里的学术出版商往往提供过时版本的图书,而最新版本的价格与西方国家的价格一样高。[3]

像威利这样的出版商应该考虑另一种策略,一种它们绝不会喜欢的策略,那就是少赚些钱。美国大学生平均每年在课本上的花费约为900美元。[4] 美国劳工统计局(Bureau of Labor Statistics)最近的一份报告显示,在过去的30年里,教科书价格上涨了10倍以上,比医疗价格、新房价格和消费者价格指数涨幅高出3倍。[5] 毋庸置疑,教科书出版商的利润一直很高。麦格劳-希尔(McGraw-Hill)公司2012年的利润率为25%;威利公司的利润率为15%。[6] 在前一年,威利公

---

[1] 参见 Katz,"The First Sale Doctrine",82。
[2] 参见 Leah Shaver,"Copyright and Inequality",Washington University Law Review 92 (2014):p. 132. [当被问到为什么不经常阅读时,大多数受访者都表示书籍的可负担性和可获得性是主要障碍。最常见的回答包括:"书籍太贵"(45%),"书籍太贵了,你买不起"(33%)。]
[3] 参见 Shamnad Basheer et al. ,"Exhausting Copyrights and Promoting Access to Education: An Empirical Take",Journal of Intellectual Property Rights 17 (2012):pp. 335-344, at 340。
[4] 参见 Carolyn Bigda, "Money - saving Tips for College Students", Chicago Tribune, August 11, 2015, http://www.chicagotribune.com/business/yourmoney/sc-cons-0813-started-20150810-column.html, accessed November 25, 2015。
[5] 参见 Jonathan Band and Jonathan Gerafi, Profitability of Copyright-Intensive Industries (Washington, DC: infojustice.org, 2013), PDF report, http://infojustice.org/wp-content/uploads/2013/06/Profitability-of-Copyright-Industries.pdf, accessed July 6, 2015。
[6] 参见 Jonathan Band and Jonathan Gerafi, Profitability of Copyright-Intensive Industries (Washington, DC: infojustice.org, 2013), PDF report, http://infojustice.org/wp-content/uploads/2013/06/Profitability-of-Copyright-Industries.pdf, accessed July 6, 2015。

司的科学、医学、技术和学术部门的利润率达到了惊人的42%。[1] 相比之下,"石油巨头"的利润率约为5%,沃尔玛(Walmart)则徘徊在3%附近。[2]

由于美国学生被漫天要价,大学教科书市场自然出现了像基尔特桑这样有野心的进口商。[3] 如果出版商在美国降低教科书价格,美国学生对进口图书的需求将大大减少。虽然这样做可能会降低出版商的利润,但我们相信它们可以应付得来。版权法旨在确保为新作品的生产提供足够的激励,但它不应成为印钞许可证。正如最高法院所解释的那样,"应当鼓励和奖励创造性工作,但私人动机最终必须服务于促进文学、音乐和艺术等公共事业的大局"[4]。

图书出版商并不是权利用尽原则的唯一反对者。20世纪90年代初期,唱片公司担心二手CD会损害它们的利益,毕竟CD不同于黑胶唱片或盒式磁带,数字拷贝不会随着时间流逝或经常使用而变质,担忧由此而来。[5] 因此,巨头唱片公司

---

[1] Ibid.; Heather Morrison, "Chapter Two: Scholarly Communication in Crisis", in "Freedom for Scholarship in the Internet Age" (doctoral dissertation, Simon Fraser University, 2011), https://web.archive.org/web/20150828020037/http://pages.cmns.sfu.ca/heather morrison/chapter-two-scholarly-communication-in-crisis/ (site discontinued), accessed July 6, 2015; 另见 "Of Goats and Headaches", Economist, May 26, 2011, http://www.economist.com/node/18744177/, accessed July 6, 2015 (noting Elsevier's 36 percent profit margins)。

[2] 参见 Mark J. Perry, "The Public Thinks the Average Company Makes a 36% Profit Margin, Which Is about 5X Too High", AEIdeas, April 2, 2015, https://www.aei.org/publication/the-public-thinks-the-average-companymakes-a-36-profit-margin-which-is-about-5x-too-high, accessed July 6, 2015。

[3] 值得注意的是,大学教科书市场对价格上涨的影响并不敏感,因为那些决定课程中需要哪些书的人,即教授,并不为这些书买单。

[4] Twentieth Century Music Corp. v. Aiken, 422 U.S. 151 (1975)。

[5] 参见 Fred R. Byers, "Care and Handling of CDs and DVDs—A Guide for Librarians and Archivists" (Gaithersburg, MD: National Institute of Standards and Technology, 2003), http://www.itl.nist.gov/iad/894.05/docs/CDandDVDCareandHandlingGuide.pd accessed July 6, 2015; "Preserving CDs and DVDs", National Archives of Australia, http://www.naa.gov.au/records-management/agency/preserve/physical-preservation/CDs-and-DVDs.aspx, accessed November 15, 2015。

开始公开反对二手 CD 的销售,并策划了一个最终被裁定失败的行动来破坏销售。它们试图拒绝退货、扣留数百万美元的印刷费和广告费[1],甚至威胁说要拒绝接受巨星加斯·布鲁克斯(Garth Brooks)的新专辑订单,以这些方式来打击出售二手 CD 的商店。[2]

好莱坞(Hollywood)也表现出自己对权利用尽原则的反感。20 世纪 70 年代末,当时家庭视频市场刚刚兴起,好莱坞电影的录像带被指定为"仅供家庭使用",以防止公开放映和出租。好莱坞与销售商签订的合同里明确禁止出租其购买的录像带。视频租赁先驱乔治·阿特金森(George Atkinson)在试图建立自己的业务时面临着来自电影业的各种压力。终于,阿特金森在因出租自己合法购买的录像带而受到法律威胁后,咨询了一位律师。后者告诉他,由于首次销售规则,他可以自由地出租自己拥有的录像带。尽管电影公司要求零售商承诺不出租录像带,并拒绝直接向出租商店出售,但个人财产自由转让确保了阿特金森及其同时代人不必购买多余的录像带。[3] 这也导致华纳兄弟(Warner Brothers)、迪士尼、米高梅(MGM)等主要电影公司为废除权利用尽原则而四处游说。[4]

更近的故事是,一个不同类型的视频制作商坚定地反对权利用尽原则。Beachbody 是广受欢迎的九十天魔鬼训练(P90X)家庭健身视频的制作商,它坚称其客户不拥有在它们

---

[1] 参见 Chuck Philips, "Compact Disc War Headed for the Court", Los Angeles Times, July 31, 1993, http://articles.latimes.com/1993-07-31/entertainment/ca-18861_1_compact-discs, accessed November 15, 2015. Ibid.

[2] Ibid.

[3] 参见 James Lardner, Fast Forward: Hollywood, the Japanese and the VCR Wars (New York: W. W. Norton, 1987), 179。

[4] 参见 Joshua M. Greenberg, From Betamax to Blockbuster: Video Stores and the Invention of Movies on Video(Cambridge, MA: MIT Press,2010),119。

公司网站购买的 DVD,而只是获得使用这些 DVD 的许可。[1] Beachbody(家庭健身视频制作商)积极针对在易贝上转售其正版 DVD 副本的个人,威胁后者要提起诉讼并索要高额赔偿。其实,Beachbody 制止客户转售健身视频的想法很容易理解。尽管共计 39.95 美元的三笔付款对客户来说轻松且合理,但转售二手 DVD 可能会减少市场份额并给公司带来降价压力。但更难理解的是,Beachbody 公司的策略如何与权利用尽原则、个人财产权或消费者的最优利益相一致。

  计算机软件行业几乎从一开始就一直在与权利用尽原则做斗争。我们将在下一章更详细地讨论软件公司的许可行为。目前值得注意的是,该行业率先广泛使用许可策略,以破坏终端用户所有权和权利用尽原则。软件行业的其他创新,包括数字版权管理(DRM)、软件即服务模式(SaaS)等,已经促使软件开发商进一步拉开软件交易实践与私有财产的传统规则之间的距离。从立法上讲,该行业成功说服国会通过了《计算机软件租赁修正法案》(Computer Software Rental Amendments Act),阻止了大部分软件程序的租赁行为。[2]

  如今,电子游戏行业才是权利用尽原则最强劲的对手。至少自 20 世纪 80 年代以来,它与权利用尽原则之间便一直争吵不休。与对待其他类型的计算机软件不同,国会并没有为阻止主机游戏的出租行为开设例外。尽管出租电子游戏具有明确的合法性,但任天堂(Nintendo)等公司仍然将出租行为视为对游戏销售的威胁,并将租赁商店定性为版权侵权者。任天堂甚至起诉了百视达(Blockbuster),但由于首次销售规则,这家游戏巨头不得不指控百视达非法影印了其游戏产品

---

  [1] 参见"Terms of Use", Beachbody, LLC, last modified July 18, 2014, https://www.beachbody.com/product/about us/terms of use.do,accessed July 6, 2015。
  [2] 参见 17 U.S.C. § 109(b) (2012)。

包装内的说明书。[1] 尽管游戏租赁通过 Gamefly 等订阅服务得以继续进行,但该行业已将矛头转向它认为更大的经济威胁:二手游戏销售。

二手游戏市场规模为每年 20 亿美元,占游戏行业整体收入的很大一部分。视频游戏销售商游戏驿站(GameStop)一直是二手游戏领域的领导者,但该业务也吸引了亚马逊、沃尔玛等公司的注意。主要的游戏开发商称二手游戏市场是"比盗版更大的威胁"[2]。还有人预言,如果玩家通关了一个价值 60 美元的游戏后将其转售,游戏行业将会走向灭亡。无须预言,转售已经扼杀了游戏,就像它扼杀了音乐、电影、汽车和沙发市场一样。然而事实上,转售其实并没有扼杀什么。事实上,根据游戏驿站的报告,70%的以旧换新价值,即游戏玩家出售他们玩过的游戏所获得的钱,都被他们用于购买新的游戏。这种交易的规模每年超过 10 亿美元。[3]

尽管如此,为了应对二手游戏真实的、想象的或虚构的威胁,游戏行业一直在努力制定策略,以减少或根除二手游戏的销售。最具争议的是,游戏机制造商开发了防止使用二手游戏的技术。索尼公司提交了一项技术专利申请,该技术可以将个人游戏光盘与特定用户或游戏机绑定起来,但该公司尚

---

[1] 参见 Ellen Forman, "Nintendo Zaps Blockbuster Reproduction of Game Instructions Spurs Copyright Lawsuit", Sun Sentinel (Fort Lauderdale), August 13, 1989, http://articles.sun-sentinel.com/1989-08-13/business/8902250572_1_nintendo-blockbuster-video-games, accessed July 6, 2015; Henry Gilbert, "Lawsuits That Altered the Course of Gaming History", GamesRadar, February 4, 2014, http://www.gamesradar.com/lawsuits-changed-gaming/, accessed July 6, 2015。

[2] Robert Purchese, "Lionhead: Pre-owned Worse Than Piracy", Eurogamer, May 17, 2011, http://www.eurogamer.net/articles/2011-05-17-lionhead-pre-owned-worse-than-pc-piracy, accessed July 6, 2015.

[3] 参见 John Gaudiosi, "GameStop President Tony Bartel Talks Xbox One, PlayStation 4, Used Games and Pre-Orders", Forbes, May 21, 2013, http://www.forbes.com/sites/johngaudiosi/2013/05/21/gamestop-president-tony-bartel-talks-xbox-one-playstation-4-used-games-and-pre-orders/, accessed July 6, 2015。

未部署实施。[1] 微软（Microsoft）在最初发布其 Xbox One 游戏机时，还公布了限制二手游戏的计划。但在玩家们持续且压倒性的负面批评之后，微软被迫停止了该计划。[2] 正如我们将在下一章中讨论的那样，游戏行业对抗权利用尽原则最有效的策略是转向数字游戏发行。正如一位开发者所说，"数字发行直击二手游戏市场的心脏"[3]。

二手市场的游戏玩家已经将如此多的收入用于购买新的游戏，为什么游戏开发商还要试图扼杀它？一种可能性是，它们高估了二手游戏带来的损失。不是每一个二手游戏都会带来销售上的损失。倘若没有二手市场，一些游戏玩家只会购买更少的游戏或者根本不购买。这与十年前唱片公司夸大文件共享影响一样逻辑错误。[4] 另一个答案是，版权人并不擅长识别他们无从控制的市场潜在价值。在好莱坞与家庭录像的官司败诉后，家庭录像成为比电影院更大的收入来源。音乐产业长年抵制数字发行，但在 Napster 威胁到 CD 销售之后，被艰难地拖进了数字发行时代。自那时起算，仅苹果公司

---

　　[1] 参见 Hidehiro Inooka, "Electronic Content Processing System, Electronic Content Processing Method, Package of Electronic Content, and Use Permission Apparatus", US Patent 9,183,358, filed September 12, 2012, issued November 10, 2015, http://www.google.com/patents/US20130007892, accessed November 15, 2015。
　　[2] 参见 Timothy Geigner, "Microsoft Capitulates, Removes Online DRM from Xbox One", Techdirt, June19, 2013, https://www.techdirt.com/articles/20130619/13581923535/microsoft-capitulates-removes-online-drm-xbox-one.shtml, accessed July 6, 2015。
　　[3] Wesley Yin-Poole, "Fallout: New Vegas Dev Hopes Digital Distribution 'Stabs Used Game Market in the Heart'", Eurogamer, December 13, 2011, http://www.eurogamer.net/articles/2011-12-13-fallout-new-vegas-dev-hopes-digital-distribution-stabs-used-game-market-in-the-heart, accessed July 6, 2015.
　　[4] 参见 Daniel Gross, "Does a Free Download Equal a Lost Sale", New York Times, November 21, 2004, http://www.nytimes.com/2004/11/21/business/yourmoney/does-a-free-download-equal-a-lost-sale.html, accessed July 6, 2015。

就售出了超过350亿首歌曲。[1] 第三种解释与对市场的误判无关，而与原则有关。电影公司对录像带的态度有助于我们理解这种原则。在环球影城公司诉美国索尼公司案（Universal City Studios, Inc. v. Sony Corporation of America）中，当被法院要求解释录像带到底如何损害它们的利益时，电影公司承认它并没有造成"很大的伤害"。相反，它们主要关注的是"一个超越商业判断的重要哲学问题"。它们担心录像带是否跨越了"无形的界限"，让版权所有者"失去了控制权"[2]。

我们认为这种对绝对控制权的关注是目光短浅的表现。有充分的理由认为权利用尽原则有助于保护游戏制作者，就像家庭视频有助于电影公司一样。权利用尽原则拓宽了市场、扩大了受众。二手游戏推动了对游戏机的需求并建立了游戏玩家社区。今天的二手游戏买家一旦完成学业并找到一份工作，很可能会开始购买新游戏。二手游戏市场还培养玩家为游戏付费，即使不是支付给开发商，而不是免费获得游戏的习惯。它还让玩家们接触到新游戏和新开发商，在这个游戏续作层出不穷的时代，可能会创造出宝贵的终生粉丝。这些理由足以让人怀疑二手市场是否对出版商有害。

无论如何，还是有许多版权人将权利用尽原则与某种程度上的个人财产权视为一个不幸的法律漏洞，应该一有机会就予以弥补。说句实话，如果可以的话，哪个企业不希望消除竞争？福特（Ford）汽车经销商很乐意禁止二手车销售和克雷格列表网站（Craigslist）的广告；李维斯（Levi's）巴不得取消各

---

[1] 参见 Jordan Kahn, "Eddy Cue: Apple Passed 35 Billions Songs Sold on iTunes Last Week, 40 Million iTunes Radio Listeners", 9to5Mac, May 28, 2014, http://9to5mac.com/2014/05/28/eddy-cue-apple-passed-35-billions-songs-sold-on-itunes-last-week-40-million-itunes-radio-listeners/, accessed March 15, 2016。

[2] Universal City Studios, Inc. v. Sony Corp. of Am., 480 F. Supp. 429, 467 (C. D. Cal. 1979).

种古店；而餐馆会宣布剩菜为违禁品。当然，我们永远不会允许它们这样做。我们也不应该允许版权人消除转售和出借行为。权利用尽原则以及它所认可的个人财产权制度，是版权法平衡创作者权利与公众权利的固有部分。

当然，这并不是说过去权利用尽原则取得的特殊平衡状态与数字经济完美契合。这些规则的确切轮廓，它们为消费者保留的权利与让版权人取得的权利，并不是一成不变的。这种平衡应该随着时间的推移而调整，以适应不断变化的环境，我们在第三章中描述的数字发行的出现就是一个例子。我们的法律体系认可消费者购买有形商品时获得的个人财产利益。当涉及数字商品时，有充分的理由保留个人财产规则的基本框架，即允许灵活性但限制定制。标准的交易清单，包括购买、租赁、借用和赠与，以及默认的所有权规则，很好地满足了读者、观众和用户的需求。但一个允许许可以最符合权利人利益的方式重新定义这些标准交易的法律体系，会给市场和社会带来实际成本。所以我们赞成权利用尽原则，不是因为"财产"是一个具有护身符属性的标签，而是因为这是明智的决策。权利用尽原则的基本内涵，即所有权人拥有的权利不取决于版权人许可，能够而且应当在向数字版权经济的过渡中存活。版权人一直反对权利用尽原则，而数字市场给了他们扼杀此原则的绝佳机会。

第三章　副本、云服务和数据流

　　从物理载体到数字发行授权系统,再到当下的订阅流媒体服务,我们获取版权商品的方式与时俱进。虽然版权法也一直在发展,但似乎其并未跟上数字经济发展的脚步。

　　版权法的发展一度以有形副本为主题,副本销售是大多数创意行业和版权法关注的焦点。在硬副本时代,区分作品和副本为用尽原则奠定了发挥作用的基础。而在数字时代,副本的概念却变得模糊了。数字下载取代硬副本,成为获取版权作品的主要方式。而数字产品在出借、转售等方面无不与现行法律相抵牾。云技术引发了人们关于数字时代副本形态的讨论。基于此的流媒体订阅服务具有极高的自由度和即时性,受到许多用户的欢迎,但同时也让商家摆脱了销售副本的困扰。

　　然而,不是每个领域的消费者都能在订阅服务之外选择传统的商品模式,在我们无法占有副本时,可靠的所有权变成了不固定的、有期限的许可证,这是我们面临的数字未来。

——译者注

35 　在过去的十多年间，我们获取版权内容的方式已经发生三次转变。直到 21 世纪初，我们仍主要通过书籍、音乐、电影等物理载体获取相应的内容，而这些载体都是可以握在手中的实物。尽管当时，我们也在影院看电影，在收音机上听音乐，但版权所有者主要进行的是销售有形复刻商品的业务，合法的数字下载仍停留在假想阶段。直到 2003 年苹果公司（Apple）推出 iTunes 音乐商店，市面上才真正涌现出一个可行的数字发行授权系统。这种从有形副本到数字副本的转变给版权法带来了一些至今未被解决的重大挑战。

　　但法律的滞后性并没有扼杀新技术和商业模式。由于版权法难以适应数字下载，开发人员和广大消费者纷纷转向云服务模式。我们不再将购买的东西下载到本地硬盘上，而是通过无处不在的高速网络连接，访问远程存储的音乐、书籍和电影。今天，第三个重大转变正在发生，订阅流媒体服务即将取代硬盘拷贝、下载和云服务。网飞和声破天等服务让订阅者以较低的月费获得海量的素材，这促使大批观众和听众放弃了购买全部内容的想法。

　　对消费者而言，这种发展所带来的好处是显而易见的。在数字时代，顾客能够享受更实惠的价格、更便利的获取方式，拥有更多的选择。例如，订阅数据流媒体的模式被用户广泛接受，这标志着人们对低成本、临时访问数字媒体的需求在日益增长。由于订阅服务灵活又清晰，所以它们是市场上一种比较受欢迎的选择。但其他获取媒体的新方式也带来了不确定性，这让试图驾驭数字市场的人理不清头绪。

36 　在某种程度上，这是因为权利用尽原则以及由此延伸的消费者财产权都建立在有形复本的理念之上。但是随着这些新发行技术的发展，现有市场与版权法所构想的市场之间的差距越来越大。

版权法中的概念是以版权复制为中心的,发行技术的每一次转变都使我们离这个中心概念越来越远。法律体系尚未成功应对这种脱节现象,这是导致消费者财产权受到侵蚀的一个主要因素,从长远来看,这种市场的转变发展可能也会损害到创作者和公众。

1. 硬拷贝时代

在很久之前,版权法的发展历程就已经开启,然而,为了应对我们复制和分享创造性作品方式的变化,其发展十分缓慢。在大部分版权历史中,这些变化都涉及硬拷贝。人们对这种有形副本的关注在很多方面影响到了法律的发展。或许最重要的是,它揭示了作品(作者的无形创作)和副本(记录作品的有形制品)之间的明显差别。原作品与其副本之间存在区别是版权制度里的一个基本假设。在一个充斥着副本的世界里,这种假设是有意义的。但在一个从根本上弱化了副本的市场中,副本/作品框架的效用就不那么明确了。

自萌芽阶段起,版权法就把重点放在有形副本上。随着古腾堡(Gutenberg)在 1450 年引入印刷术[1],对副本的控制就成为出版商和政府的当务之急。[2] 随着印刷业的兴起,诸如威尼斯和英国的印刷特权制度如雨后春笋般出现,这些特

---

[1] 在中国,早在 6 世纪晚期就有印刷的书籍。而大约在 1050 年,毕昇发明了活字印刷术,比古腾堡早了几百年。John Scales Avery, Information Theory and Evolution (Singapore: World Scientific Publishing, 2012), pp. 138-139.

[2] 对图书出版商来说,控制出版业的欲望源于对经济的担忧。没有竞争,它们可以赚一大笔钱。但对政府来说,控制印刷出版是压制批评的有力工具。Elizabeth L. Eisenstein, The Printing Press as an Agent of Change (Cambridge, UK: Cambridge University Press, 1980)。

权制度赋予可信赖的印刷商独家印制书籍的权利。[1] 后来,原始版权所有者也专注于制作和销售有形副本,比如伦敦一家享有皇家垄断地位的印刷厂——Stationers 公司。[2] 1790 年美国第一部版权法,就像其前身英国《安妮法令》(the Statute of Anne)一样,规定了印刷、出版和销售作为实物制品的书籍的专有权。

在 20 世纪,版权法的内容不仅包括书籍、地图和图表,还延伸到戏剧作品,如戏剧、音乐作品、视觉艺术作品、照片、电影,以及翻录音乐、建筑和计算机软件。与此同时,除了能够创造制作、销售副本外,作者的法定权利越来越多,包括公开表演和展示作品,以及续集和翻译等衍生作品的权利。[3]

版权法内容的扩展反映了当时技术的进步。长期以来,音乐和戏剧作品的现场表演对一些创作者来说是至关重要的收入来源。但电影、广播和电视使作品获得了有价值的新用途,而这些新用途不依赖于有形副本的发行。不出所料,版权所有者要求新的法律保护措施,以确保他们从这些用途中获利。

但在此期间,副本销售仍然是大多数创意行业和版权法关注的焦点。出版商的财富与精装书和平装书的销售情况相连。音乐行业通过电台广播获利,但其利润的最大份额来自副本销售,最初是乐谱,后来是翻录唱片、磁带和 CD。到最近几年,软件行业和电子游戏行业主要从事向公众发行有形副

---

[1] 更多威尼斯人和英国人的印刷特权历史,参见 Maurizio Borghi, "A Venetian Experiment on Perpetual Copyright", in Privilege and Property: Essays on the History of Copyright, ed. Ronan Deazley, Martin Kretschmer, and Lionel Bentley (Cambridge, UK: Open Book Publishers, 2010), pp. 137–155; Mark Rose, Authors and Owners: The Invention of Copyright (Cambridge, MA: Harvard University Press, 1995)。

[2] 参见 Rose, Authors and Owners。

[3] 在 1909 年《版权法案》出台之前,作者通常可以控制未出版作品的公开演出。参见 Ferris v. Frohman, 223 U. S. 424 (1912) (applying the Copyright Act of 1891)。

本的业务。尽管电影行业对 VCR 的推广使用提出了强烈反对，但是他们也开始销售家庭录像带。由于电视的商业模式以广告和有线电视订阅为基础，所以电视行业较少关注有形副本的销售。但是，在硬副本时代即将结束之际，就连电视演播室也能从 DVD 和蓝光碟片中获利。在 21 世纪早期，版权产业主要围绕副本的经济价值来发展。

这种对副本的关注体现在固定要求上。值得注意的是，要想保护好作品，就必须以某种稳定、有形的状态固定其内容。版权并不能保护你记忆中的一首诗，但是一旦你在餐巾纸上写下这首诗，它便会受到版权的保护。从概念上讲，法律区分了可以呈现作品的两种形式：第一是创作者头脑中无形的表达；第二是一个承载着这种无形表达的有形物体。但事实是作品以这两种相关但又截然不同的形式存在，这使得所有权问题变得复杂。早在 1741 年，英国法院就认识到，作品的版权不同于任何其他副本的所有权。[1] 例如，亚历山大·蒲柏(Alexander Pope)曾撰写了不少信件，但是信件的所有者（非作者）无权发表作者的信件内容。实物物品的所有权并未赋予"未来的出版者"复制其上作品的权利。美国最高法院于 1860 年在史蒂芬斯诉凯蒂案(Stephens v. Cady)中采用了同样的原则。[2] 此案件中，法院认为，铜板的所有者不能复制刻在铜板上面的地图。同样，原创作品的所有权和副本的所有权也不可同等而论。有时，法院忘记了这一原则，认为作者在交付像书稿等类似的实物副本之后，他们的版权利益也必然转移到了别处。[3] 为了强调作品和副本之间的区别，美国国会在 1976 年修订版权法时规定，"版权的所有权……与体现

---

［1］ 参见 Pope v. Curl, 2 Atk. 342, 26 Eng. Rep. 608 (1741)。

［2］ 参见 Stephens v. Cady, 55 U.S. 528 (1853)。

［3］ 参见，如 Parton v. Prang, 18 F. Cas. 1273 (C. C. D. Mass. 1872) (No. 10,784); Pushman v. New York Graphic Society, 39 N. E. 2d 249 (N. Y. 1942)。

作品的任何实质客体的所有权是不同的"[1]。

38 　　区分副本/作品帮助解决了版权所有权转移的纠纷。但更重要的是,正是这种区别深刻地塑造了版权法的权利用尽规则。这种区别为建立概念框架和概念词汇打下了基础,以便于今天来思考消费者权利和创作者权利之间的关系。借助对副本/作品的区分,权利用尽规则在这些权利之间划出了一条容易理解的分界线。

　　创作者拥有他们的无形作品,但购买者拥有他们购买的副本。当然,把用尽原则放在这些术语当中考虑有些过于简单化。"所有权"不是一个自我定义的术语。副本的所有者所享有的权利取决于版权所有者在作品中保留的权利。因此,如果国会坚持版权所有者即使在作品出售后依然可以控制其公开展示的方式,那么拥有一幅画的复本的意义在今天将完全不同。尽管如此,通过在副本和作品中阐明用尽原则,版权法利用了我们对个人财产的固有理解。我们在燕尾服、汽车和微波炉方面的经验可以很好地适用于有关纸质书、唱片和绘画。通过将消费者权利与有形物品联系起来,版权法使公众接纳了权利用尽原则并接受了它的局限性。

　　由于权利用尽原则是在硬拷贝时代发展起来的,版权法谈论和概念化消费者财产权的方式都与有形副本密切相关。作品的分发方式和销售方式基本上保持不变,因此权利用尽原则所创建的平衡逐渐发挥了良好的作用。但只有当我们仍然在处理我们认为是副本的东西时,根植于副本/作品差异的权利用尽原则才有意义。自古腾堡引入印刷术以来,副本在生活中随处可见,但其在未来数字时代的地位越来越模糊。

---

　　[1] Copyright Act of 1976, at § 202, 90 Stat. pp. 2568-2569 (current version at 17 U.S.C. § 202 [2012])。

2. 下载的麻烦

格式的改变并非新鲜事。我们过去用黑胶唱片听音乐,然后是八轨音带、盒式磁带,最近比较流行的是 CD。在许多方面,数字下载的兴起看起来也只是诸多格式革新进程中的一种。当我们惊叹于闪亮的新 iPod 时,CD 播放器也成为集体文化库中废弃不用的物件之一。像之前的格式改变一样,这一次革新为音乐爱好者们带来了许多好处,比如便携性、便捷性和选择性的增加,价格的降低、碳排放量的降低,碳足迹杂乱状况的减少。但数字技术也有缺点。比如,数字技术的浏览体验无法与一家好的唱片店的体验竞争。数码缩略图并不能取代 CD 的折叠式开口,甚至都不能取代 CD 中的小册子。在权衡的过程中,我们大多数人可能没有考虑到的一个因素是,向数字化的转变可能对我们所购买音乐的所有权产生影响。

尽管如此,或许正因为如此,数字下载迅速赢得了市场份额。苹果公司在 2003 年推出 iTunes 音乐和视频播放器,当时,其目录里只有 20 万首歌曲。十年内,iTunes 音乐和视频播放器内的歌曲达到 4300 万首,总共被下载 350 亿次,这也使苹果公司成为世界上最大的音乐销售商。[1]

随着 CD 销量的下降和数字音乐销量的飙升,付费音乐的下载量超过了实体媒体的销售量。其他媒体也呈现出这种趋

---

[1] 参见"iTunes Music", Apple, Inc., http://www.apple.com/itunes/music/, accessed March 13, 2016 (noting a library of forty-three million songs); Jordan Kahn, "Eddy Cue: Apple Passed 35 Billion Songs Sold on iTunes Last Week, 40 Million iTunes Radio Listeners", 9to5Mac, May 28, 2014, http://9to5mac.com/2014/05/28/eddy-cue-apple-passed-35-billions-songs-sold-on-itunes-last-week-40-million-itunes-radio-listeners/, accessed March 13, 2016; "iTunes Store Top Music Retailer in the US", Apple Press Info, April 3, 2008, https://www.apple.com/pr/library/2008/04/03iTunes-Store-Top-Music-Retailer-in-the-US.html, accessed March 13, 2016 (noting that iTunes "became the largest retailer in the US based on the amount of music sold during January and February 2008").

势,即数字下载将取代硬副本成为我们获取带版权产品的主要方式。付费软件和视频游戏的下载量可与实体店的销售量势均力敌,甚至超过实体店。亚马逊(Amazon)发布电子书阅读器后,电子书的年销量从 2008 年的 1000 万本增加到 2014 年的 5.1 亿本。[1] 最近,电子书销量趋于平稳,部分原因是出版商提高了价格。[2] 但是,电子书仍然是图书市场的主要组成部分。

向数字副本时代的跃进标志着创意作品发行链条的重要转变。就实物副本而言,作者或音乐家通常会与大型机构的版权持有人合作创作作品。他们将该作品交给制造商生产大量的副本。唱片被刻录,书籍被印刷,录像带被制造出来。这些副本被装进卡车,运往世界各地,并摆放在零售店的货架上。当你购买这些产品时,你会带着一个新的实物艺术品回家,里面包含你选择的作品内容。在数字模式下,情况截然不同。例如,出版商、商标和工作室这类传统角色已经不再那么重要。

艺术家可以发行自己的音乐,作家也可以自己出版,而独立电影制作人也可以比以前更容易、更可靠地找到观众。这是因为数字发行链成功降低了准入门槛。版权持有者可以直接向数字零售商提交数字文件,而不需要将原稿交给工厂,花费高昂的费用进行大规模复制。这中间没有制造成本、运输

---

[1] 参见 Jim Milliot,"BEA 2013: The E-book Boom Years", Publisher's Weekly, May 29, 2013, http://www.publishersweekly.com/pw/by-topic/industry-news/bea/article/57390-bea-2013-the-e-book-boom-years.html, accessed June 15, 2015; Marisa Bluestone, "U.S. Publishing Industry's Annual Survey Reveals $28 Billion in Revenue in 2014", Publishers.org, June 10, 2015, http://publishers.org/news/us-publishing-industry's-annual-survey-reveals-28-billion-revenue-2014, accessed June 15, 2015。

[2] 参见 Alexandra Alter,"The Plot Twist: E-Book Sales Slip, and Print Is Far from Dead", New York Times, September 22, 2015, http://www.nytimes.com/2015/09/23/business/media/the-plot-twist-e-book-sales-slip-and-print-is-far-from-dead.html, accessed November 18, 2015。

成本,也有效地消除了货架空间的限制。数字销售商将文件存储在他们的服务器上,并将文件提供给全世界的受众。客户按下无处不在的"立即购买"按钮后,销售商便会通过互联网启动数据传输,然后将数据存储在客户的设备上。

如果该设备包含硬盘驱动器,则文件以磁性方式存储在光盘上。如果有固态或闪存驱动器,则文件以电子方式储存于一系列的晶体管中。两种情况的结果没有差异,都是物理对象被改变,最后产生作品的新副本。就这一点而言,数字发行与印刷媒体没有太大区别。两者都产生包含作品的有形制品,如硬盘、闪存驱动器或印刷页。在某些方面,版权法对待存储的数字副本就像对待更容易识别的实体副本一样。它们都是用来固定内容的。在笔记本电脑上打出的小说和在老式IBM电动打字机上打出的小说一样,都是一种固定的方式。并且,这种固定行为被认为包含侵权目的。制作未经授权的小说的数字副本,与制作未经授权的印刷品一样是侵权行为。

但是,数字副本与早期的实体副本有很大的不同。试想数字文件是如何改变人与人之间传输副本的方式的。再试想,你刚看完一本小说,并且确信你最好的朋友会喜欢。如果你阅读的是精装本或平装本,你只需在下次见面时把书交给他们。如果他们住在全国各地,也许你就得使用邮寄的方式。但是,如果你买的是一本电子书呢?假设你的电子书不是少数几本符合亚马逊授权数字"借阅"计划的书籍之一,你怎么能让你的朋友借你的书呢?这要看你说的"你的副本"具体指什么内容。如果副本是一种存储在亚马逊电子书阅读器内存中的实体内容,你可以将你的电子书阅读器借给他们。当然,这意味着交出你的整个数字图书馆和昂贵的硬件设备。就好像是借给朋友一本精装书意味着必须放弃书架上的所有东西。并且,如果你的设备还包含了你的个人邮件、文档和照片,那么出借副本就更成问题了。

另一个更合理的选择是保留你的设备,只将文件发送给你的朋友。你可以通过电子邮件发送,可以将文件保存到一个廉价的闪存驱动器上,也可以通过 Dropbox(云存储服务)分享它,或者使用人与人之间传输数据的众多其他方式之一。问题是,不论是使用哪种分享电子书的方法,你都需要创建一个或多个新的文件副本,而这恰恰正是版权法所禁止的。首次销售原则赋予了物品所有者转移副本的权利,即他们可以将一个物品在人与人之间传递,但法院会如何对待创建新副本以促进转移的行为,尚不明确。

如果你想转售你的电子产品也是同样的道理。若是呆板地理解版权法,那么即使只是为将文件转移给新的所有权人而制作一个新的副本,也将被视作侵犯版权。ReDigi 公司花费很大力气才发现了这一点,并于 2011 年年末推出了第一个数字音乐二手市场。假设,当然是假设,你带着一种 20 世纪 90 年代的怀旧情怀,从 iTunes 音乐商店买了一张瑞典流行乐队 Ace of Base 的《The Sign》专辑。但你后来后悔因为冲动而匆忙下单。那么,ReDigi 公司允许你将这首歌曲转卖给另一位带有怀旧情怀的买家并返还你所支付的 99 美分,就像你仍然可以出售二手 CD 和唱片一样。

ReDigi 公司深知法律风险,在设计其系统时,确保该文件在任何特定时间都只存在一个副本。因此你决定下载你的《The Sign》专辑。该文件副本储存在笔记本的硬盘上,并且用磁荷语言编码(Magnetic Charges)。如果你想卖掉你的副本,那么必须把文件上传到 ReDigi 公司的服务器上,随后文件会在该平台上等待幸运的新主人。如果 ReDigi 公司的软件功能只能简单地上传文件,那么就会有两份副本存在,一份在你的设备硬盘上,另一份在 ReDigi 公司的服务器上。

ReDigi 公司希望尽可能地再现传统二手交易的机制，即仅存在单份副本从一个所有人转移到另一个所有人。为了实现这一点，当组成文件的数千个数据包通过互联网发送时，ReDigi 公司会删除你硬盘上的相关数据。所以，当本地副本在 ReDigi 公司的服务器上被重建时，它就会被分解。如此一来，不会出现两个完整副本同时存在的情况。ReDigi 公司认为，其过程只是将一份副本从 A 点迁移到 B 点，就像邮寄精装书或将不需要的 CD 交给二手唱片店一样。和传统的销售一样，卖家一开始只有一份副本，最后一份副本都没有。而买方一开始没有副本，最后拥有一份副本。

与传统二手唱片店的经营模式不同，ReDigi 公司做了很大努力来确保卖方没有保留额外的副本。但是版权所有人和法院却不这么认为。国会唱片公司就 ReDigi 公司复制其曲目的行为提起诉讼。[1] 法院需要理清的问题是，ReDigi 公司的软件是否成功地将文件从一个位置转移到另一个位置，还是它们只是复制了一个未获授权的新副本。法院支持了国会唱片公司。因为 ReDigi 公司的活动导致作品被编码到一个新的物质对象，即 ReDigi 公司的服务器上，这导致了一个新副本的产生。

即使 ReDigi 公司在上传过程中销毁了原始文件，情况也是如此。我们从 ReDigi 公司这一案件中吸取的教训是，即使你在传输文件后删除了你的副本，也很可能因为复制作品而侵犯版权法。[2] 如果事实如此，那么，应用于数字副本的法

---

〔1〕 参见 Capital Records, LLC v. ReDigi Inc., 934 F. Supp. 2d 640 (S. D. N. Y. 2013)。

〔2〕 加拿大最高法院在一起未经版权所有者同意将图片从海报转移到画布的案件中得出了不同的结论。Théberge v. Galerie d'Art du Petit Champlain Inc., 2002 SCC 34 [2002], 2 S. C. R. 336 (Can.)。法院判定图像"不是复制的"，而只是"从一个展览转移到另一个展览"(338)。

律规则就不符合我们在硬拷贝时代发展起来的关于出借和转售行为的法律期望。

这不是版权法与社会预期的第一次偏离。国会在拓展版权范围以保护计算机软件权益时也遇到了同样的问题。此外，终端用户也面临着类似的问题。他们无法在不违反法律的情况下运行软件、创建备份、转售或转让购买的商品。正如国会所认识到的那样，这一结果与用户拥有所购买软件的期待相矛盾。因此，国会颁布了一项新条款，即《版权法》第117条，以解决该问题。[1] 该条款保证用户在删除已拥有的软件副本的情况下，有权复制其已拥有的软件副本以供保存，有权使其适合在新的软件或硬件环境中运行，有权转让已购买的软件副本。例如，用户可以转售他们的软件，即使这意味着在这个过程中要复制更多的副本。

《版权法》第117条明确尝试将权利用尽原则的长期使用权限拓展到数字副本的范畴。然而，正如本书第四章中所阐述的，重新定义软件销售的许可协议削弱了该条的实际效力。同样重要的是，即使数字下载取代了硬副本，国会仍未将《版权法》第117条所许可的权利扩大到其他形式的媒体中。但即使权利拓展了，数字下载似乎也越来越像是一种过渡性技术。

3. 不确定的"云"

即使你不明白"云"是如何工作的，你也可能对这个词汇感到十分熟悉。云计算允许用户通过各式各样的设备远程访问各种设备的数据、程序，并可以远程处理和存储资源。你不需要将所有的软件和数据保存在本地台式机或笔记本电脑

---

［1］ 参见 Computer Software Copyright Act of 1980, Pub. L. No. 96-517, 94 Stat. 3015, pp. 3028-3029 (1980) (current version at 17 U.S.C. § 117 [2012])。

上,相反,你可以使用手机、平板电脑或其他已经成功联网的设备访问存储在远程服务器上的文件,或运行存储在远程服务器上的程序。当涉及含版权的内容传播问题时,"云"使得公司能够在不要求用户下载内容的前提下进行音乐、电影和书籍的销售活动。比如,你的文件存储在你的苹果云空间账户或亚马逊云存储器中。当你想听某首歌或观看某段视频时,只要你的设备连接了数据,它们便能够传输给你。

与过去出现的新发行形式一样,"云"的发展是由当时的技术推动的。当人们拥有大容量储存空间的专用媒体播放设备时,数字下载才能发挥作用。通过数字下载,音乐和电影可以被下载到家用电脑上,以其充当设备的中枢系统,然后将文件同步到媒体播放器上。你可以购买一个160GB的苹果音乐播放器(iPod),并把苹果音乐播放器当作是你的私人电子图书馆。

但由于智能手机、平板电脑和其他多用途移动计算设备的兴起,苹果音乐播放器很快被取代。这类设备摒弃了廉价、大存储容量的硬盘,转而采用更昂贵、容量更小的闪存,以达到节省空间、减轻设备重量和延长电池寿命的目的。因此,设备不再拥有足够的内存来保存你的整个媒体收藏。即使有足够大的容量,人们也厌倦了通过家用电脑来同步设备所带来的麻烦。云计算利用了日益普及、价格合理、快捷的移动数据网络来解决存储和同步问题。你所有的数字资料都可以通过神奇的"云"随时使用,而不需要下载任何一个副本。

然而,"云"也并非完美无瑕,它的大多数缺点都是因为基于云的传播中缺乏实体占有。在硬副本和数字下载时代,你事实上拥有着你的副本。它们或被放置在货架上,或被储藏在阁楼上,或被储存在硬盘里。但是如果你拥有的是云副本,你只是虚拟化地拥有。重要的是,副本事实上不在你的设备里。首先，云带来了一些关于隐私问题的真实担忧。由于每次用户访问文件时系统都会创建一个数字记录，因此，其阅读、收听、观看习惯都会受到密切跟踪。

其次，实体占有的缺失也意味着，你是否能够访问你购买的内容取决于云服务提供商是否能够履行它们的承诺。提供商可能会中断，比如，可能直接从服务中删除你购买的书籍，如将小说《1984》删除。苹果公司的 iTunes 音乐和视频播放器条款特别提及这种可能性，"苹果公司及其授权人保留以下权利：有权在任何不经通知的情况下变更、暂停、移除或禁止存取任何 iTunes 音乐和视频播放器产品、内容，或其他构成 iTunes 音乐和视频播放器服务的材料。在任何情况下，苹果公司都不对这些变更负责"[1]。

因此，如果你购买了一部电影或一张专辑，并将其存储在苹果公司的云服务器上，如果苹果公司或版权方出于任何原因决定将其删除，你购买的商品可能就此消失。相反，如果销售商不能再从其投资的云产品中盈利，它们很可能不再支持云产品的运行，或者可能会彻底破产。没有苹果公司和亚马逊公司的未来是难以想象的，没有雷曼兄弟（Lehman Brothers）、安然（Enron）公司和伍尔沃斯（Woolworth's）公司的未来也是如此。但即使是估值最高的科技公司，命运也起伏不定。看看 1997 年前后的雅虎（Yahoo）、Myspace 或苹果公司就知道了。

那么，云计算对消费者所有权意味着什么？如果没有实体财产，消费者就不能完全相信自己在未来有使用所购买物品的能力。他们出借、转售或以其他方式转让这些物品的权

---

[1] "Term and Conditions", Apple, Inc., last modified October 21, 2015, http://www.apple.com/legal/internet-services/itunes/us/terms.html, accessed November 18, 2015.

利也更加不明确。正如我们所见,权利用尽原则的前提是拥有副本的所有权,但事实证明,云计算并不能产出一个可识别的单一副本。相反,它创造了一个复杂的潜在副本网络。不清楚谁拥有潜在的副本,也不清楚潜在的副本是否能被算作带有版权的副本。

冒着过度简化的风险,我们可以认为云系统中有两套不同的副本。有些副本存储在云服务器上,有些副本则可能存储在用户的设备上。让我们从服务器副本开始研究。它们的存储是长期的,而且出于对版权的考虑,此类副本是固定的。但谁是所有者呢?在讨论法院关于此问题的回答之前,让我们先来考虑三个比较熟悉、可以类比的例子。

首先,我们可以把云服务器副本想象成本地电影院的电影胶卷。该胶卷为影院所有。[1] 你支付了看电影的费用,但从未拥有这部电影,更不用说拥有卷轴。在云端,你花钱听一首歌曲或观看一个节目,但副本为云供应商所有,确切地说,这个副本就是服务器中的硬盘驱动器。你拥有的任何权利都来源于合同,而非拥有财产。

其次,也许云端副本更像是图书馆的书。服务商就像图书馆一样,到处都是作品副本。当你想访问你所购买的作品时,它就会从书架上被抽出,传输到你的设备上,就像你可以选择图书馆的书籍,然后自己带回家一样。但同样,你并不拥有云服务器上的副本,就像你并不拥有图书馆书籍的所有权一样。

最后,也许云端副本更像是你放置于保险箱的传家之宝。你花钱购买了一部电影,那么这部电影就在云服务器上等待你,直到你准备好访问它。就像你将祖父流传下来的珍藏邮

---

〔1〕 或者不归影院所有。参见 United States v. Wise, 550 F. 2d 1180 (9th Cir. 1977)。

票寄存在当地银行一样,即使你目前没有拥有实物,但却享有这项物品的所有权。

版权法能够很容易理解前两个类比,因为它们符合副本/作品二分法。就电影胶片而言,对有形副本的控制可及于荧幕上播出的无形作品。就图书馆的书而言,有形副本会在人与人之间转移,但不是永久转移。但是,从云内容购买者的角度来看,仅通过这两个类比不能够完全理解有关"云"的问题。当然,你也可能会认为,以 12.99 美元的价格"购买"的《逆流的色彩》(Upstream Color)是让你花钱买到的更耐用的东西。但是在版权法能够理解的范围内,要确定这些东西是什么是一个挑战。版权法内的词汇仅限于有形副本和无形作品。

不同于祖父传给你的邮票中包含你的个人财产利益,你并不真正拥有苹果公司服务器的任何一部分。你的财产权涉及的东西不那么具体。但与此同时,此类财产权也不是电影中的知识产权利益。花费 12.99 美元购买并不能让你成为电影《逆流的色彩》的版权持有人。从概念上讲,讨论文件中的无形产权(即编码电影的比特的集合)更有意义,这种无形产权与任何特定的实体副本相分离。就像你可以拥有股票和转让股票等公司的无形权益一样,你也可以在云购买中拥有所有权和转让权。

从技术层面而言,这些权利是云提供商可以轻松实现的。例如,你想把你买的电影借阅给朋友。那么,亚马逊可以通过将该文件与你朋友的账户而非你的账户关联起来,轻松地转移该文件的权限。当朋友登录他们的账户时,他们可以访问该文件。但在你的账户下,该文件将不可用。这也是亚马逊现有的电子书阅读器"借阅"项目的运作模式。

当然,和如今个人财产权一样,消费者无形财产权的确切范围将由权利用尽原则决定。就无形财产而言,创作者和消费者之间的权利划分可能会有所不同,但关键是,你的权利将由默认的财产规则决定,而与终端用户许可协议中的细枝末节无关。通过将其定义为财产,法律将把权利的天平从卖家倾斜到买家身上,把界定权利的重担从亚马逊公司和苹果公司的律师身上转移到法院和立法者身上。

显然,美国法律还没有承认数字媒体的无形财产权益。因此,今天法院应该如何对待云副本相关案子的问题依然存在。法院采用了两种截然不同的方式对挑战版权法固有理论的新技术进行评估。其中一种方法因 ReDigi 公司案而被大众熟知,即严格审查新技术的设计和操作流程。在此方法下,法院专注于维护一份详细的副本分类账本记录。

最近,在一个名为 ABC 诉 Aereo 科技公司(ABC v. Aereo)的案件中,最高法院采取了相反的做法。此案件中,Aereo 科技公司为其用户提供了通过互联网收看广播电视节目的机会,它构建了一个复杂的系统,该系统由数千根极小尺寸的天线组成,每根天线分配给一位单独的用户。当用户选择一个节目时,他们的天线就会调到相应的电台,服务器便会连接上该用户专用的硬盘空间并播放节目。Aereo 科技公司在设计系统时考虑到了法律要求。通过确保每根天线、每个音频和单个用户相对应,该公司希望的是围绕版权的公共表演权来设计系统。在认定 Aereo 科技公司负有侵权责任时,法院强调了"Aereo 科技公司订阅者的观看体验",却忽略了重要的技术运作的"幕后"细节。[1]

这两种方法都有可取之处,我们并不想妄言"这两种方法都不合适"。开发者不应该因为设计了符合版权法规范的系统而受罚。但是当涉及云副本时,我们认为,关注终端用户的体验比关注技术设计选择更有意义,这主要出于两个原因。

---

[1] 参见 134 S. Ct. 2498, 2508 (2014)。

首先,我们已经被训练得忽略幕后发生的事情。云服务后台的工程师们出色的工作使我们免受复杂性技术的影响,而直观感受到云服务的便利。忠于苹果公司的理念,它们就是管用。但高度友好的使用体验带来的弊端就是,服务的真实运作细节不够明晰。

其次,强调技术细节的方法实际上误解了"云"的价值所在。在单个副本是有价值的、持久的年代,保持一个运行的副本台账是有意义的。然而,这种仅仅关注副本的方法已经过时了。现如今的副本是低价的、一次性的。人们淹没在海量的副本中,这些副本总是转瞬即逝。它们被不断地创造、使用和丢弃。对消费者来说,拥有对作品可靠的获得权和使用权是关键。而这些权利,正如财产权理论所阐明的,并不一定要与任何特定的有形物体相关联。但在版权法重新思考副本的核心作用之前,云购买的所有权问题仍有待解决且充满挑战性。

那么,个人设备上的副本呢?关于此问题,棘手之处并不是所有权问题,而是我们是否拥有副本的问题。我们首先需要区分下载和流媒体内容的差异。例如,如果一位云客户将某文件保存到他的设备上,他可以在没有互联网接入的长途飞行中访问这个文件,那看起来就像一次标准的下载。他的手机或平板电脑的内存中存储着一个稳定、持久的副本。相比之下,流媒体允许客户听音乐或看视频,而不需要用户将文件永久地保存设备上。它的宗旨并不是为用户提供一个持久的副本。

然而,一些法院认为,即使是暂时存储在随机存取存储器(RAM)中的数据,也可以被视为是出于版权目的的副本。若是如此,只要是使用数字文件,例如阅读一本书或播放一首歌曲,就意味着创建新的副本。当你在笔记本电脑或手机上打开一个文件时,你的设备正在访问硬盘或闪存驱动器上长期存储的数据,并在其 RAM(用于显示和操作数据的短期存储)中重新创建数据。但是,在创建固定副本之前,这些数据在 RAM 中留存多长时间的相关规则还远没有定论。因此,尽管版权法强调对副本的跟踪,但要弄清楚副本是否存在却绝非易事。

虽然近些年来该问题变得更加突出,但事实证明,这并不是什么新挑战。实际上,一个多世纪以来,版权法一直在努力解决该问题。19 世纪末,当演奏钢琴进入市场时,作曲家和音乐出版商的业务是销售乐谱,让人们带回家用钢琴演奏。但通过将气动装置和穿孔纸卷结合在一起,自动演奏钢琴使人们能够在家中聆听音乐,而不需演奏家在场演奏。音乐出版商认为,钢琴卷是对他们作品副本的侵犯。然而,经过多年诉讼,最高法院在怀特-史密斯诉阿波罗案(White Smith v. Apollo)中一致否决了这一论点。[1]

法院认为,钢琴卷根本就不是副本,因为没有人(包括钢琴卷的制作者)能够通过一系列微小的穿孔来辨别其中的音乐内容。最高法院解释说,副本只限于那些肉眼可见、可读到或可理解的作品形式。今天,我们加深了对副本概念的理解,但怀特·史密斯案(White Smith)显示了新技术是如何阻挠我们适用较早制定的法律的。这个规则在今天和一个世纪前同样适用。事实上,"云"本身已经引发了关于副本的生存危机。

美国有线电视公司(Cablevision)是一家大型有线电视供应商。2006 年,它为用户推出了一款基于云技术的远程存储数字视频录像机(RS-DVR)。大多数的硬盘录像机都配备了一个大型的硬盘驱动器来存储录制的节目,而美国有线电视

---

[1] 参见 White-Smith Music Publ'g. Co. v. Apollo Co., 209 U.S. 1 (1908)。

公司旗下的产品将用户录制的节目存储在中央数据中心的远程服务器上。在该数据中心内,美国有线电视公司使用一种名为宽带多媒体路由器(BMR)的设备,将每个有线电视频道的视频流源源不断地发送到存储录制节目的服务器上。在该过程中,BMR 会在一秒钟左右的时间内将视频短暂地加载到临时内存缓冲区中。

卡通频道(Cartoon Network)起诉美国有线电视公司(Cablevision)侵犯其版权,声称这些缓冲区产生了侵犯其电视节目权益的副本。[1] 案件的关键在于这些节目是否存储了足够长的时间,进而可以被算作副本。一个作品要存储多长时间才能算固定?MAI 诉 Peak 案(MAI v. Peak)是一个可参考的有影响力的早期案例。在该案件中,MAI 认为 Peak 在打开 MAI 的电脑并将 MAI 的节目加载到内存中时,副本就已经产生。根据 MAI 方的观点,如果人们可以感知或复制存储在计算机内存中的信息,那么不管它存储了多长时间,它都是固定的。[2] 如果这是真的,则美国有线电视公司在其缓冲区中进行了复制。但美国有线电视公司方持反对意见。它认为,数据必须持续超过"一个短暂的持续时间",才能被视作副本。法院认为 1.2 秒的时间不足以创建一份副本,但除此之外,法院没有做过多的解释。因此,当你使用云服务将一部电影或一首歌曲用数据流的方式传输到你的设备上时,关于你是否拥有一份副本,版权法没有做出明确的解释。

卡通频道案与 ReDigi 公司案一样,展示了版权法如何在数字环境中持续且清晰地识别副本。只要权利用尽原则与副本的所有权相关联,消费者的财产权便会受到威胁。如果副

---

[1] 参见 Cartoon Network LP, LLLP v. CSC Holdings, Inc., 536 F. 3d 121 (2d Cir. 2008)。

[2] 参见 MAI Sys. Corp. v. Peak Computer, Inc., 991 F. 2d 511, 519 (9th Cir. 1993)。

本不存在,那么,根据现行法律可以推断,人们将一无所有。然而,发行方面的下一个重大转变表明,所有权对任何人来说都不值一提。

4. 越过数据流

上述所有关于所有权的分析都有一个前提,即我们在不久的将来仍然会购买音乐、电影和书籍。然而,如果目前的趋势保持不变,点菜式购买可能很快就会成为例外。每天都有越来越多的人选择数字订阅服务而不是个人购买。虽然我们称其为订阅,但这些服务与杂志或报纸订阅并无太多共通之处。如果你在一年或十年后决定不再续订《国家地理》(National Geographic)杂志,你仍然拥有它们之前寄给你的那叠期刊实物。但如果你取消了声破天的订阅,没有什么资料会保留下来。相反,数字订阅模式允许你支付包月费用,或者通过耐心观看广告来换取访问大型流媒体内容库的机会。对大多数人来说,这是一个很有吸引力的提议。

网飞和 Hulu 视频网站率先在 2007 年推出在线视频服务。从那时起,网飞便成为互联网上最受欢迎的内容提供商之一。该服务拥有大约 6900 万用户,占所有互联网流量的三分之一。[1] 2014 年,其收入超过 55 亿美元。在音乐方面,声破天声称其拥有 7500 万的活跃用户,其中约有 2000 万是付费用户。[2] 最近,该公司的收入首次突破了 10 亿美元大关。[3]

---

[1] 参见 Todd Spangler, "Netflix Tops 57 Million Subscribers in Q4 as U. S. Growth Slows", Variety, January 20, 2015, http://variety.com/2015/digital/news/netflix-tops-57-million-subscribers-in-q4-as-u-s-growth-slows-1201409712/, accessed June 15, 2015; "Global Internet Phenomena Report", Sandvine, Inc., https://www.sandvine.com/trends/global-internet-phenomena/, accessed June 15, 2015.

[2] 参见"20 Million Reasons to Say Thanks", Spotify News, June 10, 2015, https://news.spotify.com/us/2015/06/10/20-million-reasons-to-say-thanks/, accessed June 15, 2015。

[3] Ibid.

毫不奇怪,其他形式的内容也正在应用这种订阅模式。2014年,亚马逊推出了亚马逊电子书包月服务,让用户可以访问一个不断扩充的电子书库。同时,PlayStation Now、EA Access和Gametap等服务也提供在线视频游戏库的订阅服务。

该类服务市场份额的快速增长表明,订阅而非购买作品将成为我们未来获取版权作品的主要方式。至2016年,若将订阅和购买都包括在内的话,数字电影的发行收入将使实体销售黯然失色。[1]即使在今天,订阅收入也几乎是数字下载收入的3倍。

音乐行业也出现了类似的现象。2014年,随着CD销量持续下滑,付费下载量也下降了约10%,声破天等流媒体音乐服务量却增长了54%,用户使用流媒体播放了1640亿首歌曲,增长速度惊人。[2]至2018年,流媒体服务预计将占音乐产业收入的近40%。在欧洲,声破天的收入已经超过了苹果公司的音乐下载总和。考虑到这些趋势,也许是出于对Beats成功的音乐订阅服务的兴趣,或是出于对该公司更为知名的耳机的兴趣,苹果公司斥资32亿美元收购了Beats电子公司。苹果公司也在2015年推出了自己的流媒体订阅服务。[3]

大众消费者似乎也被征服了,而且理由很充分。订阅服务在价格、选择和灵活性方面都很有吸引力。网飞、声破天和

---

[1] 参见 Brent Lang, "Digital Home Entertainment to Exceed Physical by 2016, Study Finds", Variety, June 3, 2014, http://variety.com/2014/digital/news/digital-home-entertainment-to-exceed-physical-by-2016-study-finds-1201207708/, accessed November 18, 2015。

[2] 参见 Ethan Smith, "Music Downloads Plummet in U.S., but Sales of Vinyl Records and Streaming Surge", Wall Street Journal, January 1, 2015, http://www.wsj.com/articles/music-downloads-plummet-in-u-s-but-sales-of-vinyl-records-and-streaming-surge-1420092579, accessed June 15, 2015。

[3] 参见 "Introducing Apple Music—All the Ways You Love Music. All in One Place", Apple Press Info, June 8, 2015, https://www.apple.com/pr/library/2015/06/08Introducing-Apple-Music-All-The-Ways-You-Love-Music-All-in-One-Place-.html, accessed November 18, 2015。

亚马逊电子书包月服务中,含有大量可以让你大饱眼福或耳福的订阅服务,且每月成本不到 10 美元。以这个价格,你或许只能购买一本电子书、一张数字专辑或一部电影。相反,订阅服务提供了无限访问海量作品的机会。声破天拥有 3000 万首歌曲,网飞流媒体图书馆中的电影和电视作品超过 6 万部,亚马逊电子书包月服务的藏书超过 100 万本。[1] 这些服务并不包括每一部新的大片或畅销书,因此,音乐爱好者比电影爱好者或藏书家享有更加完整的资源库。尽管如此,用户似乎普遍对多元化的选择和高质量的内容感到满意。

网飞以其巨大的成功为跳板,成为领先的内容制作商,独家制作了《纸牌屋》(House of Cards)、《无为大师》(Master of None),并且翻拍了《哈啦夏令营》(Wet Hot American Summer)。亚马逊公司和 Hulu 视频网站等其他公司也在推行类似的策略,并取得了不同程度的成功。订阅服务的另一个关键卖点是它们与几乎所有媒体设备的兼容性。你可以在你的笔记本电脑、平板电脑、智能手机、电视或游戏机上观看网飞视频。声破天和该领域的大多数其他竞争对手也是如此。这让用户能够在一定程度上理解"云"的可移植性。

你也许能观察到订阅流媒体服务的基本商业模式,并想知道它与我们所熟悉的 20 世纪的发行方式有什么不同。消费者通过每月支付费用或观看广告来换取观看精选节目集的机会。这听起来像是对广播或有线电视,甚至地面无线电的合理的准确描述。那么,是什么让网飞和声破天带来的服务

---

[1] 参见 Michael Liedtke, "Gaps in Netflix's Online Library Likely to Persist", Yahoo News, April 9, 2012, http://news.yahoo.com/gaps-netflixs-online-library-likely-persist-200620994.html; "Information", Spotify Ltd., https://press.spotify.com/us/information/, accessed June 15, 2015; Piotr Kowalczyk, "Kindle Unlimited Ebook Subscription—9 Things to Know", Ebook Friendly, last modified October 27, 2015, http://ebookfriendly.com/kindle-unlimited-ebook-subscription/, accessed November 18, 2015。

与众不同呢？它们近年来大受欢迎的原因又是什么？

在某种程度上，答案是控制。广播和电视从根本上来说一直是被动性质的媒体。你坐下来，希望 DJ 播放你最喜欢的歌曲；电视要求观众每周都要等待，直到自己喜爱的节目播出。但流媒体服务允许用户浏览他们的资源库，随时随地看任何想看的电影或听任何想听的歌曲。如果你想躺在沙发上看十三个小时的《纸牌屋》，网飞非常乐意为你效劳。这种选择性和即时订阅性将订阅服务与有线电视和广播区分开来。这也使得这些服务更接近于购买的替代品，而且价格更低。

消费者对这些服务的兴趣很容易解释，但服务提供商和内容生产者除了简单地满足消费者的需求外，有充分的理由支持订阅模式。从战略上来说，订阅服务提供了许多好处。与基于销售的模式相比，订阅模式可产生相对可预测和可靠的收入流。它们还能生成大量关于用户观看习惯和偏好的宝贵数据，这些数据可以用来定制服务和制作新节目，比如网飞虽然订购了一整季的《纸牌屋》，同时也减去了曾经必不可少的试播集。对于家庭影院(HBO)、娱乐体育节目电视网(ESPN)和便士剧院(Nickelodeon)等订阅视频提供商来说，推出独立的数字订阅服务可以让它们减少对有线电视公司这些中间商的依赖。不仅如此，它们有更多的机会接触有线电视终结者(那些没有购买有线电视服务的人)。在流媒体服务中，电影和电视工作室还能够将大量旧的、价值相对较低的内容与一些新的、高价值的节目捆绑在一起。通过这种方式，节目运营商可以从电影和节目中榨取额外的收入，否则这些旧电影和节目就会被束之高阁。[1]

---

[1] 参见 Ken Auletta, "Outside the Box", New Yorker, February 3, 2014, http://www.newyorker.com/magazine/2014/02/03/outside-the-box-2, accessed June 15, 2015。

订阅服务还是一个降低互联网版权侵犯所产生广泛影响的有效策略。通过将价位定得如此之低,网飞和声破天可以吸引那些原本打算从海盗湾网站获取电影和音乐的用户。更为根本的问题在于,从销售容易复制的产品转向销售难以复制的服务,网飞和它的同行们基于便利、管理和推荐的价值进行交易。通过这种方式,它们使自己免受互联网的免费副本这一残酷现实的损害。

最后,通过摆脱副本销售,制作者获得了减少转售的额外好处。在实体媒体时代,二手副本与新副本竞争,降低了新副本的销量,压低了新副本的价格。由于网飞不发行副本,无论是实体还是数字,二手市场都没有机会发展。这个事实具有不小的讽刺意味,网飞最初是作为一家DVD邮寄公司崛起的。在这一业务中,首次销售原则和转售市场是其成功的关键。尽管网飞以折扣价直接从电影公司批量购买了大部分DVD,但当时背景是DVD在公开市场上随处可见并且人们有出借它们的合法权利。至少有一次,在韦恩斯坦公司(Weinstein Company)与百视达签署独家发行协议后,网飞开始以零售方式购买DVD以满足订户的需求。[1]

订阅服务对个人创作者的影响则没有那么容易讨论。首先,涉及收入问题。订阅服务会让创作者的口袋里有钱吗?亚马逊新开发的电子书包月服务是否会给作者带来福音,现在下结论还为时过早。一些网站报告说读者群和收入大幅增长,而另一些网站则称,自该服务推出以来,它们的销售额

---

[1] 当电影发行商韦恩斯坦公司(The Weinstein Company)与百视达签署独家发行协议时,网飞依靠零售购买和首次销售原则向其客户提供这些影片。参见 Statement of Reed Hastings, Netflix CEO, "Netflix, Inc. Q3 2009 Earnings Call", October 22, 2009, transcript, http://seekingalpha.com/article/168407-netflix-inc-q3-2009-earnings-call-transcript (他指出,由于"零售业务如此庞大且分散",电影公司无法阻止零售购买,而且由于"供应链的流动性",购买二手零售副本为网飞节省了资金)。

一直在萎缩。对于电影制作人来说,答案比较明确。好莱坞曾将网飞视作一个额外的不可预测的收入来源,但如今,流媒体收入是决定一个潜在项目成败的因素之一。电影和电视节目的制作是基于它们在订阅市场上的潜在价值。关于网飞应该为流媒体版权支付多少钱的问题,确实存在很多争议,有时,一些影片会被撤下,甚至是撤下上千部。但电影公司、制片人或导演并未对订阅服务提出大规模的抗议。

对于音乐行业来说,情况就不一样了。从汤姆·约克(Thom Yorke)、大卫·伯恩(David Byrne)和贝克(Beck)等知名表演者到杰森·伊斯贝尔(Jason Isbell)和菲尔·埃尔沃姆(Phil Elverum)等不太知名的音乐人,他们对表演者和作曲家从流媒体服务中获得的微薄收入表示担忧。声破天在每次流媒体播放歌曲时只支付一小部分的费用,许多人认为不仅这个金额太少,而且对创作者来说就是一种侮辱。在某种程度上,这些流媒体所开具版税支票的规模反映了一个简单的经济现实:公众不愿意为价值较低的产品支付同样多的钱。唱片艺人从 CD 销售中赚到的钱显然更多,因为他们给 CD 持有者带来了一些持久的价值。如果你拥有一张 CD,你想播放多少次就播放多少次;你可以把它借给朋友;你可以转卖它。不管加斯·布鲁克斯(Garth Brooks)怎么想,当所有权逐渐消逝,而数据的临时访问渠道畅通无阻时,我们得到的是声破天,而不是对艺术家友好的乌托邦。

声破天驳斥了批评者,并指出所有这些微版税都是累积起来的。并且声称该服务已经为持有其流媒体目录版权的版权人支付了超过 20 亿美元,占其收入的 70%。[1] 至少从理

---

[1] 参见"Spotify Explained: How Does Spotify Make Money?" Spotify Ltd., http://www.spotifyartists.com/spotify-explained/#how-does-spotify-make-money, accessed June 15, 2015。

论上来说，这并不代表声破天不能支付更高的价格。如果市场能够承受，它们可以提高订阅费或增加广告费。或者它们应该拿出更高比例的收入。但这些措施也不能解决问题。归根结底，声破天对艺术家的收入只有有限的控制。这些款项通过唱片公司、音乐出版商和版权集体过滤，每个团体都有自己的分成。事实证明，在声破天支付的 20 亿美元中，大部分财产都流入了唱片公司的腰包，而只有很少一部分流向了艺术家。但是，这一事实是唱片艺人与其唱片公司之间的合同导致的，而非真正的或像大众所想的，是流媒体服务商吝啬。

当然，没有人强迫版权人将他们的音乐授权给声破天。如果他们不喜欢这种交易模式，他们大可以拒绝。但很多艺术家选择了前者，包括 AC/DC、披头士（The Beatles）、加斯·布鲁克斯（Garth Brooks）、齐柏林飞艇（Led Zeppelin）和电台司令（Radiohead）。但 2014 年，当泰勒·斯威夫特（Taylor Swift）宣布不再与声破天合作时，全网呼声并不强烈。泰勒·斯威夫特的唱片《1989》首周卖出近 130 万张，在该唱片创下十多年来最好的首发成绩后，斯威夫特决定从声破天上撤下她的专辑。很多人抨击她的决定，认为她作为一个流行歌手已经足够富有，抨击她试图通过切断人们免费访问其歌曲的渠道来提升自己异常强劲的唱片销量。有人认为，斯威夫特只是在追求自己的短期经济利益，考虑到她在音乐界中的地位，除了极少数超人气的唱片艺术家之外，她与所有人的利益追求都不一致。

毫无疑问，唱片销售的经济效益促使泰勒·斯威夫特退出声破天。但我们有充分的理由认为，她的决定不仅仅是为了最大限度地提高目前的唱片销量，在这方面她不需要什么帮助。比起大多数和她一样成功的音乐人，秦勒·斯威夫特似乎对与其听众建立并宣传一种紧密联系更感兴趣。在她的音乐视频中,她和粉丝一起跳舞,请粉丝吃午餐,评论粉丝的照片墙(Instagram)照片,给粉丝寄圣诞礼物,还出现在他们的婚宴上。泰勒·斯威夫特并不想积累播放量,她想培养粉丝。

抱着休闲目的的听众可能会在声破天上免费播放泰勒·斯威夫特目前的热门歌曲,他们甚至会跟着一起唱。但忠实的歌迷不仅会购买泰勒·斯威夫特的唱片,他们还会掏钱购买演唱会门票、周边 T 恤衫和各种 This Sick Beat Ⓒ 的周边商品。[1] 他们将建立起跨越职业生涯甚至一生的关系。这就是泰勒·斯威夫特希望从她的歌迷那里得到的东西。在《1989》发行的前几个月,斯威夫特退出声破天,她在《华尔街日报》(Wall Street Journal)上发表了一篇文章。其中,她写道:"人们还在买专辑,但购买的数量不多……在我看来,歌迷看待音乐的方式就像他们看待感情一样。有些音乐只是为了玩,转瞬即逝……但是,有些艺人会像找到'真命天子'一样。我们要珍惜艺人们推出的每一张专辑,直到他们退出舞台,我们会为我们的孩子和孙子播放他们的音乐。作为一个艺术家,这是我们希望与歌迷建立的梦想纽带"[2]。

此处,我们回到对所有权问题的讨论。听众如果选择花 10 美元购买某位艺人的某张唱片,而不是订阅无差别的大量内容,就更有可能对这些艺术家产生投资感。所以,有意义的个人财产权不仅有利于消费者,也有利于创作者。如果我们拥有一张泰勒·斯威夫特的唱片,而不是仅仅在收音机

---

[1] 这些其他收入来源,特别是现场表演,变得越来越重要。斯威夫特的 Red 巡演于 2014 年结束,总收入达 1.5 亿美元,超过了碧昂斯(Beyonce)、杰斯(Jay-Z)和贾斯汀·汀布莱克(Justin Timberlake)巡演收入的总和。

[2] Taylor Swift, "For Taylor Swift, the Future of Music Is a Love Story", Wall Street Journal, July 7, 2014, http://www.wsj.com/articles/for-taylor-swift-the-future-of-music-is-a-love-story-1404763219, accessed June 15, 2015.

里或在网络流媒体上听她的音乐,它对我们的意义就更加重大。因为我们所拥有的东西可以帮助我们定义我们是谁,购买《1989》专辑可以让你在他人和自己面前成为泰勒·斯威夫特的粉丝,而声破天的播放列表可能做不到这一点。反过来,这又有助于将普通的听众转化为能够支撑艺人事业的粉丝。

我们对所有权的重视也得到了行为经济学领域的支持。在过去的25年里,几十项实验验证了研究人员所说的禀赋效应(Endowment Effect),即人们普遍倾向于给自己拥有的东西赋予更大的价值。在一个众所周知的例子中,研究人员给了一些参与者若干咖啡杯。当把杯子卖给其他参与者或用杯子和他们进行交易时,杯子的所有者要求支付的价格几乎是非拥有者愿意支付价格的两倍。[1] 主观上,这些所有者对他们拥有的杯子的估价远远高于市场价格。

如何解释对一个原本普通的杯子所出现的这些截然不同的估价呢?有些人认为,禀赋效应是厌恶失去的结果,人们更多地被失去某样东西时的恐惧或后悔所激发,而不是被获得它的乐趣所激发。但最近的研究表明,我们之所以给自己拥有的东西赋予更大的价值,是因为我们拥有它们。[2] 物品与其所有者之间的联系,意味着我们对所拥有东西的重视程度远远高于我们只是简单使用的东西。随着这种所有权意识的增强,我们对物品价值的重视程度也会越来越高。最近的研究还表明,对数字产品的禀赋效应并不亚于对实物产品的禀

---

[1] 参见 Daniel Kahneman, Jack L. Knetsch, and Richard H. Thaler, "Experimental Tests of the Endowment Effect and the Coase Theorem", Journal of Political Economy 98, no. 6 (1990): pp. 1325–1348。

[2] 参见 Carey K. Morewedge et al., "Bad Riddance or Good Rubbish? Ownership and Not Loss Aversion Causes the Endowment Effect", Journal of Experimental Psychology 45, no. 4 (July 2009): pp. 947–951。

赋效应。[1] 因此,如果一个泰勒·斯威夫特的粉丝拥有下载了《1989》专辑的 mp3,我们就可以期待,该粉丝会像拥有《1989》专辑的 CD 或黑胶唱片一样珍视这些音乐。

所有权的心理价值也可能是数字下载量下滑的原因之一。我们习惯于用钱购买音乐来换取可靠的产权。在过去,如果我们想要短暂地听音频,我们会听免费的广播节目。但当我们花钱购买音乐时,我们得到的是持久的、可转让的东西。正如我们在第五章中所详述的,许多消费者准确地误解了他们通过付费的数字下载所购买到的权利。但随着越来越多的人了解到下载所提供的有限价值,数字销售收入的陡然下降也就不足为奇了。如果数字销售是真正意义上的销售,即该种交易能够赋予用户财产权,那么我们可能会看到与现在非常不同的消费者行为。

事实上,我们中的一些人仍然愿意为产权支付溢价。近年来,唯一能与流媒体订阅增长率相匹敌的发行方式是黑胶唱片。2014 年,黑胶唱片的销量比上一年增长了 50% 以上。[2] 从绝对数量上看,这个数字相对平和,只有 920 万张,然而,这是近几十年来黑胶唱片的最高销量。在 2015 年,黑胶唱片的销量仍呈现这种上升趋势。[3] 虽然黑胶唱片通常是获取新音乐最昂贵

---

[1] 参见 Yannick Ferreira De Sousa and Alistair Munro, "Truck, Barter, and Exchange versus the Endowment Effect: Virtual Field Experiments in an Online Game Environment", Journal of Economic Psychology 33, no. 3 (June 2012): pp. 482-493。尽管这项实验发现,在在线角色扮演游戏的资深玩家中,禀赋效应会降低,但这一发现与现实世界中的实验结果是一致的。

[2] 参见 Keith Caufield, "Vinyl Album Sales Hit Historic High in 2014, Again", Billboard, December 31, 2014, http://www.billboard.com/articles/columns/chart-beat/6422442/vinyl-album-sales-hit-historic-high-2014, accessed June 15, 2015。

[3] 参见 Joshua P. Friedlander, News and Notes on 2015 Mid-Year RIAA Shipment and Revenue Statistics (Washington, DC: RIAA, 2015), PDF report, https://www.riaa.com/wp-content/uploads/2015/09/2015_RIAAMidYear_ShipmentData.pdf, accessed November 18, 2015。

的方式,但它也有很多吸引人的优点。黑胶唱片除了有更高的保真度和更精美的包装之外,当你购买黑胶唱片时,你是在为与购买相关的全部财产利益而讨价还价,这些权利不受许可条款、数字许可甚至是互联网连接的约束。

订阅服务和黑胶唱片这两种截然不同的音乐消费方式兴起,凸显了消费者选择的重要性。不是每个人都想订阅音乐,也不是每个人都想拥有音乐。这些选择没有对错之分。选择就是人们的偏好,而由于各种原因,个人之间的偏好会随时间推移而变化。幸运的是,对于当今时代的大多数作品,我们都有选择权。但消费者的行为取向和行业策略也产生了一些限制,特别是对于那些更倾向于拥有财产而不是有条件访问的人。全国各地大大小小的书店和唱片店都关门了。对大多数人来说,这意味着面对面的零售购买已经被网上订购、支付运费和几天的等待所取代。这使得同类副本商品很难与能即时访问的数字商品竞争,特别是当两种格式的产品都在同一亚马逊产品页面上待售时。

同样令人担心的是,有些内容只能以一种格式或从一种服务中获取。多年来,一些著名的唱片艺术家拒绝通过 iTunes 音乐和视频播放器销售音乐。其他人制作的音乐只能从苹果公司购买,亚马逊称其亚马逊电子书阅读器商店中拥有超过 50 万部作品。许多曾经以各种实体形式发行的作品正在向只以数字形式发行转变。例如,福克斯公司最近宣布,它将不再以 DVD 或蓝光光碟的形式销售新一季的《辛普森一家》(The Simpsons),而改用流媒体传输形式。[1] 当作品只以数字下载的形式提供时,消费者的选择就受限了。对资源库来说,这可

---

[1] 参见 Jon Fingas, "'The Simpsons' Seasons Won't Be Available on Disc from Now On", Engadget, April 12, 2015, http://www.engadget.com/2015/04/12/the-simpsons-drops-disc-releases/, accessed November 18, 2015。

能会干扰其核心功能。苹果公司和亚马逊公司的许可中规定禁止出借,他们不会,或者更准确地说,不能就图书馆和教育机构致力于保存和用户访问的个别条款进行协商。由于这些作品未能以合适的形式呈现,它们实际上被排除在图书馆的收藏之外。[1]

有些作品只能通过订阅获得。你无法购买《简明牛津英语词典》(Compact Oxford English Dictionary)的电子版;你只能通过月度订阅,并且需要连接互联网才能使用。[2] 奥多比(Adobe)系统公司最新的创意应用程序,比如 Photoshop 和 Illustrator,现在只能通过该公司的月度订阅服务——创意云获得独家使用权限。[3] 除非奥多比系统公司改变方向,否则该公司永远不会出售新的 Photoshop,这有效地扼杀了二手市场。向数字发行的转变是如此明显,以至于当微软决定以一种绝对复古的形式发布 Windows 10 系统时,它登上了头条新闻:盒装光盘,实体店有售。[4]

至少在目前,副本已经过时了。但作为一个法律概念,副本仍然和以往一样重要。即使副本不再为我们所占有,也在我们的视野里消失,版权法仍然坚持认为,如果副本不存在,我们将只拥有版权人好心授予我们的权利。正如本书第四章中所论述的那样,这些权利往往是短暂的、不可转让的,并且以长期持续的许可为条件。简而言之,它们不是财产权。

---

[1] 参见 Kevin Smith, "Planning for Musical Obsolescence", Scholarly Communications @ Duke (blog), Duke University Libraries, July 28, 2014, http://blogs.library.duke.edu/scholcomm/2014/07/28/planning-for-musical-obsolescence/, accessed June 15, 2015。

[2] 参见 Cory Doctorow, "Oxford English Dictionary—the Future", Guardian (UK), August 23, 2013, http://www.theguardian.com/technology/2013/aug/23/oxford-english-dictionary-future-digitally, accessed June 15, 2015。

[3] 参见 Stephen Shankland, "Adobe Launches Creative Cloud Subscription Service", CNET, May 11, 2012, http://www.cnet.com/news/adobe-launches-creative-cloud-subscription-service/, accessed June 15, 2015。

[4] 参见 Jamie Condliffe, "Microsoft Still Sells Its OS in Boxes—This Is How Windows 10 Will Look", Gizmodo (blog), July 13, 2015, http://gizmodo.com/microsoft-still-sells-its-os-in-boxes-this-is-how-windo-1717434336, accessed November 18, 2015。

第四章　所有权和许可协议

　　许可证是一种私人指定的法律形式,最初以非法复制的方式诞生于软件行业。经过不断的发展,现代许可证制度已经面目全非,成为了版权所有人这一私主体攫取权利的工具,并且已经蔓延到数字媒体乃至有形商品的领域。

　　许可证冗长、晦涩、复杂给公众和市场交易带来巨大的成本,并且往往在未经消费者同意的情况下强加诸多义务和限制。私主体凭借其打破了知识产权法维系的利益平衡,试图重新定义"销售"。大多数法院、学者和权利人仍然认为许可证是合同法的产物。但本书认为,将许可证根植于财产法是更优路径。许可证不能定义财产权,应当依据交易的经济事实来判断所有权移转的问题,并提供了三个判断因素。

　　许可证促进了价格歧视,也为我们的所有权带来了极大的不确定性,消费者在做出选择之前应当明确这一点。

——译者注

57　　想象一下,你走进当地的服饰店寻找一些新帽子。你可以试戴几顶圆顶礼帽、几顶鹿角帽、一顶猪肉馅饼帽,甚至一两顶土耳其毡帽。在确定一个最喜欢的后,你记下标价——100美元,然后去柜台付款。在去收银台的路上,你注意到帽沿上印着一些文字。上面写着:

这顶帽子是被许可使用的非卖品。通过支付要价,你有权随时戴这顶帽子。你可以无限期保留帽子的所有权,但未经制造商明确许可,你不得转售、出借或以其他方式转让帽子。

我们应该如何理解这段话?对于这类通知的法律效果,我们至少可以从三个方面来分析。首先,这可能意味着,正如帽子制造商预先计划的那样,你付了100美元之后并未拥有这顶帽子。这份通知可能会将一笔看上去像是出售的交易,即卖方向买方转让所有权,转变为仅仅是允许你持有和使用这顶帽子的交易。其次,通知可能构成合同的基础。通过购买这顶帽子,你将成为它的主人,但你也将承诺不再转让它。根据财产法的规定,你有权转售这顶帽子,但在上述合同的约束下,如果你的转让给制造商造成了可证明的损害,就应当支付损害赔偿金。最后,这则通知作为法律文件可能完全无效,但它仍然可以迷惑或恐吓一些帽子的所有者,劝阻他们停止出借或转售帽子的行为。尽管从法律角度审视,该通知不会强加任何义务或限制你的行为。

不管上述解释中哪一种是正确的,大多数人都会觉得这种表述很离谱。困惑之余,我们可能会向销售人员寻求解释,或者我们干脆拒绝购买这样一顶帽子,以免被无理对待。

58　　然后,许多人没有注意到的是我们几乎每天都会遇到这样的表述,这类商品附属于数字和有形商品,而我们正不加区分地购买这些商品。

你下载的应用程序和游戏、购买的盒装软件、购买的数字书籍、音乐、电影和你的智能手机,甚至你的汽车,都被捆绑了类似的限制。但是,这些文字通常隐藏在终端用户许可协议(End User License Agreements)中,该协议由数千字的条款和条件、责任豁免、质保信息和核武器发展禁令(当然不是真的[1])组成,且融入了我们大多数人都擅长忽略的信息白噪声。

用最简单的话来说,许可证是一种授权,允许其从事一些本来应被禁止的行为。你驾驶汽车需要许可证,电台在公共频段上广播需要许可证,詹姆斯·邦德(James Bond)杀人需要许可证,这些都是出于同样的原因。未经许可,这些活动都是违法的。有时这种许可来自政府,有时则来自私人主体。如果你在没有许可证的情况下进入你邻居的房屋,你就是一个入侵者;而如果你有许可证,你就是一个被邀请的客人。

但是,现代许可协议已经演变得面目全非。其创造了私人监管机制,强加了各种形式的义务和限制,并且通常缺少有意义的通知,更不用说经过我们同意了。在这个过程中,许可证有效地改写了我们的知识产权法旨在维持的创作者和公众之间的平衡。它正努力重新定义将所有权转移给买家的"销售",使其看起来更像是有条件的使用权授予。

令人不安的是,许多法院已经接受了上述努力,它们裁定,即使构成明显的销售行为,只要许可证上有着适当的"咒语",产品仍然是知识产权权利人的财产。可能你已经为包含你最喜欢的软件程序的光盘付了费,但据此推理,该光盘属于

---

[1] 参见"Licensed Application End User License Agreement", Apple, Inc., http://www.apple.com/legal/internet-services/itunes/appstore/dev/stdeula/, accessed June 15, 2015; "iTunes Terms and Conditions", Apple Inc., last modified June 30, 2015, http://www.apple.com/legal/internet-services/itunes/us/terms.html, accessed July 7, 2015。

软件制造商,而不是你。你对它的使用不是受版权法背后公法的约束,而是受许可证私法的约束。这种思维方式在计算机软件领域拥有最强的立足点,但它不太可能局限于经济领域的这个小角落。许可思维已经蔓延到了数字媒体领域以及同样有问题的有形商品领域。

通过允许许可条款以重新定义交易并剥夺消费者的所有权的方式,法院正从公共立法过程中夺走权利,并将其归于私人的知识产权权利人手中。许可证作为一种私人制定的法律形式,以为其产品付费的客户作为代价,允许权利人修改、增补和违反知识产权法。

1. 许可协议细则

那么许可证究竟说了什么?我们大多数人都不知道,并且理由很充分。许可协议冗长,难以理解,而且充满了坏消息。它们是法律文件界的拉斯·冯·提尔(Lars von Trier)导演的电影。许可证的形式和内容使消费者不愿意阅读,这样反过来又加强了它们最糟糕的属性。

让我们先从它的长度开始讨论。目前 iTunes 的条款和限制性条件超过 1.9 万字,翻译成 56 页的细则,比《麦克白》[1](Macbeth)还长。PayPal 的条款也不甘示弱,达到了 3.6 万字,比《哈姆雷特》(Hamlet)还要长。这些冗长的法律文件中的要求让人瞠目结舌。以奥多比(Adobe)的 Flash 为例,这是一个每天都安装在数百万台电脑上的软件平台。假设普通用户能在 10 分钟内读完 3500 字的 Flash 许可证,考虑到它所用的法律术语非常密集,这个假设已经很慷慨了,如果每天每个

---

[1] 参见 Tom Gardner, "To Read, Or Not to Read … the Terms and Conditions", Daily Mail (London), March 22, 2012, http://www.dailymail.co.uk/news/article-2118688/PayPal-agreement-longer-Hamlet-iTunes-beats-Macbeth.html, accessed July 7, 2015。

安装 Flash 的人都读完了许可证,那将需要全人类总共超过 1500 年的注意力。[1] 每一天都是如此,只针对一个软件产品。那么试想,如果你试图阅读遇到的每一个许可证,会发生什么?[2]

无论许可协议长度如何,都令人难以理解。协议由律师起草,主要功能是界定法律权利和有限责任,而不是清晰、有效地与人沟通。因此,它们充斥着定义术语、专业术语、不自然的短语转换和复杂的句子结构。与用于销售产品的、简单易懂的营销语言不同,定义这些交易的法律语言,(或者至少声称用于定义这些交易的法律语言)往往需要研究生学历才能理解。[3]

许可协议的长度和复杂性意味着它们会给公众带来巨大的成本。阅读和理解一份许可协议需要耗费大量的时间和脑力。对大多数人来说,简单地浏览条款并不足以使其真正地理解许可协议。你可能需要做一些独立的研究或者咨询律师——有些许可证估计就是直接这样建议的。然而阅读许可证的成本往往超过了产品的价值。一般有谁会在购买 iTunes 商店里 99 美分的产品之前阅读一份 19000 字的许可证呢?

不足为奇的是,我们中的绝大多数人干脆举手投降,完全无视许可证。最近的一项研究表明,在一千个购买软件的人中,大概只有一个人瞥了一眼许可协议的文本。而大多数人

---

[1] 参见 Bob Dorman, "Adobe Demands 7,000 Years a Day from Humankind", Register, December 4, 2012, http://www.theregister.co.uk/2012/12/04/feature_tech_licences_are_daft, accessed July 7, 2015。

[2] 参见 Alex Hern, "I Read All the Small Print on the Internet and It Made Me Want to Die", Guardian (UK), June 15, 2015, http://www.theguardian.com/technology/2015/jun/15/i-read-all-the-small-print-on-the-internet, accessed July 7, 2015。

[3] 参见 Douglas E. Phillips, The Software License Unveiled: How Legislation by License Controls Software Access (New York: Oxford University Press, 2009), p. 79。

确实只花了几秒钟的时间来仔细阅读这些条款。[1] 即使是首席大法官约翰·罗伯茨(John Roberts),这位几乎从不恣意漠视法律义务的法官,也懒得去读终端用户许可协议。[2] 因此,期待普通人做得更多似乎不公平。

许可证的条款不可协商,所以仔细阅读并没有什么好处。假设你仔细地检查了 Flash 的许可证,发现了一些令人反感的条款——它可能限制你只能排他地安装该程序,又或者拒绝承担对你的计算机的损害责任,你又能做什么呢?奥多比不会与你单独协商一个新的许可证,甚至都不会考虑这个想法。所以你的选择很简单,要么使用该产品,并接受该许可证;要么不使用,即要么接受,要么放弃。

不管是有意还是无意,权利人和零售商几乎都在想方设法地阻止他们的客户去阅读那些据说是规范购买行为的条款。而且,如果公众理性地选择不去检查许可证,那么市场就没有什么动力去提供更有利于消费者的条款,更好的条款只会被忽视。软件制造商 PC Pitstop 在其许可证中加入了一项条款,即向第一个注意到该条款的用户提供现金奖励,过了将近四个月的时间才有人领取了这 1000 美元。[3]

当优质产品与劣质产品无法区分时,就会出现经济学家

---

[1] 参见 Yannis Bakos, Florencia Marotta-Wurgler, and David R. Trossen, "Does Anyone Read he Fine Print? Consumer Attention to StandardForm Contracts", New York University Law and Economics Working Papers, Paper 195, NewYorkUniversity School of Law, New York, 2014, 22, http://lsr. nellco. org/cgi/viewcontent. cgi? article = 1199&context=nyu_lewp, accessed July 7, 2015。

[2] 参见 Mike Masnick, "Supreme Court Chief Justice Admits He Doesn't Read Online EULAs or Other 'Fine Print'", Techdirt, October 22, 2010, https://www. techdirt. com/articles/20101021/02145811519. shtml, accessed July 7, 2015。

[3] 参见 Mike Masnick, "Proof That (Almost) No One Reads End User License Agreements", Techdirt, February 23, 2005, https://www. techdirt. com/articles/20050223/1745244. shtml, accessed July 7, 2015。

所说的"柠檬市场"[1]。尽管汽车购买者愿意为没有质量问题的汽车支付更多的钱,但他们往往无法区分一辆质量可靠的二手车和一辆注定在一两个星期内会在热气腾腾的汽车堆中抛锚的破烂车。由于无法将好的交易与坏的交易区分开来,他们只愿意支付与低质量的汽车相应的价格。但是,如果买家不愿意为高质量的汽车支付额外的钱,那么二手车商就有足够的理由用现有的最便宜的汽车塞满他们的停车场。因此,尽管事实上买家愿意为高质量的汽车支付溢价,但市场却无法提供这些汽车。[2]

出于同样的原因,大多数终端用户许可协议都是"柠檬"。许可人掌握很多关于其许可证内容的信息,毕竟是他起草了协议;但普通人了解的信息却非常少。这种信息不对称滋生了不参与和不信任。如果公司无法从消费者友好型许可中取得任何市场优势,那只会进一步固化对消费者不利的条款。而一旦许可条款被采用,它们就有了传播的方式。从某种程度上讲,许可证如病毒般传播是为了节省时间,毕竟很少有许可证是从零开始起草的,律师们会大量地复制和粘贴。当谷歌(Google)最初发布 Chrome 浏览器时,许可证的部分内容如下:"你赋予谷歌一个永久的、不可撤销的、全球的、免税的和非排他的许可,以复制、改编、修改、翻译、发布,公开表演、公开展示和散播你在谷歌产品、软件、服务和网站上提交、发表、

---

[1] George A. Akerlof, "The Market for 'Lemons': Quality Uncertainty and the Market Mechanism", Quarterly Journal of Economics 84, no. 3 (August 1970): pp. 488–500, http://www.jstor.org/stable/1879431, accessed July 7, 2015.

[2] 像 Carfax 这样的服务通过使特定车辆的信息更容易为消费者所获得已经解决了这个问题。Steven Mufson and Michael A. Fletcher, "Carfax Figures Indicate an 'Alarming Number' of Recalled Cars Are Sold without Being Fixed", Washington Post, April 4, 2014, https://www.washingtonpost.com/business/economy/carfax-figures-indicate-an-alarming-number-of-recalled-cars-are-sold-without-being-fixed/2014/04/03/093e9464-bb47-11e3-9c3c-311301e2167d_story.html, accessed March 13, 2016.

展示的任何内容。"[1]

这将意味着谷歌可以公布你发送的每一封电子邮件、分享的每一张照片,以及使用 Chrome 浏览器输入的每个密码。当然,这不是谷歌的本意。它迅速更新了许可证来进行澄清,表示用户对其生成的内容仍然保留版权。谷歌对这一失误的解释是,"我们试图对自己的诸多产品……使用同一套法律条款。有时……这意味着某个特定产品的法律条款可能包含不太适合于该产品使用的条款"[2]。换句话说,谷歌在复制自己现有的许可证时有点草率。

统一许可证条款的做法部分是出于数量上安全的考虑[3],使其某种程度上显得并不那么无辜。一旦某个条款变得标准化,将其纳入的做法就成为一种减少竞争风险的策略。一家采用行业标准条款的公司至少能保证它不会比竞争对手更差。[4] 结合"柠檬市场",这种软性串通(Soft Collusion)让人们几乎看不到基于对消费者友好的许可证条款的良性竞争。

相反,我们看到了越来越多标准化的条款。从用户的角度来看,这些条款几乎没有一个会提高产品的价值。有些条款限制了人们对购买的产品的使用,其中包括有条件地制作备份、禁止差评、将产品与特定设备永久绑定,以及禁止逆向工程(Reverse engineering)——通过观察产品的运行情况发现

---

[1] Marshall Kirkpatrick, "Does Google Have Rights to Everything You Send through Chrome?" Readwrite, September 3, 2008, http://readwrite.com/2008/09/03/does_google_have_rights_to_all, accessed July 7, 2015.

[2] Nate Anderson, "Google on Chrome EULA Controversy: Our Bad, We'll Change It", Ars Technica, September 3, 2008, http://arstechnica.com/tech-policy/2008/09/google-on-chrome-eula-controversy-our-bad-well-change-it/, accessed July 7, 2015.

[3] 参见 Nancy S. Kim, Wrap Contracts: Foundations and Ramifications (Oxford, UK: Oxford University Press, 2013), p.60。

[4] Ibid.

其工作原理的过程。[1] 另外一些条款则取消了法律权利和救济措施,包括限制法律责任、禁止集体诉讼,以及强制性仲裁条款。[2] 如果许可人此前不小心忽略了一些对他有用的单边条款,许多许可证就给了起草者随时更改终端用户许可协议条款的选择。[3]

但就我们的目标而言,最重要的许可条款是那些试图重新定义所有权并限制我们购买的产品转让的条款。整体上看,几乎所有的数字内容——软件、游戏、音乐、电影和书籍——它们的许可协议都声明产品是被许可的,而不是被出售的。正如苹果公司(Apple)通知其客户的那样,"通过 App Store 提供的软件产品……是许可给你使用,而不是出售给你的"[4]。微软也是这么说的:"我们不出售我们的软件或您的软件副本——我们只是许可使用它。"[5] 亚马逊的 Kindle 商店也紧随其后:"Kindle 内容是由内容提供商许可给你的,而

---

[1] 参见 Matthew Humphries, "Retail Copies of Office 2013 Are Tied to a Single Computer Forever", Geek.com, February 13, 2013, http://www.geek.com/news/retail-copies-of-office-2013-are-tied-to-a-single-computer-forever-1539563/, accessed July 7, 2015。

[2] 有关限制责任的条款示例,参见 "Sound Cloud Terms of Use", SoundCloud Limited, last modified March 12, 2013, https://soundcloud.com/terms-of-use, accessed July 7, 2015。例如,包含强制仲裁条款和禁止集体诉讼条款的例子,参见 "Dropbox Terms of Service", Dropbox, Inc., last modified January 22, 2015, https://www.dropbox.com/terms2014, accessed July 7, 2015。也可参见 Jessica Silver-Greenberg and Robert Gebeloff, "Arbitration Everywhere, Stacking the Deck of Justice", NewYork Times, October 31, 2015, http://www.nytimes.com/2015/11/01/business/dealbook/arbitration-everywhere-stacking-the-deck-of-justice.html, accessed November 29, 2015。

[3] 参见 Kim, Wrap Contracts, pp. 66-67。

[4] "Licensed Application EULA", Apple Inc. 苹果公司的 iTunes 商店在描述与消费者的交易特征时不太明确。尽管将这些交易描述为"购买",并指出"所有销售……都是最终的",但苹果公司(Apple)坚持认为消费者同意不"出租、租赁、出借、出售、分发"他们购买的产品。"Terms and Conditions", Apple Inc., last modified October 21, 2015, http://www.apple.com/legal/internet-services/itunes/us/terms.html, accessed November 29, 2015.

[5] "Microsoft Software License Agreement: Microsoft Office 2013 Desktop Application Software" Microsoft Corp., https://products.office.com/en-us/microsoft-software-license-agreement, accessed June 16, 2015.

不是出售给你的。"[1]索尼(Sony)的 PlayStation 许可证声明:"所有软件都是许可使用的,而不是出售的,这意味着你取得了使用该软件的权利……但你并没有取得该软件的所有权。"[2]相同的条款也越来越多地附加到带有嵌入式软件的硬件设备上。这些许可证中的大多数都不允许你转售、出借、出租或以其他方式转让他们购买的产品。

对上述条款有两种解释。一种是,它们可能代表一个没有争议的、坦率的、显而易见的主张,即当你购买 Microsoft Office 软件或 iPhone 等产品时,你并没有取得该产品的版权、专利权和商标权。对此我们会说:是的,确实如此。但另一种解释路径是,这些许可证通常有着更深的含义。它们意味着你并不拥有你所购买的东西。你既不拥有也不能转让内嵌在手机中的塑料光盘、数字文件或代码的实物副本。因此,当零售商和唱片公司告诉你,你购买的歌曲是许可的,而不是出售的,这意味着两件事——你不拥有歌曲的版权,也不拥有你下载的文件。

尽管它们努力把数字媒体的下载定义为许可而非销售,但当需要向艺术家支付报酬时,这些权利人采取了截然不同的立场。例如,大多数唱片合同将销售(从历史上看,光盘和其他实物媒体的销售)和许可(在商业广告中使用一首歌)区分开来。唱片艺术家每卖出一张唱片,就收取一点的版税,比如15%,而对于每一次的许可,将收取更高的版税,比如50%。在阿姆(Eminem)等人提起的诉讼中,唱片公司为了尽

---

[1] "Kindle Store Terms of Use", Amazon Digital Services, Inc., last modified September 6, 2012, http://www.amazon.com/gp/help/customer/display.html?nodeId=201014950, accessed June 14, 2015; 参见 Masnick, "Proof."。

[2] "SEN Terms of Service", Sony Network Entertainment Europe Ltd., last modified November 2013, https://www.playstationnetwork.com/en-gb/terms-of-service/, accessed June 15, 2015。

量减少对艺术家支付的款项,坚持认为 iTunes 和亚马逊上的交易实际上是销售而不是许可。[1] 当然,这并不是它们的终端用户许可协议告诉我们的东西。为了理解它们是如何从这种策略特征中获益的,我们需要退一步,考虑许可模式最初是如何发展的。

2. 终端用户许可协议(EULA)的起源

终端用户许可协议是从软件行业开始的。在计算机发展的早期,硬件和软件通常被捆绑在一起,软件是促进硬件销售的一种手段,而独立软件产品的市场尚未开发。IBM 是第一批将其硬件和软件解绑的公司之一。但与它的主机不同,它的软件代码很容易被复制。IBM 认为现有的知识产权保护措施——专利、版权和商业秘密——要么没有起到立法所宣称的保护效果,要么相互混淆,无法选择恰当的保护措施。因此,它"将版权与许可证结合起来,并且期待许可证提供真正的保护"以防止非法复制。[2]

在那时,IBM 的担忧是合理的。当时的知识产权法距离明确提出软件版权或专利权保护还有几十年的时间。[3] 即使在 1980 年修订的《版权法》明确承认软件产品是受保护的标的物之后,开发者还是担心会存在出租的风险。由于每台

---

[1] 参见 F. B. T. Prods. v. Aftermath Records, 621 F. 3d 958 (9th Cir. 2010); Eriq Gardner, "Universal Music Settling Big Class Action Lawsuit over Digital Royalties", Hollywood Reporter, March 19, 2015, http://www.hollywoodreporter.com/thr-esq/universal-music-settling-big-class- 783096, accessed June 14, 2015。

[2] 参见 Watts S. Humphrey, "Software Unbundling: A Personal Perspective", IEEE Annals of the History of Computing 34, no. 1 (2002): pp. 59-63, at 60, doi:10.1109/85.988582。

[3] 直到 1980 年的《计算机软件版权法案》,《版权法》才接纳了软件产品。1981 年,最高法院首次向软件专利权敞开了大门。参见 Diamond v. Diehr, 450 U. S. 175 (1981)。但是,直到联邦巡回法院 1998 年在 State St. 银行和 Trust 公司诉 Signature Fin. 公司一案中做出判决,软件专利才出现爆炸式增长。Bank and Trust Co. v. Signature Fin. Grp., Inc., 149 F. 3d 1368 (Fed. Cir. 1998)。

个人电脑都具有复制功能,如果微软的 Word 可以像飞机上的录像系统(VHS)复本那样简单而廉价地被租用,非法复制就会造成真正的损害。在软件行业的敦促下,国会通过了《计算机软件租赁修正法案》(Computer Software Rental Amendment Act)来解决这一担忧,该法案禁止了大多数软件程序的租赁。[1]

但是,许可不仅是为了防范法律的不确定性和侵权的威胁。在市场策略上,以"许可"产品为前提的商业模式,使得软件行业对下游企业使用其产品的控制能力远远大于其他知识产权密集型产业。几十年来,图书出版商、唱片公司和电影制片厂一直试图通过控制二级市场来寻找一种可靠而有效的方法来阻断不必要的竞争。通过坚持主张终端用户并不拥有他们购买的副本,软件行业实现了这一本来难以实现的目标,甚至可以说取得了更大的成就。

如果你没有一份副本,你就无权转售或以其他方式转让它。这一点对软件和精装书来说同样正确。但由于软件的性质,所有权显得更加关键。使用软件会产生副本,如果你在自己的硬盘上安装了程序代码,你就产生了一个副本。如果你运行该程序,你就在自己的计算机内存中创建了一个副本,至少一些法院是这样认为的。[2] 与电子书不同,如果缺少复制权,软件程序的副本实际上毫无价值。[3] 国会在 1980 年将著作权保护范围扩大到软件时,就明白了这个事实,所以它为软

---

[1] 电子游戏是一个重要的例外,参见 Computer Software Rental Amendment Act of 1990, Pub. L. No. 101-650, sec. 802, § 109(b), 104 Stat. 5089, pp. 5134-5135 (1990) (current version at 17 U.S.C. 109[b][2012])。
[2] 有关法院如何处理计算机内存中的软件副本的进一步评论,参见 Aaron Perzanowski, "Fixing RAM Copies", Northwestern University Law Review 104, no. 3 (Summer 2010): 1067-1108, http://papers.ssrn.com/sol3/papers.cfm? abstract_id=1441685, accessed June 14, 2015。
[3] 不能转让复制权,甚至就没有转售的价值。

件购买者制定了一套新的、更广泛的用尽保护措施。

《版权法》第117条赋予计算机程序副本的所有者许多重要的权利。第一，它允许所有者创建"必要步骤"副本，即运行程序所必需的副本。[1] 第二，它允许所有者修改程序，比如修复程序错误或增加新功能。[2] 第三，它允许创建存档副本以应对程序降级和意外删除的风险。[3] 第117条还赋予所有者扩展的权利，所有者可以转让他们购买的原始副本，以及任何未经修改的必要步骤副本和存档副本。[4] 该法规对转让提出了两个直观的警告。第一，所有软件副本权利必须作为一个单独的捆绑包一起转让，也就是说，所有者不能在eBay上出售原始副本，而把存档副本卖给邻居。第二，一旦所有者转让了这些权利，他们所拥有的任何副本都必须被销毁。

只要用户被确认为是所有者，第117条就能发挥它的作用。但是，通过否认销售的存在，许可协议破坏了这些由国会精心制定的消费者保护措施。如果你在交出现金后得到的只是一个许可证，那么你就只能听任软件制造商的摆布。你转让副本、制作备份，甚至安装和使用软件的权利都由许可文本决定，而不是由联邦法律或常识决定。

许可证取代了国会为保护消费者财产权而制定的法律。通过这样做，许可证使自己成了每个软件交易中都不可或缺的一部分。[5] 如果我们接受了这样的观点，即许可证阻止了所有权向用户的转移，那么许可证就成为安装和使用程序的权利唯一来源。如果没有许可证，用户除了沮丧地盯着他们的软件副本以外，别无他法。当然，要不是因为许可证坚持认

---

[1] 参见17 U.S.C. § 117(a)(1) (2012)。
[2] Ibid., § 117(c)。
[3] Ibid., § 117(a)(2)。
[4] Ibid., § 117(b)。改编作品副本只有在取得版权人的许可后才能转让。
[5] 参见 Phillips, The Software License Unveiled, xii-xiii。

为没有发生销售行为,用户无须得到许可便能在第一时间使用程序,因为这些权利已经在《版权法》中作了规定。

在软件行业,这些许可证已经变得司空见惯,但这种私自重新定义消费者权利的努力已经蔓延到了数字图书、电影和音乐领域——更不用说消费电子产品、家用电器和农业设备领域了。与软件一样,数字媒体产品的使用、存储或传输往往需要创建额外的副本。同时与软件一样,这些数字产品也受到试图剥夺财产权的许可证的束缚。但适用于软件的扩大法定用尽权并不包括数字媒体。因此,即使消费者能够证明他们合法拥有所获得的数字文件,他们仍然需要一份许可证才能制作使用文件时所必需的副本。如果所有权不能让你真正使用你的财产,那么所有权就没有太大意义。

如果我们接受许可模式,我们就是在向重新定义消费者权利的私人法规低头。这些"法规"对我们使用购买的东西施加了各种条件和限制。那些对我们自由的限制并不是自治的产物,而是私人行为者在自身利益的驱使下决定的。简而言之,许可协议让我们摆脱了众所周知的困境。

但或许我们不应该这么快就接受许可协议重新定义了我们权利的观点。有两种方法来解释终端用户许可协议的法律效力,但这两种方法都存在缺陷。第一种方法,我们可以把它视为合同。但是,把当前的消费者许可证硬塞进合同法,需要我们抛开合同成立和生效的基本规则和正当性基础。更重要的是,合同模式从根本上误解了权利人许可产品时的情境。第二种方法,认识到许可证与真正的承诺无关,相反,它们是财产法的产物。当我们从财产的角度来看待许可证时,事实证明,权利人往往没有他们对我们所宣称的那些权利。许可证可以剥夺买家财产权的观念是错误的。

3. 作为合同的终端用户许可协议

我们中的大多数人都能记得签署一份合同时的情景——购买房屋、签署商业贷款、租赁汽车，或者只是签订一份劳动合同。但是，很少有人会想到，在安装软件、下载电子书或者购买新厨房电器时，也存在具有约束力的法律协议。我们倾向于把合同和那些更重要的事情联系起来。人们对合同订立的共同概念涉及实质性的利害关系，以及一些使我们了解事情严肃性的正式程序。例如，可能有一份很长的文件，有很多地方需要签字和签名。可能会有人给你讲解主要条款，也许在场的还有律师。但终端用户许可协议却没有任何意义，它们无处不在，是最平凡的现代生活任务中不被注意的一部分。[1] 因此，我们通常把它们当成是偶然的烦扰，而不是具有约束力的义务。尽管如此，当法院面对许可协议时，它们通常认为它属于合同。合同法反映了一种深层次的道德直觉，即我们应该对自己做出的承诺负责。当我们不遵守诺言时，法律将会让我们承担造成伤害的责任，从而鼓励我们做出承诺并遵守承诺。当我们能够信任他人做出的可靠承诺时，社会就可以更好地运转。我们可以据此协调行动、计划未来、避免对不道德行为进行代价高昂的保护，并且维护有价值的社会关系。

但只有当人们意识到自己正在签订一个具有约束力的协议并理解其中的条款时，他们信守承诺才是有意义的。传统的合同法存在内化的机制以确保合同反映了各方的相互意图。但是，那些对合同订立的审查机制已经被打破了。在今天，只要推定存在一些说明某些条款存在的通知，许多法院就

---

[1] 参见 generally Margaret Jane Radin, Boilerplate: The Fine Print, Vanishing Rights, and the Rule of Law (Princeton, NJ: Princeton University Press, 2013)。

66 愿意去执行那些消费者不理解、没有阅读、从未见过,甚至根本不同意的条款,正是这种合同法的异化形式包容了终端用户许可协议的存在。

在经典模式下,订立合同需要双方对条款意思表示达成一致——通常是通过一方的要约和另一方的承诺来完成——以及法律所谓的"对价"。为了构成合同成立的基础,要约必须是明确的,并且要反映交易的全部核心内容。想象一下,你的邻居按响了你家的门铃,提议"卖给你一些东西"。尽管这个建议可能很吸引人,但它并不具备要约的功能,你在理性上不会同意这样一个缺少核心内容的交易。因为至少你得知道是什么东西、什么价格。

然后你的邻居澄清道:"我会以 500 美元的价格卖给你我那个让人毛骨悚然的古董人体模型收藏品。"虽然你挺喜欢这个发霉的、呆头呆脑的、来自百货店的假人,但你觉得这个价格太高了。你回答说:"我可以出 350 美元买。"尽管你表示愿意购买这件收藏品,但这并非表示你接受了邻居的要约。承诺需要在所有实质性条款上达成一致,比如价格和数量。

假设你们就交易的所有要点达成了一致,订立合同可以采取多种形式。你和你的邻居可以把条款打印出来并签字。大多数合同也可以口头订立,不需要书面形式。合同还可以通过你的行为订立。你的邻居可以这样说:"考虑一下吧,如果你同意,就把钱放在我的信箱里。"把钱放进信箱,你就接受了这笔交易的条款。

要约和承诺很重要,因为它们提供了双方达成合意的有力依据。合同应反映双方的"合意",他们应当对各自要做的事情有一个共同的理解。

最后,合同需要对价——即提供有价值的东西来诱使另一方参与。在我们所举的人体模型例子中,你的邻居的对价是承诺将他们的收藏品转让给你,而你的对价是支付约定的价款。想象一下你的邻居慷慨陈词:"我保证明天把人体模型收藏品给你。"而你回答说:"听起来真不错。"由于你没有提供任何对价——你没有义务做任何事情——所以这里没有合同成立。你的邻居明天可以自由地改变他的想法。是你的对价让另一方有义务履行他们的交易。

谈到终端用户许可协议,许多法院基本上已经放弃了传统的合同订立规则。而是执行了人们只有购买后才在包装里发现的条款。这些条款不需要我们明确同意任何事情,只要使用了产品,甚至只需打开包装,就足以对我们产生约束力。还有就是现在无处不在的"我同意"按钮。显然,点击这个按钮并不必然代表着有意义的同意,因为几乎没有人在条件反射般地"同意"条款之前认真阅读了这些条款。但法院还是会强制执行这些条款。一些法院甚至把当事人与网站链接的条款捆绑在一起,而全然不管他们是否看到过这些条款,就其本身而言,仅仅是访问过该网站就表明他们同意了。

在当事人直到购买后才看到协议里的条款时,在他们压根没有看到条款时,又或者在他们没有采取任何有意义的步骤来表示同意时,合同订立的规则就被延伸到了崩溃的边缘。因此,早期一些法院拒绝执行终端用户许可协议条款。[1] 但随着时间的推移,法院逐渐接受了终端用户许可协议。正如马克·莱姆利(Mark Lemley)解释的那样,"为了让当事人受到这些条款的约束,大多数法院现在都拒斥任何必要的前置条件,即当事人通过某个行为来表明同意,甚至仅仅是让当事人意识到条款也不行"。[2]

---

[1] 参见,如 Vault Corp. v. Quaid Software, Ltd., 847 F.2d 255 (5th Cir. 1988); Step-Saver Data Sys. v. Wyse Tech., 939 F.2d 91 (3d Cir. 1991)。

[2] Mark Lemley, "Terms of Use", Minnesota Law Review 91 (December 2006): pp. 459-483, at 465; Kim, Wrap Contracts, 128.

弗兰克·伊斯特布鲁克（Frank Easterbrook）法官在 ProCD 股份有限公司诉登伯格（Zeidenberg）案（ProCD v. Zeidenberg）中的裁判意见很大程度上要归咎于这种对合同法的扭曲。该案中，ProCD 公司以 150 美元的价格向大多数客户出售了一份包含电话列表的光盘（CD-ROM）数据库，同时又以高出很多的价格向零售商和其他商业用户出售副本。为了维持这种价格歧视策略，ProCD 在廉价版中加入了一份许可证，除其他外，禁止用户对该数据库进行商业使用。产品包装上注明了它包含一份许可证，但用户在购买软件前没有机会查看其条款。马修·泽登伯格（Matthew Zeidenberg）购买了一份数据库的副本，并将其发布在网上，向用户收取访问费。ProCD 对他提起了诉讼。由于版权法并不保护纯粹的事实汇编作品，比如一连串姓名和电话号码，因此 ProCD 的诉讼请求是基于合同的违约责任。法院面临的问题是，非商业用途的限制性规定是否是 ProCD 和泽登伯格之间合同的一部分。

对于大多数消费品来说，合同形成于最初购买时。比方说，你走进当地的五金店去买一把铲子，你看见了一个似乎符合你的需求的铲子，它标价 20 美元。尽管它不像贷款文件那样正式，但合同法称这是一个要约。你把铲子拿到收银台，按标价付款，这就是承诺。一个合同就订立了。但是，假设你回家后，五金店打电话给你说："你知道你买的那个铲子吗？它还有一些附加的条件。你可以用它挖水沟，但不能用它搞园艺。如果要搞园艺，你需要额外支付 30 美元的升级费。"骂完脏话并挂断电话后，你可能会觉得没有义务避免用你的新铲子种植一些灌木。没有理智的法院会否定你的观点，它将电话里试图修改现有合同的行为视为无效。

现在想象一个略有不同的场景。当你在收银台排队等候时，你注意到铲子的手柄上有一张贴纸，上面写着："这把铲子受许可协议的约束。您购买后,我们将通过电话告知您全部条款。"这样做是否改变了事情的本质？我们大多数人可能都会说"没有"。含糊地提及未知条款并不能构成合同的基础。但伊斯特布鲁克法官认为,泽登伯格被告知了将会存在许可条款,即使他在购买时不知道这些条款是什么,这一事实也足以使它们成为有约束力的法律协议的一部分。

伊斯特布鲁克提供了许多理由来淡化他对合同订立基本规则的偏离。但是,伊斯特布鲁克的每一项保证都无法让我们安心执行这些条款,反而进一步加深了消费者的合理担忧。首先,他认为,如果许可协议是一个合同要约,你可以随时拒绝它。如果你不喜欢这些条款,你可以简单地把软件产品退回给商店。但任何曾经打开过软件产品并试图从零售商那里获得退款的人都可以指出这种推理的明显缺陷。

除了这些关于退货政策的乐观预测,认可以不作为的方式订立合同的想法也存在问题。假如有一天,邻居走到你面前说:"我提议用 1 美元买下你的房子,如果你明天之前不修剪我的草坪,就表示接受了我的提议。"如果法院称这是可执行的协议,我们会感到震惊。但这正是法院在 ProCD 案中的所作所为——你没有归还软件就构成了承诺。伊斯特布鲁克把不作为视为同意,忽视了这种安排给用户带来的成本。根据他的观点,交易软件需要你开车去零售店,找到你想要的软件,付钱,把它带回家,并检查其条款。如果你不喜欢这些条款,你必须开车回到商店,排队等待退款,解释为什么盒子是打开的,并期待当地大型办公用品商店的经理愿意对其退货政策破例。

这一事实与伊斯特布鲁克为执行终端用户许可协议所做的主要辩护理由之一——市场效率——相矛盾。该观点认为通过标准化的协议,我们简化了大规模生产和分销的过程。

69　他说,回到个性化合同的要求将"使交易回到马车时代"。相反,大规模的标准化合同能为卖家带来大幅降低交易成本的希望。

　　伊斯特布鲁克说得很对,标准化的协议降低了软件制造商的成本。他们起草了一份许可证,虽然它可能是由现有的条款东拼西凑而成,并在数千甚至数百万交易中使用,但没有混乱的谈判、没有讨论、没有解释。毋庸置疑,这样做降低了软件行业的成本。一般来说,减少交易成本确实是一件好事,但在这里,这些成本实际上并没有被消除,只不过是从卖家转移到了买家。在一个由终端用户许可协议管理的世界里,软件公司的生活将会更容易,而我们所有人的生活则会更加艰难。我们不得不去阅读和理解一页又一页冗长的许可证文本,同时这种成本正在不断增加。没有考虑这些因素表明,当交易成本损害到软件制造商时,伊斯特布鲁克就非常关心交易成本,但当这些成本强加给个人时,他却对这些成本非常不敏感。

　　接下来,伊斯特布鲁克表示,市场竞争是对滥用许可证的一种制约。他推测,如果人们对一个限制他们如何使用产品的条款感到不满,其他竞争对手肯定会提供更有吸引力的条款来赢得他们。但事实是,用户和许可证起草人之间的信息不对称,使得市场不太可能真正反映消费者的偏好。对于普通用户来说,钻研许可条款的成本远远超过了相关商品的价值。卖家则不然,他们有能力确保其许可证反映自己的最佳利益,且有非常强烈的动机促使他们这样做。这种动机几乎可以确保市场竞争不会带来更友好的条款。事实上,我们有充分的理由预见,市场竞争将导致条款变得更糟,因为公司总是在寻找保持低价方法,这是最明显的竞争点。[1]

但伊斯特布鲁克向我们保证,即便市场竞争力量无法剔除不公平的条款,合同法也能起作用。如果终端用户许可协议真的很恶劣,显失公平原则将阻止它的执行。当一方当事人具有较高的议价能力,而合同的实质内容片面到任何理性人都不会同意的时候,合同就会被认为是显失公平的,因而是不可执行的。但这是一个很难满足的标准。这一规则既要考虑合同的订立过程,也要考虑合同的实质性条款,以决定当事人之间的这份名不副实的协议是否应该被撤销。就过程而言,像终端用户许可协议这样"要么接受,要么放弃"的合同,有时被称为"附和合同",通常意味着不平等的议价能力。但是,通过表达对终端用户许可协议"先付货款、再看条款"的热情拥护,ProCD的辩护意见让合同构成显失公平的证立变得更加艰难。

最后,伊斯特布鲁克提醒我们,合同并不创造对世性权利,它们仅在合同双方之间产生权利。因此,即使这些合同被强制执行,其影响也有限。与财产法或版权法等公法不同,合同并不涉及广大公众的权利。正如伊斯特布鲁克所解释的那样,"一个人在街上捡到 SelectPhone 的副本,但他并不会受到安装文件压缩包里许可证的影响"[2]。表面上看,确实只有合同的当事人才受合同约束。但是,一旦我们接受了 ProCD 认可的合同订立的扭曲图景,我们所有人都将变成这些合同的当事人,甚至伊斯特布鲁克自己的例子也说明了这一点。在大街上发现 ProCD 产品副本的陌生人,在拿起它的那一刻可能并不受约束;但是,一旦他安装了这个程序,"软件就会在

---

[1] 参见 Melvin Aron Eisenberg,"The Limits of Cognition and the Limits of Contract", Stanford Law Review 47 (January 1995): pp. 211-259, 243-244。

[2] ProCD, Inc. v. Zeidenberg, 86 F. 3d 1447, 1454 (7th Cir. 1996).

屏幕上显示许可证,并且不会让他在未表示接受的情况下继续操作"[1]。每一个接触该产品的人在使用它时都会受到限制。这些限制和产品绑定,就像财产法上禁止的对礼服租赁的假设限制一样。

在 ProCD 案之后的 20 年里,终端用户许可协议蓬勃发展。绝大多数人通常不会去关注和阅读无处不在的许可条款,当然它也是不可读的。签订这些所谓"合同"的做法已经成为一种自动化的行为。当人们在网上购买产品、在手机上下载新的应用程序、登录网上银行账户时,一般都会不假思索地点击"我同意"。由于合同订立标准的宽松,我们只要访问了一个链接到一系列条款的网站,就得承担有约束力的法律义务。任何网站的运营者通过宣布它们打算约束你,就可以把你捆绑到合同中去。过去需要当事人合意的事情,现在变成了仅需单方面行使权利。而且,即使在这些单方面的合同形成之后,许多合同也还允许起草者在未经同意的情况下随时变更条款。

在这种情况下,人们不费心阅读终端用户许可协议就不足为奇了。通常,没有阅读合同并不构成违反合同的理由。法律规定了阅读的义务,这背后有着充分的理由。一般来说,当人们知道自己即将签订一份合同时,合理的做法自然是阅读它,置若罔闻并不能让你摆脱困境。但是,当消费者几乎没有理由期待合同即将签订时,阅读的义务就显得不那么合理了。而且,即便消费者有理由知道合同已经提交,面对"我同意"的按钮,阅读的义务也应该考虑研究提交条款所带来的成本。如果阅读的义务是为了确保人们的行为合理,那我们不禁要问,期望消费者在购买 99 美分的商品之前阅读一份相当于《麦克白》长度的许可证,当真合理吗?

---

[1] Ibid., 1452.

因此，尽管终端用户许可协议被法院广泛接受，但它是强制性合同的观点建立在一个不稳定的基础上，而且导致了一系列令人不安的后果。其实，还有另一种认识许可协议的方法可以更准确地捕获到它们的运作方式。

4. 作为许可的终端用户许可协议

如果终端用户许可协议不是合同，那它们是什么？对许可证的经典理解与互相承诺无关。许可证纯粹是对许可的表达，它不需要合意就能生效。比方说，你沿着一条僻静的乡间小路行走，注意到远处有一个风景如画的湖。你决定在湖边橡树的绿荫下休息，但当你走近时，你看到一个写着"禁止进入"的牌子。尽管你强烈反对它的拒绝，想要在树荫下度过一个宁静的下午，但你同意与否并不重要，业主(所有权人)的许可才是关键之所在。要是牌子上写着"随意享受阴凉，但绝对不能游泳"也是一样的。在你游泳的那一刻，你就成了非法的侵入者。

终端用户许可协议的运作方式与此类似。知识产权的所有者可以定义在何种情况下才允许其他人使用他们的作品，有些情况会给予许可，有些则不会。即使这些许可可能被记录在一份书面文件中，但这种许可的限制并不需要双方合意就能强制执行。[1] 假设你写了一首热门歌曲，通用汽车公司(General Motors)找到你，要求把这首歌放在一个广告中。你告诉它们："你们可以用我的歌，但只能用十秒钟，而且绝对不能用在别克(Buick)的广告中。"如果它们在别克汽车的广告中使用了 12 秒的歌曲片段，无论合同是否成立，它们都侵

---

[1] 参见 Chris Newman, "A License Is Not a 'Contract Not to Sue': Disentangling Property and Contract in the Law of Copyright Licenses", Iowa Law Review 98 (March 2013): pp. 1103–1160, at 1141。

犯了你的版权。

尽管如此,大多数法院、评论家和权利人仍然认为许可证是合同法的产物。但自由软件运动是一个明显的例外。自由软件的开发者致力于维护这样的理念:所有用户都可以自由地运行软件、研究软件、修改软件和重新发布软件。这样的核心理念集中反映在自由软件许可证中,如 GNU 通用公共许可证(简称 GPL)。自由软件产品的实例包括火狐(Firefox)网络浏览器、Apache 网络服务器和 MySQL 关系型数据库软件。正如软件自由法律中心负责人、当前版本 GPL 的起草人之一埃本·莫格伦(Eben Moglen)所解释的那样:"许可证不是合同:产品的使用者有义务保持自己的行为在许可证允许的范围之内。这不是因为他自愿承诺过,而是因为除了许可证允许的情况外,他根本没有任何权利采取任何行动。"[1]

将许可证作为财产法的方法比将其视为合同的方法更可取。这样做取消了本就不存在的承诺,使许可人更容易维护自己的意愿,也可以避免因坚持将终端用户许可协议视为可执行合同而给合同法带来的损害。那么,为什么我们没有看到更多的权利人采取这种立场呢?答案之一是路径依赖(Path Dependence)。ProCD 案为强制执行许可条款指明了一条清晰且不算艰难的道路。大多数权利人,以及他们的律师,因过于规避风险而不愿意依靠一个更健全但基本未经检验的观点。

把许可证(当成许可的方法)也有助于澄清许可证和财产所有权之间的关系。许可证没有、事实上也不能定义财产权;它取决于预先确定的财产权。许可证只是一种工具,允许财产所有者控制他人如何使用资源。在许可证生效之前,我们

---

[1] Eben Moglen, "Enforcing the GNU GPL", GNU. org, September 10, 2001, http://www.gnu.org/philosophy/enforcing-gpl.html, accessed July 7, 2015.

必须知道谁都拥有些什么。如果发布许可的一方并不拥有该财产,那么这份许可就只是一个空壳。例如,假设你在一个公园里张贴了一个"禁止闯入"的标志,它就没有法律效力,因为公园首先就不是你的财产。如果你不拥有它,你就不能为它颁发许可证。同样,许可证自身也不能把所有权从一方转移到另一方。因此,在许可证存在之前,我们必须知道谁是资源的所有者。

要求许可人拥有某些财产权或法定的专有权是 ProCD 案中法院坚持认为终端用户许可协议是合同的原因之一。ProCD 的电话列表数据库没有资格获得版权保护,它是公共领域的一部分,因此 ProCD 没有财产可供许可,在法律上无权排除其他人使用这些信息,对于本质上属于公共领域的财产,合同法是限制其的唯一途径。

你不能用许可证来禁止人们在城市公园里慢跑。同样,版权所有者也不能用许可证来控制不属于其法定权利范围内的行为。但这并不能阻止他们的尝试。他们试图禁止某些行为,比如负面评论、逆向工程,即使这是他们控制范围之外的非侵权性使用。这类许可证更像一个"禁止闯入"的标志,用以禁止你向朋友描述路边的湖。湖的主人有财产权,但他的权利并没有延伸到那么远。

有很多有效的版权许可的例子。版权人授权制作衍生作品,如小说作家允许电影公司把书改编成电影,这就完全属于小说作家的法定权利范围。授权允许在广告活动中公开演出戏剧或复制照片也是如此。版权人也可以许可发布所拥有的复本。如果一个艺术家把雕塑借给而不是卖给博物馆,那么他可以禁止博物馆把雕塑再借给另一个机构。当版权人在其法定权利范围内授予使用许可时,他们可以通过各种方式给予、扣留或限定许可。

但并非所有与作品有关的权利都属于版权人。有些权利被保留给了广大公众，另一些则授予了复本的所有者。《版权法》的一个重要功能是在创作者和消费者之间分配权利。如果没有版权法，公众可以自由地复制、传播和改编每一部书籍、每一张唱片和每一部电影；但版权法将这些权利从公众手中夺走，交给了创作者及其出版商。但公众仍然有权对受保护的作品进行合理使用。[1] 最终，版权到期，作品进入了公共领域，公众就可以自由地使用。但是版权法也为受保护作品的复本所有者确定了一系列的权利。这就是《版权法》第109条和第117条体现的权利用尽规则。法律规定，复本的持有人拥有一般公众所没有的权利，他们可以通过转卖或出借的方式分发他们的书籍复本，可以公开展示画作，可以对自己的计算机程序进行备份和修改。这些都是版权人非常希望控制的权利，但《版权法》把这些权利交给了购买者。

通过坚持对其产品进行许可而不是销售，版权人正试图拿回这些权利。法院和国会已经决定某些权利属于我们，但许可证的设计旨在克服这种默认的财产权分配。一方面，如果我们把许可证看作是合同，这种从作品复本所有者向版权人的财产权转让具有一定理论上的意义。当事人之间的财产交易时有发生，你可能会同意以高价出售你的房子，但这种转让取决于双方的合意。另一方面，如果将许可证作为一种纯粹的对许可的表达，那么试图收回权利用尽权的许可证就像邻居不顾你的强烈反对，宣布他现在拥有你的闲置卧室那样无效。许可证根本就不起作用。

在制定《版权法》中的权利用尽条款时，国会意在保护个人财产权。如果这就是目标，那么允许版权人通过终端用户许可协议的形式单方颁布法令来消除这些权利将是一个非常

---

[1] 参见17 U.S.C. § 107 (2012)。

奇怪的选择。我们认为，如果这些权利最终取决于版权人不收回权利的"善良"，那么国会也不太可能费尽心思地将这些权利分配给作品复本所有者。

版权人认为，个人财产权是他们可以授予或扣留的。在某种程度上，这也是事实。版权人可以选择根本不向公众发布其作品。他们可以把作品留在地窖里积灰尘，或者也可以选择公开展示，但拒绝出售单个作品复本，就像嘻哈组合武当派（Wu-Tang Clan）最近在一张专辑中所做的那样[1]，粉丝们需要去博物馆才能听到制作的单个作品复本。版权人可以选择向公众出租他们的作品，但不能出售它们。但是，一项交易是否是转让所有权的销售，不能只由权利人决定。如果理解得当，那些试图在购买时重新定义消费者财产权的许可证将会失败。

某种程度上，这是因为财产法对法律认可的交易类型进行了限制。你可以签订一份合同，规定不得出租你的晚礼服，但你不能在出售燕尾服时设置不得出租的限制，因为这种限制是对世性的。允许这类特殊的限制，就失去了个人财产法的主要好处之一——利用明确的法律规则降低信息成本。如果消费者需要对每一笔表面上是销售的交易所附带的条件都进行认真的调查，那么经济就会陷入停滞状态。相反，我们需要一些客观的依据来确定消费者是否是所有者。然而，法院却一直努力想着找出一个可行的办法去甄别是不是销售行为。

5. 定义所有权

那么，我们如何判断一个读者、听众或用户是否拥有某样

---

[1] 参见 Jeremy Gordon, "RZA Says Wu-Tang Clan Offered $5 Million for New Album That's Only Available as One Copy", Pitchfork, April 2, 2014, http://pitchfork.com/news/54627-rza-says-wu-tang-clan-offered-5-million-for-new-album-thats-only-available-as-one-copy/, accessed July 7, 2015。

东西?太多的法院,特别是在涉及软件的案件中,都求助于许可协议,认为它们所说的就是事实。只要版权人念叨着"这是许可,不是销售"这些神奇的字眼,你就不拥有任何东西。[1]一些法院采取的更好的方法,是转而求助于一些公开制定的法律来源。它们可能会参考已有数百年历史的普通法财产规则,或者《统一商法典》[2](Uniform Commercial Code)中概述性的货物销售规则,或者知识产权法的内部规则。这些法律来源关注的是关于交易的客观事实,而不仅仅是许可证中自私自利的主张。[3]

例如,《版权法》授予版权人"发行复制作品的复本……通过出售或其他所有权转让的方式向公众开放,或通过出租、租赁或出借的方式向公众开放"的专有权。这段话表明,版权法承认两种转让作品复本的方式。一是永久性转让,即销售或赠与;二是临时性转让,即出租、租赁或出借。前者是所有权的转移,后者则不是。那么问题就变成了,在特定情形中,这两种方式哪一个更合适?许多交易很容易被定性为租赁、出租或出借。你并不拥有自己从图书馆借来的书,你观看在网飞订阅的电影并没有给你带来个人的、智力的或无形的财产利益。但是,当你为电子书、游戏或其他数字媒体复本的永久访问权一次性支付费用时,这项交易应该被确认为转让有形或无形资产的所有权的销售。

法院难以定义和识别销售,很大程度上是因为它们无法

---

〔1〕 参见 Brian W. Carver, "Why License Agreements Do Not Control Copy Ownership: First Sales and Essential Copies", Berkeley Technology Law Journal 25 (2010): pp. 1887-1954, at 1899。

〔2〕 参见 U.C.C. § 2-401 (2002)。对于已装运或交付给买方的商品,对所有权的任何保留均被视为对担保权益的保留。当商品永久转让给买方时,根据《统一商法典》,完整地保留所有权是不允许的。一旦全额付款,买方被视为拥有商品的所有权。

〔3〕 比如,第九巡回上诉法庭如何利用客观事实确定是否存在初次销售,参见 United States v. Wise, 550 F. 2d 1180 (9th Cir. 1977)。

决定是依据版权人私自起草的声明,还是依据许可证之外的交易事实。没有比同一天在第九巡回上诉法院(该法院的管辖范围包括好莱坞和硅谷)由相同的三名法官组成的陪审团审理的两起案件更能说明这种困境了。这两起案件都涉及在许可证禁止转让的情况下转售复本的问题,它们也都涉及复本的所有权问题。如果被告拥有他们的复本,就可以自由地转售;但如果复本只是被许可,那么转售就是一种侵权行为。经过多年不一致的判决,许多人希望这两起案件能够澄清关于消费者所有权的问题。尽管两个案件中许可协议施加的限制条件几乎没有区别,但法官们却通过两种不相容的方法得出了截然不同的结论。在一个案件中,所有权是根据关于交易性质的客观证据来确定的;在另一个案件中,法院仅仅依靠了版权人的声明。

环球音乐集团诉奥古斯托案(UMG v. Augusto)涉及促销CD的转售。唱片公司经常向评论家、博主和其他时尚人士发送免费的CD。不可避免的是,这些CD最终会在二手唱片店出售。特洛伊·奥古斯托(Troy Augusto)从当地唱片店购买二手CD,其中包括相对罕见且利润丰厚的促销CD,而后在易贝(eBay)上转卖,据此为生。奥古斯托认为,既然他拥有这些光盘,就有权转售它们。但环球音乐集团坚持认为,他并不拥有这些光盘,因为光盘上印有许可证,该许可证声称光盘仍然是该公司的财产,限制接收者对光盘的商业使用,并禁止转售和转让。然而,第九巡回法院认为,光盘的所有权在交付时即已转移给了接收者,并最终转移给了奥古斯托。尽管法院同样对那则通知是否足以构成有约束力的协议表示怀疑,但它重点关注了环球音乐集团的发行方式。当声称自己拥有的CD被发货时,环球音乐集团并没有努力跟踪它们。在把CD投进信箱后,环球音乐集团无法控制CD如何被使用或被谁使用。环球音乐集团也没有办法归集它声称拥有的光盘。这些光盘在接受者的控制之下,他们实际上可以自由地使用它们。[1]

另一起案件是主要与软件光盘的转售有关的韦诺(Vernor)诉欧克特公司案(Vernor v. Autodesk)。与环球音乐集团一样,欧克特声称其软件附带的通知意味着为作品复本支付了数千美元的终端用户并不拥有这些塑料光盘。欧克特公司只是为它们颁发了许可。然而,法官们并没有考虑他们在奥古斯托案中所依据的各项因素,而是建立了一个由三部分组成的测试:(1)版权人是否称交易为许可;(2)是否限制该软件的转让;(3)是否限制该软件的使用。由于欧克特公司的许可条款包含了这些必要的表述,法院得出是欧克特公司而不是终端用户拥有光盘的结论。

弗诺(Vernor)案中的测试是有缺陷的[2],它完全依赖于版权人自私自利的声明。通过念诵适当的咒语,权利人可以全然不顾交易的客观事实而使交易不构成销售。即使你已为一个可以永远保留的物品一次性支付了价格,但只要许可证上重复了几个关键的短语,销售行为就没有发生。上述测试也回避了该问题。之所以要判断是否发生了销售,是为了了解买方是否可以不顾版权人的反对转让他们的财产。根据法院的测试,版权人可以通过反对转售和出借来挫败买方的财产主张。但对所有者来说,这些反对意见是无关紧要的,它不能帮助我们回答有关所有权的问题。需要重申的

---

[1] 参见 Unordered Merchandise Act, 39 U. S. C. § 3009(b) (2012)。未订购的商品可被收件人视为礼物,接受者有权以其认为合适的方式保留、使用、丢弃或处分,而无须对发送者承担任何义务。

[2] Vernor 测试用于 Augusto 案的结果也和原来不一致。Vernor 测试应用于促销CD,它要求的每一个方面都得到了满足:(1)环球音乐集团将交易定性为许可;(2)许可证禁止接受者将光盘转让给他人;(3)许可证限制接受者只能将光盘用于个人的非商业使用。

是,这是因为许可取决于清晰的财产权,但这些权利并没有明确的定义。

我们认为有一种更好的方式来回答所有权的问题——一种更准确、更可靠、更公平的方式。正如其他法院所承认的那样,交易的经济事实是判断销售是否发生的最佳指南。[1]有三个因素为确认所有权提供了强有力的指示:(1)消费者占有或使用的时间;(2)交易的支付结构;(3)向公众传达的交易特征。

在第一项因素下,我们遵循第二巡回上诉法院的指示。该法院表示,当用户"对作品复本的所有程度如此完整,以至于可以合法地使用并且永远地保留它,或者干脆把它扔进垃圾桶"时,将用户置于低于所有者的位置是"反常的"。第二项因素认为,一次性支付费用的人比通过持续付款取得使用权的人更有可能是所有者。例如,如果你需要每月支付费用来访问电影集,你就是一个订阅者,而不是所有者。在第三项因素中,我们考虑了交易向公众呈现的方式。例如,如果一项服务被明确声明为订阅,那么所有权就很难引发争论。不过这里的难题是哪些沟通是重要的。版权人希望他们的许可条款具有决定性。但我们都知道,人们很少阅读这些条款。更重要的是,那些细小的条款往往被用来推销数字媒体的简短文本掩盖了。苹果(Apple)、亚马逊(Amazon)和其他公司恳求你"现在下单""立即购买""拥有它的高清版本"。我们认为,有关所有权的声明对消费预期的形成具有重要影响,在确定消费者的权利时应当占较大比重。

如果法院能始终如一地考虑上述因素,它们就会对所有权问题得出更公平、更直观的结论。我们中将有更多人拥有

---

[1] 参见,例如 DSC Commc'ns Corp. v. DGI Techs., 81 F.3d 597 (5th Cir. 1996); Krause v. Titleserv, Inc., 402 F.3d 119 (2d Cir. 2005)。

自己购买的产品,并享有更大的自由去使用和转让这些产品。这也意味着,权利人将更难配置他们的一系列权利。这种灵活性的丧失可能会对价格产生影响。有人认为,如果不能调整许可证,权利人和零售商将更难调整价格。我们将在下文对这些说法提出质疑。

6. 许可和价格歧视

许可证助长了价格歧视,ProCD 诉泽登伯格案很好地说明了这一点。ProCD 想以非常不同的价格向两组不同的客户群体出售其数据库,像电话推销公司这样的企业很愿意为 ProCD 的数据库支付高价,但普通人则对电话数据库的兴趣较小,花钱的意愿也小,所以价格必须要低一些。如果 ProCD 一律收取高价,企业会购买,普通人则不会;如果它收取低价,两者都会购买,但 ProCD 损失了利润,因为企业本来会为数据库支付更高的价格。这个问题的解决办法是"价格歧视",即向企业收取高价,而向普通用户收取低价。通过这样做,ProCD 可以使其利润最大化。

从卖家的视角看,理想的世界应该是这样的:每个潜在客户的偏好、需求、购买习惯、银行账户、身体状况和情绪状态等信息都能被实时地提供给卖方,使其了解客户到底愿意为某一特定产品支付多少钱。上班迟到了?预计油价会涨。长时间跑步后口干舌燥?可能会为一瓶水支付两倍的价格。刚拿到工资?手机电池快没电了?可能你的优步(Uber)将是两倍的价格。你可能会为自己一直关注的新节目会多花几美元。尽管全球各地的服务器已经收集了数千兆字节的消费者数据,但完美的价格歧视的梦想或者说噩梦,还没有成为现实。

但我们似乎已经被价格歧视给盯上了。[1]谷歌最近申请了一项技术专利,该技术可以利用其多年来收集的大量数字资料,预测客户购买特定产品的可能性,并相应地调整价格。[2]脸书(Facebook)也不甘示弱,申请了一项技术专利,帮助贷款人根据借款人的社会关系进行区别对待。[3]

也有其他不是那么精确的歧视方法。卖家能够在相同的产品上,根据价格的不同从而进行细微的差别对待。大宗销售就是一个常见的例子。对价格敏感的买家可以在本地的仓库买到一年的牧场饲料,而那些更富有的人可以只买一罐。或者想想航空公司,经济舱和头等舱乘客得到的服务基本相同,都是从一个城市到另一个城市的运输服务,但头等舱提供了更大的座位、更好的食物和更多的个性化服务,乘客会为其额外付费。而且,航空公司并不只是将乘客的位置分为经济舱、商务舱或头等舱,例如美联航就有20多个不同的票价等级,每个等级都有自己的福利和限制,当然每个等级也都有自己的价格。

卖家也可以区别对待不同的消费者群体,根据不同群体支付意愿的统计指标来确定价格。这就是ProCD在将全世界的用户划分为商业用户和非商业用户时所做的事情;这就是约翰威利公司(John Wiley)在将大学教科书市场划分为美国和其他国家时试图做的事情;这就是餐馆在提供"早鸟特惠餐"时的做法;这就是电影院在提供学生折扣时的做法。

---

[1] 参见 Anna Bernasek and D. T. Mongan, All You Can Pay (New York: Nation Books, 2015)。

[2] 参见 David P. Conway, Google Inc., assignee, Dynamic Pricing of Electronic Content. U. S. Patent 8,260,657, filed September 30, 2011, and issued September 4, 2012。

[3] 参见 Mark Sullivan, "Facebook Patents Technology to Help Lenders Discriminate against Borrowers Based on Social Connections", Venture Beat, August 4, 2015, http://venturebeat.com/2015/08/04/facebook-patents-technology-to-help-lenders-discriminate-against-borrowers-based-on-social-connections, accessed November 29, 2015。

而转售会打乱这些精心安排的计划。价格歧视取决于限制套利的能力,而套利是指在低价市场上购买商品,在高价市场上出售商品的做法。如果个人用户买到了低价的 ProCD 数据库副本,并把它卖给商业用户,那么 ProCD 就会失去潜在的收入。这是权利人更喜欢许可证而不是销售的原因之一。有了许可证,就没有权利用尽、财产权、转售和套利。它们可以确信其所偏爱的定价方案不会被有野心的经销商破坏。我们面临的问题不在于卖家为什么要阻止转售市场,而在于我们是否应该允许他们这样做。

价格歧视的拥护者认为,价格歧视对消费者有利,或者至少有这种可能性。首先,有人认为,价格歧视可以利用富裕的买家去补贴对价格更敏感的购物者,从而保持低价。其次,它为产品的差异化创造了激励,增加了消费者的选择。我们有充分的理由对这两个理论上的优点提出怀疑。我们承认,有时特定的消费者群体会从价格歧视中受益;但总的来说,价格歧视是一种将资金和控制权从公众手中转移到权利人手中的策略。

让我们先考虑一下价格问题。价格歧视如何保持低价?伊斯特布鲁克(Easterbrook)法官认为,如果没有价格歧视,CD 公司可能会被迫提高价格。它可能不得不将价格提高到 200 美元,而不是以 150 美元出售其低成本产品,从而弥补无法向商业用户高价出售产品的收入损失。这与约翰威利国际出版公司向最高法院提出的论点基本相同:如果不能对美国学生歧视性地提高学费,它就将被迫提高泰国学生的学费。这些例子都表明,价格歧视如何通过牺牲较富裕的消费者来帮助相对贫穷的消费者。假设你支持这种财富的再分配,你可能会质疑这种隐性补贴是应该委托给私人参与者,还是应该通过公共辩论和集体决策来制定。

价格歧视并不总是牺牲富人的利益去偏袒穷人。例如，消费信贷市场的情况正好相反。对富人来说，信贷既便宜又方便；对穷人来说却不是这样，信贷很昂贵。而仅能维持生计的信用卡用户是该行业最有利可图的客户之一。[1] 抵押贷款、住房贷款，甚至日用品的价格，对贫困家庭来说都比富人家庭的高。[2] 最终，哪个群体会从价格歧视中获益——富人还是穷人，国内还是国外，年轻人还是老年人，取决于哪种情况对卖家最有利。例如，ProPublica 最近报道，课程辅导公司 Princeton Review 向亚洲家庭收取了更高的价格。[3] 白宫最近的一份报告指出，网络中介平台正在收集更多美国公民的信息，这样的做法"增加了数字经济中价格歧视（Redlining）的可能性——在中性算法的幌子下歧视我们社会中最弱势阶层的可能性"[4]。

首先且最重要的是，价格歧视是一种以牺牲买方利益为代价，实现卖方利润最大化的策略。想象一个没有价格歧视的市场，每个买家为特定产品支付同样的价格。我们假设该市场里本书的价格是 20 美元。认为书的价值低于 20 美元的读者不会购买这本书。别担心，我们不会生气。而认为价值是 20 美元或更多的人则会购买。假设你认为这本书值 25 美元，当你以 20 美元的价格买下它时，你就实现了 5 美元的消费

---

[1] 参见 Andrea Freeman, "Payback: A Structural Solution to the Credit Card Problem", Arizona Law Review 55 (Spring 2013): pp. 151-199, at 156。

[2] 参见 FromPoverty, Opportunity (Washington, DC: Brookings Institution Metropolitan Poverty Program, 2006), http://www.brookings.edu/research/reports/2006/07/poverty-fellowes, accessed July 7, 2015。

[3] 参见 Julia Angwin, "The Tiger Mom Tax: Asians Are Nearly Twice as Likely to Get a Higher Price from Princeton Review", ProPublica, September 1, 2015, http://www.propublica.org/article/asians-nearly-twice-as-likely-to-get-higher-price-from-princeton-review, accessed November 19, 2015。

[4] Big Data: Seizing Opportunities, Preserving Values (Washington, DC: Executive Office of the President, 2014), 46, https://www.whitehouse.gov/sites/default/files/docs/big_data_privacy_report_ accessed July 7, 2015。

者剩余(Consumer Surplus),即你对这本书的个人估价与实际支付价格之间的价差。放眼整个市场,这种剩余对消费者来说价值数万亿美元。

对卖家来说,这种剩余则代表着未开发的收入。价格歧视的目的是将消费者剩余减少到零。如果你对这本书的估价是25美元,那么你就支付这个价格,一分钱也不能少。而当我们被划分成更小的群体时,价格就能够更仔细地调整以符合我们的支付意愿。

当这种情况发生时,消费者剩余(Consumer Surplus)就会减少,卖家就会拿走我们更多的钱。正如经济学家路易斯·菲利普斯(Louis Phi-lips)所说:"价格歧视旨在尽可能从所有客户那里拿走全部的消费者剩余。"[1]因此,从某种程度上说,我们从价格歧视中获益,卖家将这一事实视为缺陷而不是功能。毫不奇怪,大多数人都对价格歧视保持警惕。宾夕法尼亚大学的一项研究发现,绝大多数消费者都反对价格歧视,认为它在道德上是错误的,在法律上是值得怀疑的。[2]

这不是说我们不应该关心买家的承受能力,不让那些资源较少的人买到商品。但我们认为,权利用尽原则下二级市场的转售和出借是实现这一目标的更好方式。二级市场能更有效、更可靠地降低价格,而且不会带来价格歧视的附带损害。[3]

支持价格歧视的第二个理由是,它增加了市场上的选择。

---

[1] Louis Phlips, The Economics of Price Discrimination (Cambridge, UK: Cambridge University Press, 1983), 18.

[2] 参见 JosephTurow, Lauren Feldman, and Kimberly Meltzer, Open to Exploitation: America's Shoppers Online and Offline (Philadelphia: University of Pennsylvania Annenberg PublicPolicy Center, 2005), http://repository.upenn.edu/cgi/viewcontent.cgi?article=1035&context=asc_papers, accessed July 7, 2015。

[3] 参见 Wendy Gordon, "Intellectual Property as Price Discrimination: Implications for Contract", Chicago-Kent Law Review 73 (1998): pp. 1367–1390, 1383–1390(注意到二级市场在价格歧视方面通常比单一垄断市场要好得多)。

价格歧视鼓励产品差异化,消费者的选择因此增加。想想看,一辆新车上有一系列的选择,你增加的每一个配件都创造了一个稍有不同的产品,只为你量身定制。不仅大件商品是这样,耐克(Nike)和匡威(Converse)现在可以让购物者定制他们鞋子上的每一个细节。[1] 你甚至可以买到印有你选择的信息或图像的 M&M 巧克力豆。除了定制产品之外,在杂货店的任何一个过道上走一圈,你都会发现可供选择的商品数量惊人。例如,仅在美国,佳洁士(Crest)就销售 41 种牙膏。[2]

当我们作出重要的决定,比如买哪所房子或上哪所大学时,充足的选择可能会有帮助。但对于更一般的决定来说,过多的选择会把我们置于一个迷茫的境地。[3] 产品功能、成分、尺寸和数量——每一种都会对价格产生影响——它们的泛滥会削弱我们在产品之间展开比较并做出明智决定的能力。通过增加信息的成本,定制化使你更难知道你是否支付了一个合理的价格,并增加了买方后悔的风险。许可证是这种价格歧视的完美载体,它几乎允许无限的灵活性,可以设计出卖家可以想象的任何权利组合。有理由相信,如果有些许可证允许消费者在浴缸里阅读电子书,那么他们将会支付更多的费用,也就很容易被获取消费者剩余。另外,由于许可证条款很少被阅读或完全理解,也进一步加强了定价的不透明性。

我们并不反对消费者的选择。事实上,有意义的选择对

---

[1] 参见 Kate Abnett, "Will Mass Customization Work for Fashion?" Business of Fashion, September 3, 2015, http://www.businessoffashion.com/articles/intelligence/mass-customisation-fashion-nike-converse-burberry, accessed November 29, 2015。

[2] 佳洁士牙膏产品列表, http://crest.com/en-us/products/toothpaste, accessed November 29, 2015。

[3] 参见 Barry Schwartz, The Paradox of Choice: Why More Is Less (New York: HarperCollins, 2003); Sheena S. Iyengar and Mark R. Lepper, "When Choice Is Demotivating: Can One Desire Too Much of a Good Thing?" Journal of Personality and Social Psychology 79 (2000): pp. 995-1006。

于数字商品市场的运作至关重要。但是，在某些方面，多余的选择弊大于利。对于明显和重要的产品属性而言，比方说要买让-吕克·戈达尔（Jean-Luc Godard）导演的电影还是尚格·云顿（Jean-Claude Van Damme）主演的电影，选择越多越好。但是，当许可证之间几乎没有可区分的差异时，额外的选择就会损害公众的整体利益。虽然我们并不建议采取一刀切的方案，要求每个人都拥有他们所消费的媒体产品和使用设备，但我们确实认为，租赁和订阅模式提供了清晰易懂的替代方案和相当大的灵活性。例如，网飞对个人用户收取一种价格，对家庭用户收取另外一种价格。但与许可证不同的是，租赁和订阅不会造成是否发生销售的模糊认识。正如我们将在第五章所详述的那样"我们的钱到底能买到什么"可见许可证带来了相当大的不确定性。

第五章 "立即购买"的谎言

市场经济学的一个基本假设是,消费者在信息准确的基础上做出选择,然而,数字零售商却在进行着虚假的广告宣传,用"立即购买"之类的说法掩盖其许可证条款的严苛,吸引消费者在误解的情况下购买产品。

《兰哈姆法案》和《联邦贸易委员会法案》保护当事人不受虚假和欺骗性广告的侵害,但在诉讼程序上对当事人资格严格限制,个人消费者难以维权。

实验证明,"立即购买"之类的语言实质性地误导了相当多的消费者,使他们在花钱购买数字商品后才发现,自己获取的法律权利与设想的大相径庭,不但易变,而且极易被操纵。

本书提出了两种避免欺诈的方法:一是零售商改变许可条款,二是依赖披露交易突出事实的"简要通知"。尽管后者对于反消费者欺诈更常用,但也仍然无法避免法律、许可证和技术给消费者带来的限制。

——译者注

83　　读到这里,你应该明白实物商品消费者和数字商品消费者之间法律权利的潜在差异。例如,一本实体书的所有者可以根据古老的个人财产原则自由地出借、转售或赠送他购买的书。但根据数字零售商和出版商的说法,电子书的所有者却不能做同样的事情。尽管如此,数字产品市场仍然继续发展。是什么原因导致消费者这样热衷于牺牲这些具有经济和社会价值的权利呢?

　　通常情况下,自由市场会发出消费者偏好的强烈信号。这些信号告诉公司应该生产什么产品、生产多少,以及成本应该是多少。因此,我们希望数字产品的市场需求能够准确地反映这些不断变化的用户偏好。如果人们正在源源不断地购买更多的数字产品,那就表明这些产品带来的便利性和其他优势,重于人们赋予所有权的价值。

　　但市场发出的信号并不总是可靠的。市场经济学(Marbet Economics)的一个基本假设是,消费者在信息准确的基础上做出选择。但是,如果消费者无法获得有价值的市场信息,例如关于竞争产品或近期价格的信息,那么他们的市场行为就无法准确地反映个人偏好。信息从来都不是完美的,所以我们有一些旨在防范最恶劣的错误信息来源的法律。例如,商标法禁止使用引人混淆的相似名称、标志和其他有关产品来源的标志。[1] 更直接地说,法律禁止虚假和欺骗性的广告。[2] 一家公司不能声称其瓶装水可以治疗癌症(如果确实不可以),或者声称其服务是免费的(如果并非免费)。

　　有些人,偶尔也包括我们,虽然已充分了解了与之相关的权利约束,但还是喜欢数字商品。但并不是每个人都如此了

---

〔1〕 参见 Lanham Act, 15 U.S.C. §§ 1051-1141n (2013)。
〔2〕 Ibid., § 43, 15 U.S.C. § 1125; Federal Trade Commission Act § 5, 15 U.S.C. § 45 (2013)。

解。只有小部分人真正阅读了那些说明数字交易细节的细小文字;而且,即使这样做了,大多数人也很难理解这些条款的含义。同样令人不安的是,对于那些显眼的数字商品营销语言,人们对它们的常识性理解似乎与这些条款冲突,像"购买"和"拥有"这样的词经常被数字零售商随意地使用。对不了解情况的人来说,这些词可能代表着一系列相当于实物世界个人财产的权利。如果是这样的话,数字零售商正在进行一场广泛的虚假广告宣传,可能会对人们有关所有权的共同理解产生深刻影响。

1. 混乱的信号

数字市场上充斥着各种营销语言,这些语言对所有权的承诺与零售商坚持用于管理数字交易的许可证内容并不一致。例如,消费者在苹果公司 iTunes 商店浏览数字电影时,可能会看到一个广告,邀请他们"享有该电影的高清版"(Own It in HD)。不出所料,苹果公司的营销资料并没有准确地定义"从数字商店购买电影"意味着什么,而是让顾客自己去填补这些空白。如果一个人拥有足够多的购买有形物品的人生经验,那么他会认为个人财产的基本规则同样适用于 iTunes 的购买,这是情有可原的。但是,尽管苹果公司的许可证把交易描述为"购买",并指出"所有的销售……都是最终的",但它坚持认为客户不能"出租、租赁、出借、出售、分发"他们从 iTunes 获得的电影和音乐。[1]

或者再看一下亚马逊,它在网站上销售数以亿计的商品、书籍、光盘、跑步机和假发,等等。亚马逊用"立即购买"

---

[1] "iTunes Store Terms and Conditions", Apple, Inc., last modified June 30, 2015, http://www.apple.com/legal/internet-services/itunes/us/terms.html#SERVICE, accessed August 21, 2015.

（Buy now）这个无处不在的短语邀请客户购买数百万件商品中的每一个；如果你已经启用了"一键购物"功能，则会出现"立即一键购买"（Buy Now with 1-Click Ⓒ）的尴尬选项。无论是实体物件还是数字文件，都是如此。读者在购买电子书时，会遇到与购买实体书时相同的"立即购买"邀请，并且他们将点击同样的按钮来完成交易。

尽管有一些相似之处，亚马逊还是为数字商品和实物商品的买家提供了截然不同的商品。购买实体书的人拥有他们所购买的东西，而"购买"电子书的人则与他们的书存在不同的关系。将这种关系定义为所有权可能是不公平的。亚马逊表示，这种关系由其服务条款来定义。在这份冗长的最终用户许可协议中，隐藏着一个一致的信息：你不拥有你的电子书；你只是被授权。你有权以亚马逊允许的方式使用它们，仅此而已。正如亚马逊的条款解释的那样，"除非有特殊说明，否则你不具有出售、出租、租赁、分发……Kindle 内容的任何权利"[1]。亚马逊的 MP3 商店也有类似的条款，只不过是在另一份冗长的文件中，亚马逊的客户"购买"了音乐，但付款只是"授予您一个非排他、不可转让的使用权。……音乐内容……仅用于您个人的、非商业用途"。而且，"您不得重新分配……出售……出租、分享、出借……或以其他方式转让、使用购买的音乐"[2]。

虽然购买者的权利存在明显的限制，但所有权偶尔也作为数字产品的一个突出卖点呈现出来。出版商 Image 漫画公

---

　　[1] "Kindle Store Terms of Use", Amazon Digital Services, Inc., last modified September 6,2012, http://www.amazon.com/gp/help/customer/display.html?nodeId = 201014950, accessed June 14, 2015.

　　[2] "Amazon Music Terms of Use", Amazon Digital Services, Inc., last modified June 11, 2014, http://www.amazon.com/gp/help/customer/display.html?nodeId=201380010, accessed August 21, 2015.

司宣布推出其数字漫画商店时吹嘘说,不同于竞争对手的数字漫画服务,这里的消费者实际上拥有他们的购买物。《连线》(Wired)杂志曾发表过一篇文章,标题是"第一次真正地拥有你所购买的数字漫画"。文章报道了 Image 漫画公司网站的不同之处,该网站允许客户将无数字版权保护的漫画下载到硬盘上,而其他竞争者则禁止下载。[1] 正如 Image 漫画公司的业务发展总监当时所解释的那样,"权衡所有权的因素是有道理的。如果读者在 ComiXology 上购买了一本书,……则可能会被取消。如果 ComiXology 数字漫画公司倒闭了,或者他们的数据中心发生了地震,所有的硬盘都损坏了,那么你将一无所有"。[2]

Image 漫画公司是美国第三大漫画出版商,它允许客户在本地存储副本,这一点应该受到赞扬。但是,尽管消费者拥有所有权,Image 漫画公司的许可条款与其他数字零售商的条款并无太大区别。该许可证的部分内容是:"当您需要制作数字漫画的副本(例如硬盘、内存、闪存里的副本,或者纸质副本等)时,您不得与他人分享、出借、租赁、出租、出售、许可、分许可、转让、连接、复制、展示、分发或以其他方式向他人提供任何数字漫画。只有通过分享包含数字漫画的设备,才能分享数字漫画。"[3] 在 Image 看来,它的客户"拥有"他们的数字漫画,但被禁止做大多数与所有权相关的事情。他们不能出借、赠送或转售所"拥有"的指定漫画,除非同时转让他们整个的漫画库和昂贵的硬件设备。这种对所有权的理解恐怕很多人

---

[1] 参见 Laura Hudson, "For the First Time, You Can Actually Own the Digital Comics You Buy", Wired, July 2, 2013, http://www.wired.com/2013/07/drm-free-comics-download-image/, accessed August 21, 2015。

[2] Ibid.

[3] Terms and Conditions, Image Comics, https://imagecomics.com/about/terms-and-conditions, accessed August 21, 2015.

不会认可。

所有权表述的滥用并不仅仅是为了努力去说服普通消费者。HeinOnline 拥有一个庞大的法律出版物数据库,其包括世界各地的法律期刊、司法意见、法规和条约。在历史上,它以订阅的方式向图书馆、律师事务所和个人提供这些资料。用户登录 HeinOnline 账户后便可以访问存储在其服务器上的大量信息。为了回应一些用户的压力,特别是那些重视本地副本的相对可靠性、安全性和隐私性的图书馆用户,HeinOnline 推出了"数字所有权计划"。通过"购买数字所有权",用户可以在硬盘上"获得 PDF 文件的所有权",而不是参与远程访问订阅。[1] HeinOnline 没有在网站上提供关于数字所有权计划条款的链接,但在我们要求澄清后,HeinOnline 向我们提供了一份副本。以下是相关内容:

> V. PURCHASE TERMS
>
> 5. 购买条款
>
> 用户不得:(1)出售、分发、公开展示,或以任何其他方式(商业性的或其他)利用集合或其部分,以任何方式包括但不限于出售、交易、交换、转移、分配、分发;(2)转移、分配或转许可本协议里的任何用户权利或义务。……根据本协议的条款,用户有权在其认为必要的情况下,出于保存、更新或转移的目的,包括转移到其他文件格式的目的,可以对原始副本进行永久复制,只要这种复制只是为了以本协议允许的方式继续访问和(或)保留这些副本。

这些条款清晰地表明,HeinOnline 对"所有权"的定义非

---

[1] 参见"Digital Ownership", HeinOnline, http://home.heinonline.org/services/ownership/, accessed August 21, 2015。

常狭隘。例如，购买 HeinOnline 硬盘的图书馆不能将其借给其他机构。从这个意义上说，HeinOnline 对所有权的理解甚至比 Image 漫画公司的理解更加狭隘。

兰登书屋(Random House)也尝试过使用类似的伎俩。它的图书馆和学术销售部门副主任曾告诉《图书馆杂志》(Library Journal)："兰登书屋反复强调且一贯坚持的立场是：图书馆从授权的销售商那里购买了兰登书屋的电子书，就拥有了这些书。"[1]我们将在下一章讨论图书馆所面临的一系列问题，但在这里，有必要停下来思考下拥有数字副本对图书馆到底意味着什么。对于电子书，大多数出版商拒绝直接与图书馆交易；相反，它们与赛阅公司(OverDrive)这样的内容供应商签订合同，后者提供技术平台，使图书馆的读者能够访问数字书籍。有鉴于此，其实很容易理解为什么图书馆对兰登书屋的说法感到困惑。当来自加州大学戴维斯分校图书馆的彼得·布兰特利(Peter Brantley)寻求澄清时，兰登书屋解释说，"所有权"是指图书馆可以把它拥有的电子书从一个供应商转移到另一个供应商。正如布兰特利所说："这很好，只是这不是所有权；这是会带来好处的许可。"[2]

我们可以将这些主张与技术出版商欧莱理公司(O'Reilly Media)的声明进行对比。当用户从欧莱理公司购买电子书时，他们可以"自由地出借、转售或捐赠，不受监督地阅读，或者把它们转移到新的设备上，而不需要重新购买全部的

---

[1] Michael Kelley, "Random House Says Libraries Own Their Ebooks", LJ Insider (blog), Library Journal, October 18, 2012, http://lj.libraryjournal.com/2012/10/opinion/random-house-says-libraries-own-their-ebooks-lj-insider, accessed August 21, 2015.

[2] Peter Brantley, "Random House Did Not Mean Own, Exactly", PWxyz (blog), Publisher's Weekly, October 23, 2012, https://web.archive.org/web/20150626112010/http://blogs.publishersweekly.co another-word/ (site discontinued), accessed August 21, 2015.

书"[1],只要用户在出借或转售后不保留任何书的副本。[2]这才是我们大多数人都熟悉的所有权概念。

出版商和零售商知晓所有权这一语词的内在吸引力,并且已经成功地利用了这种吸引力来兜售数字产品。但我们是否真正得到了我们所期望的东西还有待观察。

2. 虚假和欺骗性广告的法律框架

有两部截然不同但又存在重叠的联邦法律,它们规范了产品营销语言的准确性。[3]《兰哈姆法案》(The Lanham Act)是联邦商标保护法的主要来源,其中禁止使用"任何……虚假或误导性的事实陈述……在商业广告或营销中对商品或服务的性质、特点、质量或地理来源造成误导"[4]。此外,国会授权联邦贸易委员会(FTC)制止"商业或相关活动中不公正、欺骗性的行为或做法"[5]。这两种法律来源都可以用来解决许可条款和广告声明之间潜在的不匹配问题。FTC的一位官员在2009年曾解释道,"一个公司的营销资料必须与所提供产品的性质相一致。仅仅在冗长的线上用户协议的精致复印件中披露信息远远不够。……如果你的广告承诺给人

---

[1] "The shop. oreilly. com Ebook Advantage", O'Reilly Media, Inc., n. d., http://shop.oreilly.com/category/ebooks.do, accessed August 21, 2015.

[2] 参见"Ebook Usage, Devices, and Formats", O'Reilly Media, Inc., n. d., http://shop.oreilly.com/category/customer-service/ebooks.do, accessed August 21, 2015.

[3] 此外,各州都通过了自己的消费者保护法,禁止虚假或误导性广告等欺诈性交易行为。同时,大多数州将不公平交易行为确定为非法。例如,参见 California Business & Professions Code § 17200。

[4] Lanham Act § 43(a). 法院将第43(a)条解释为创造了一种自成一类的虚假广告侵权行为。尽管不是所有的法院都能很快得出这个结论,但最终它们还是达成了一些接近于共识的东西。通过1988年的《商标法修订法案》,国会将普遍认可的司法解释编入法律,将第43(a)条分为两个小节。第一款规定了对未注册商标和商业外观的侵权责任;第二款规定了对虚假广告和产品诋毁的请求权。参见 Trademark Law Revision Act of 1988, Pub. L. No. 100-667, § 132, 102 Stat. 3935, 3946 (1988) (current version at 15 U.S.C. § 1125[a][2013]).

[5] Federal Trade Commission Act § 5(a)(1), 15 U.S.C. § 45(a)(1) (2013).

带来好处，但你的 EULA 却把好处拿走了，那么当 FTC 来找你时，请你不要感到惊讶"[1]。

《兰哈姆法案》和《联邦贸易委员会法案》中规定的虚假和欺骗性广告的标准具有非常密切的联系。我们稍后会更详细地讨论它们。但首先，我们应该强调一个两种法律制度之间的重要区别，其与律师们所谓的"资格"有关，即在法庭上提出请求的权利。

《兰哈姆法案》创造了一项提起民事诉讼的理由。这意味着，认为自己受到虚假广告损害的一方可以在联邦法院对广告商提起诉讼。表面上看，该法规创造了广泛的当事人资格的社会。它允许"任何认为自己受到或可能受到这种行为损害的人"提起损害赔偿诉讼。[2] 尽管该规定具有相当大的包容性，法院还是将当事人资格限制在市场竞争者或其他与虚假声明存在商业利益关系的主体上。[3] 而消费者，这个最直接地受到所购买产品的虚假声明损害的群体，被禁止根据《兰哈姆法案》对广告商提起诉讼。[4]

可以理解，法院担心向每一个"不满自己的牙膏实际上不是新的升级款"的人打开诉讼的闸门，而竞争对手比消费者自身更有能力维护消费者利益。[5] 按法院所说，竞争对手有更

---

[1] Bruce Schneier, "Do You Know Where Your Data Are?" Wall Street Journal, April 28, 2009, http://www.wsj.com/articles/SB123997522418329223, accessed August 21, 2015.

[2] Lanham Act §43(a).

[3] 参见 Lexmark Int'l, Inc. v. Static Control Components, Inc., 134 S. Ct. 1377 (2014)。

[4] 在最近的一个例子中，法院驳回了代表消费者群体提出的虚假广告诉讼请求。消费者声称他们购买的标有"美国制造"的蟹饼实际上是用非国内的蟹肉制造的。参见 Made in the USA Found. v. Phillips Foods, Inc., 365 F. 3d 278 (4th Cir. 2004)。

[5] Colligan v. Activities Club of N. Y., Ltd., 442 F. 2d 686, 693 (2d Cir. 1971); Coca-Cola Co. v. Procter & Gamble Co., 822 F. 2d 28, 31 (竞争者在制止误导性广告方面有着最大的利益，而且……第43(a)条允许那些于执行结果有着最大利益、在许多情况下有着最多资源的当事方投入诉讼之中，以确保法规的严格执行); Alpo Petfoods, Inc. v. Ralston Purina Co., 720 F. Supp. 194, 212 (D. D. C. 1989), aff'd in part, rev'd in part, 913 F. 2d 958 (D. C. Cir. 1990)。(虽然该法不直接为消费者提供诉讼通道，但它仍然是为了保护消费者的利益，通过为那些准备帮助消费者摆脱侵害的竞争者提供诉讼理由。)

多的资源和经济动力去打击虚假广告。因此,我们应该预料到他们会努力提起此类诉讼。

有时的确如此,但不总是这样。只有当公司认为诉讼能带来竞争利益时,他们才会做出代价昂贵的决定。假设你的竞争对手发起了一个非常成功、但可以说是虚假的广告活动,你担心你正在失去市场,因为这个竞争者夸大了他们产品的好处。你可以花费数百万美元的法律费用,希望在一两年内,法院会制止该活动,也许还会给你金钱赔偿。或者你也可以像竞争对手那样,采用同样的误导性策略。随着虚假广告的蔓延,采用不可信广告声明的动机会逐渐增长。

当然,我们有理由怀疑,个人也不太愿意去对虚假广告发起挑战。除了代价昂贵的购买以外,虚假广告对一个人的损害实在太小了,不值得花时间和费用在法庭上。集体诉讼可以解决这个问题,能够将情况相似的消费者的诉讼请求捆绑在一起,形成一个单一的案件。但是,如果没有消费者身份,作为一个联邦法律问题,这种选择仍然是不可行的。消费者可以根据各州关于虚假和欺骗性广告的法规提起诉讼,但这些主张也会面临一系列的障碍。由于不同州之间的法律存在细微但有时很重要的差异,集体诉讼可能仅限于某个州的消费者。此外,像亚马逊这样的一些零售商在协议中加入了仲裁条款,这很可能完全排除了诉讼这一途径。[1]

这也是 FTC 制止欺骗性行为的权利切入点。FTC 第 5 条没有为消费者或竞争者设立私人诉讼权;它将执法工作完全留给了 FTC。[2] 与竞争者不同,FTC 的任务是维护公共利益。[3] 因此,我们可能会期待它成为消费者利益更可靠的代

---

〔1〕 参见 AT&T Mobility LLC v. Concepcion, 563 U. S. 333, 343 (2011); Am. Exp. Co. v. Italian Colors Rest., 133 S. Ct. 2304, 2309 (2013)。

〔2〕 参见 Federal Trade Commission Act § 5(b)。

〔3〕 Ibid.

表。但鉴于授权的宽泛性和资源的有限性，FTC 必须慎重地确定其执法工作的优先次序。虽然它不能也不应该处理每一个有问题的广告，但 FTC 可以利用其自由裁量权，瞄准那些对买家造成重大损害的欺骗行为。

无论是竞争对手提起的虚假广告诉讼，还是 FTC 提起的欺骗行为案件，核心问题都是一样的。为了确定一个广告是虚假或欺骗性的，你必须证明广告具有误导性，即它有可能传达一个不真实的信息。你还必须证明误导信息是实质性的——如果消费者没有被误导，他们就会有不同的行为。例如，向美国顾客宣传"土库曼斯坦制造"的产品，如果该产品实际上是在塔吉克斯坦生产的，这就是误导信息。但除非购物者更喜欢来自土库曼斯坦的产品，否则这种说法就无关紧要。

误导性声明并不限于像"土库曼斯坦制造"这样的明示声明，也可以是暗示的。某则广告声称，一种保健品将"提升你的免疫系统"，这里可能没有明确承诺它可以预防普通感冒，但它暗示了这一点。即便是省略也会产生误导。例如，一个邮购家具的电视广告，如果没有披露其所描述的沙发是儿童尺寸，就会产生误导。明示的误导显然很清楚，不需要额外证明虚假性，但暗示和省略产生的误导，含义却比较模糊。在这些情况下，法院和 FTC 则会考虑其他类型的证据，包括消费者的证言和调查报告，以决定广告是否可能存在误导。

在一个广告被认为是虚假或具有欺骗性之前，有多少消费者会产生错误的印象？这个问题没有准确的答案。一些法院谈到了目标受众"统计学上显著的"[1]或"非实质性的"[2]

---

[1] Johnson & Johnson v. Smithkline Beecham Corp., 960 F. 2d 294, 298 (2d Cir. 1992)。(原告必须证明，持有错误观念的虚假广告受众数量具有统计意义上的显著性，且该错误观念是由被诉广告传递给人们的。)

[2] McNeilab, Inc. v. Am. Home Prods. Corp., 675 F. Supp. 819, 825 (S.D.N.Y. 1987)。

的部分。还有人问什么是"相当数量的少数消费者"[1]被误导了?对于这个问题,很难确定一个确切的百分比,但以前的案例表明,3%或7.5%这样的小比例低于法律的门槛[2],但法院一般认为,像10%、15%或20%这样稍高的比例,就足以确定存在欺骗的可能性。[3]

法院愿意接受证明广告只欺骗了相对少数的人的调查证据,实际上就承认了广告往往容易有一个以上的合理解释。[4] 只要这些解释中有一种是误导性的,广告商就得承担责任。这也反映了一个事实,即虚假广告法的目的不是保护懂行的人或保持怀疑的人,它的保护范围广泛地扩展到了社会公众,"包括无知的、不思考的和轻信的广大人群"[5]。

一旦知道人们被误导了,问题就变成了这些不准确的信息是否对他们的消费选择至关重要。如果他们知道真相,会

---

[1] POM Wonderful, LLC v. FTC, 777 F.3d 478, 490 (D. C. Cir. 2015). (委员会……考虑"至少相当数量的少数合理消费者"是否"可能"向虚假广告主张自己的权利。)

[2] William H. Morris Co. v. Group W, Inc., 66 F. 3d 255, 258 (9th Cir. 1995) (3%不能证明"很大一部分"受到欺骗); Johnson & Johnson – Merck Consumer Pharms. Co. 诉 Rhone-Poulenc Rorer Pharms. 案。(调查显示7.5%的人被欺骗或误导是不够的)。

[3] Firestone Tire & Rubber Co. v. FTC, 481 F.2d 246, 249 (6th Cir. 1973) (发现"如果广告因此误导了15%(或10%)的购买者,就很难推翻委员会的欺诈性广告结论"); Novartis Consumer Health, Inc. v. Johnson & Johnson – Merck Consumer Pharms. Co., 290 F.3d 578, 594 (3d Cir. 2002) (调查显示15%的受访者被误导,足以证明在"相当大的一部分"目标受众中存在欺诈的可能性); Telebrands Corp. v. Media Grp., Inc., 45 U.S.P.Q. 2d (BNA) 1342, 1348, 1997 WL 790576, *21-22(S.D.N.Y. Dec. 23, 1997)(调查显示,20%的受众相信虚假信息就足够了)。

[4] James C. Miller, chairman of the FTC, to John D. Dingell, chairman, H. R. Comm. on Energy and Commerce, October 14, 1983, cited in In re Cliffdale Assocs., Inc., 103 F.T.C. 110, 175 (1984). (合理情况下,解释或回应不一定是唯一的。当卖方的描述向合理消费者传达了不止一种含义,而其中一个是错误的,卖方要对误导性的解释负责。)

[5] Charles of the Ritz Distribs. Corp. v. FTC, 143 F.2d 676, 679 (2d Cir. 1944) (quoting Florence Mfg. Co. v. J. C. Dowd & Co., 178 F. 73, 75 [2d Cir. 1910])。

有不同的表现吗?[1] 也许人们会拒绝购买该产品,会少付一些钱,或者会选择其他的产品。对于明示的声明、销售者有意暗示的声明,或者与产品的质量安全、中心特征、使用目的、性能表现或交易价格相关的声明,都可以推定为具有实质性。[2] 当然,人们不希望产品不安全、性能不符合预期,或者不能达到预期目的。对于不属于上述类型的误导性声明,法院和 FTC 会考虑消费者证言和调查报告以及其他证据。

3. "立即购买"对数字消费者意味着什么

数字零售商的营销工作是否符合虚假或欺骗性广告的定义? 为了回答这个问题,亚伦·普赞诺斯基(Aaron Perzanowski)和克理斯·杰伊·霍夫纳格尔(Chris Jay Hoofnagle)进行了一项前所未有的研究,以衡量消费者如何理解主流数字零售商所使用的"立即购买"这一短语。[3]

这项研究调查了近 1300 名可能购买电子书、音乐和电影的潜在消费者。数据样本涉及的性别、年龄和收入方面在美国人口中具有代表性。[4] 受访者被问及一系列有关数字媒体购买习惯的问题,根据回答,他们被分为三组:电子书购物者、数字音乐购物者和数字电影购物者。为了更好地复制现实世界的条件,他们接下来会被告知一些流行媒体类型的名称,并被要求选择最吸引他们的一个。

基于这一点,受访者根据他们选择的书籍、音乐或电影浏

---

[1] James C. Miller to John D. Dingell, October 14, 1983: "'实质性'的错误表述或行为可能会影响消费者对产品的选择或行为。"

[2] 参见 James B. Astrachan et al. , "An Overview of the Tools Available to the Federal Trade Commission", in The Law of Advertising, vol. 5, § 18.01 (Newark, NJ: Matthew Bender, 2015)。

[3] Aaron Perzanowski and Chris Hoofnagle, "What We Buy When We Buy Now", forthcoming University of Pennsylvania Law Review, on file with authors.

[4] 该样本在种族和地理分布方面也与美国人口基本一致。

览了相应的模拟网页。图 5.1 是一个示例。媒体商店(MediaShop)是一个为了研究的目的而创建的、供受访者浏览的虚构在线零售网站。它的设计元素,比如布局、按钮、产品照片和描述,对任何网上购物者来说都是熟悉的。除了名称、颜色方案和可能减少的视觉混乱之外媒体商店与亚马逊、iTunes、Target 或沃尔玛(Walmart)几乎没有区别。每位受访者均看到了四种不同的产品页面中的一种。第一组人看到了附有"立即购买"按钮的数字产品页面;第二组人看到了附有"立即许可"按钮的数字产品页面;第三组人看到的数字产品页面附有"简要通知"按钮,里面有更详细的产品描述;其余人则看到了实体产品——实体书、CD 或蓝光光盘,并附有"立即购买"按钮。

受访者在网上购物前被要求像平常一样浏览 MediaShop 的页面。值得注意的是,每个数字产品页面都包括一个指向 MediaShop 使用条款的链接。[1] 在 956 名浏览页面的受访者中,只有 14 人点击了该链接以调查细则。不到 1.5%的数值,与其他研究一致,说明网上消费者很少会审查这些条款。[2]

---

〔1〕 相关部分的条款:在您下载 MediaShop 内容并支付任何适用的费用(包括适用的税费)后,内容提供商将授予您浏览、使用和显示此类内容的非排他性权利 MediaShop 内容不限次数,仅支持在 MediaShop 或阅读应用程序上使用。作为服务的一部分,您仅能在 MediaShop 商店指定数量的特定设备上使用,仅为您的个人、非商业用途而使用。MediaShop 内容是由内容提供商许可给您的,而不是出售给您的。内容提供商可能会在其 MediaShop 内容中包含额外的使用条款。……除非另有特别说明,否则您不得向任何第三方出售、出租、租赁、分发、传播、转让可以以其他方式转让 MediaShop 内容及其任何部分的任何权利,并且您不得删除或修改 MediaShop 内容上的任何所有权声明或标记。此外,您不得绕过、修改、攻击、避开保护 MediaShop 内容的安全功能。……终止服务。如果您未能遵守本协议的任何条款,您在本协议下的权利将自动终止。在发生此类终止的情况下,您必须停止对 MediaShop 商店和 MediaShop 内容的所有使用,并且 MediaShop 可以立即撤销您对 MediaShop 商店和 MediaShop 内容的访问权,而且不退还任何费用。MediaShop 未能坚持要求或强制您严格履行本协议,并不构成对其任何权利的放弃。

〔2〕 Yannis Bakos, Florencia Marotta-Wurgler, and David R. Trossen, "Does Anyone Read the FinePrint? Consumer Attention to Standard Form Contracts", New York University Law and Economics Working Papers, Paper 195, NewYork University School of Law, New York, 2014, 22, http://lsr. nellco. org/cgi/viewcontent. cgi? article = 1199&context = nyu_lewp, accessed July 7, 2015(发现每一千个软件零售购物者中只有一到两个人访问了许可协议)。

第五章 "立即购买"的谎言 135

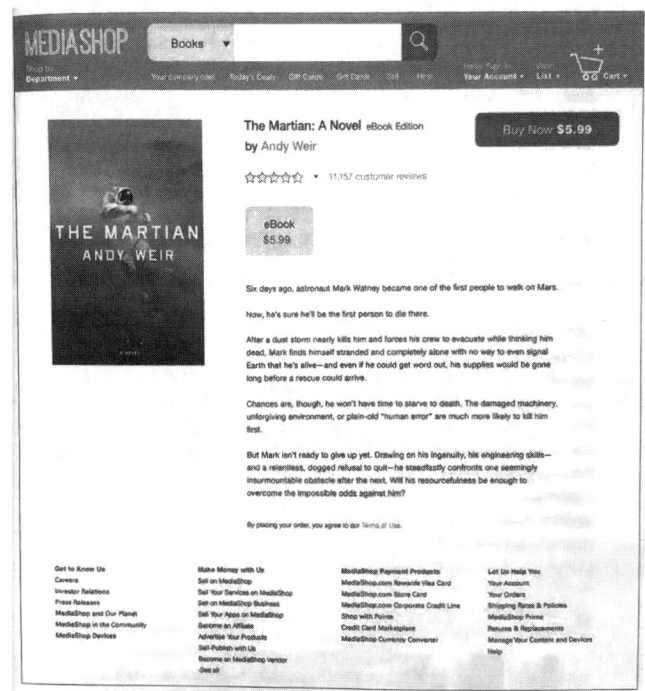

图 5.1 一个 MediaShop 产品页面的实例

在完成虚拟交易后,受访者收到了一系列问题,询问他们在为产品付款后获得了哪些权利(如果有的话)。如图 5.2 所示,许多受访者认为,当他们点击"立即购买"按钮购买了电子书、MP3 和数字电影,他们便获得了与实体商品所有权相同的权利。点击了"立即购买"按钮,他们就拥有了购买的产品,调查对象对此深信不疑。而由于所有权是一个法律结论,且在数字经济中尚存有争议,所以很难肯定地说,消费者表达的有关所有权的认知是对还是错。但总的来说,这种认知似乎与权利人和零售商经常提出的说法不符,即人们完全明白点击

"立即购买"时他们正购买的只是一个许可证。[1] 抛开"购买许可证"概念上的尴尬,调查数据表明,对相当多的消费者而言,"购买"本身就包含了一系列独立于任何许可条款的权利。

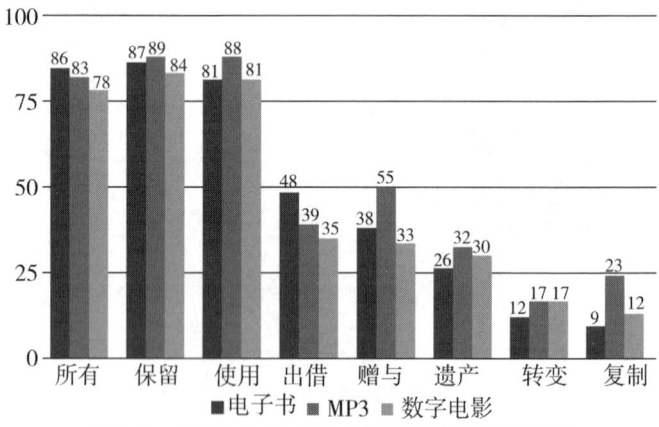

图 5.2 相信"立即购买"按钮权利的受访者比例

对于近九成的受访者来说,"立即购买"告知他们有权按自己的意愿保留购买的数字产品。这是购买实物媒体的典型情况。一旦你已为实体书或黑胶唱片付款,除非发生盗窃或灾难,它们就是你的了,直到你决定卖掉它。但从现实情况和法律角度来看,对于你购买的数字产品,情况就不是这样了。在第一章中,我们概述了一些拒绝买家访问其购买过的数字产品的方式。你的零售商可能会倒闭,或者为了减少成本突然决定关闭服务器;你的账户可能因为违反服务条款而被注

---

[1] 美国电影协会的 Ben Sheffner 声称:"如果你问人们,当你去一个网站购买一部电影、一本书、一首歌时,我想他们基本明白,你实际上不是在购买著作权。你所做的是购买一个允许做某些事情的许可证。"Disney 的 Catherine Bridge 说:"我不确定消费者是否会期待,当他们点击购买音乐的按钮时,他们会考虑如何转售它。"参见 Department of Commerce Internet Policy Task Force, White Paper on Remixes, First Sale, and Statutory Damages, pp. 56–57n35, January 2016, http://www.uspto.gov/sites/default/files/documents/copyrightwhitepaper.pdf, accessed April 10, 2016。

销;一觉醒来,你可能发现设备被远程删除了,就像那些以为自己真的购买了《1984》的亚马逊客户一样;你可能会像一些Barnes & Noble 书店的客户那样,因为你的信用卡最近过期了,[1]而被拒绝访问几个月前购买的电子书。付款后,不仅你所购买的东西可以被有效地收回,而且许可证中常见的有关损失风险和服务终止的条款还使得零售商在拒绝你的访问时,免于承担任何法律责任。[2]

几乎同样多的受访者认为,购买数字产品时,他们可以在自己选择的设备上享受这些产品,无论是笔记本电脑、智能手机、平板电脑,还是专用的阅读器或播放器。评估该认知的准确性是一个挑战,因为市场上有各种各样的媒体设备、文件格式和商业模式。一些零售商已经接受了数字生态系统的多样性,例如亚马逊支持广泛的数字媒体设备,从它自己的 Kindle 系列到苹果 iOS 和安卓设备,甚至包括竞争对手巴诺书店(Barnes & Noble)最新的产品 Nook[3],它把买家能够自行选择阅读电子书的设备视为一个卖点。同样,亚马逊以事实上的通用文件格式 MP3 销售音乐,也反映了类似的情况。

但其他零售商在设备兼容性方面采取了明显更封闭的方法。苹果公司 iBooks 只能在苹果公司的设备上阅读,iTunes 的

---

[1] 参见 Tim Cushing, "Barnes & Noble Decides That Purchased Ebooks Are Only Yours Until Your Credit Card Expires", Techdirt, November 27, 2012, https://www.techdirt.com/articles/20121126/18084721154/barnes-noble-decides-that-purchased-ebooks-are-only-yours-until-your-credit-card-expires.shtml, accessed August 21, 2015.

[2] 考虑一下 Kindle 商店使用条款中的以下内容:损失风险。当您下载或访问 Kindle 内容时,Kindle 内容的损失风险就会转移。终止服务。如果您未能遵守本协议的任何条款,您在本协议下的权利将自动终止。在这种终止的情况下,您必须停止对 Kindle 商店和 Kindle 内容的所有使用,且亚马逊可立即撤销您对 Kindle 商店和 Kindle 内容的访问权,而且不退还任何费用。亚马逊未能坚持要求或强制您严格履行本协议,并不构成对其任何权利的放弃。(《Kindle 商店使用条款》,亚马逊数字服务公司)

[3] 不包括一些旧设备。而且条款仍然限于"支持的设备"。"支持的设备"是指手机、电脑或其他支持的电子设备,而不包括 Kindle。您仅被授权在 Kindle 上面操作"阅读应用程序"。

音乐和电影也是如此。通过许可条款、专有文件格式和数字版权管理的组合，苹果公司已将其销售的数字媒体内容与自己的硬件产品密不可分地联系起来。在某种程度上，这反映出苹果公司长期以来对严密控制其终端用户产品体验的痴迷。但这也体现了苹果公司和亚马逊不同商业理念。亚马逊努力保持低价，以吸引越来越多的客户群。它以盈亏平衡的价格销售 Kindle 电子阅读器和平板电脑，甚至实际上每次销售都可能亏损。[1] 但它希望通过吸引流量到其网站，继而从长远来看实现盈利。尽管苹果公司销售了价值数十亿美元的应用程序、电影和音乐，但它主要从事的是硬件业务。它在 iPhone 和 iPad 等设备上的利润率高达 69%，每季度的利润超过 100 亿美元。[2] 通过确保其客户在转向竞争对手的设备时无法播放他们的媒体内容，苹果公司保持了这些利润。

归根结底，买家对设备兼容性的认知是否正确，取决于零售商的选择，而非他们自己的法律权利。而且在任何情况下，作为一个现实问题，这种认知往往存在误解。例如，在 MediaShop 的研究中，许可证限制受访者使用"支持的设备"。只有极少数人知道这一点，因为绝大多数人都没有阅读许可条款。

---

〔1〕参见 Kelly Clay, "Amazon Confirms It Makes No Profit on Kindles", Forbes, October 12, 2012, http://www.forbes.com/sites/kellyclay/2012/10/12/amazon-confirms-it-makes-no-profit-on-kindles/, accessed August 21, 2015; Steve Kovach, "Amazon Will Lose Millions Selling the Kindle Fire, But That's the Point", Business Insider, September 30, 2011, http://www.businessinsider.com/kindle-fire-profit-margins-2011-9, accessed August 21, 2015。

〔2〕参见 Oscar Williams-Grut, "Apple's iPhone: The Most Profitable Product in History", Independent (UK), January 29, 2015, http://www.independent.co.uk/news/business/analysis-and-features/apples-iphone-the-most-profitable-product-in-history-10009741.html, accessed August 21, 2015; Daisuke Wakabayashi, "Apple's Market Cap Loses \$60 Billion After iPhone Sales Disappoint", Wall Street Journal, July 22, 2015, http://www.wsj.com/articles/apple-earnings-boosted-by-iphone-sales-1437510647, accessed August 21, 2015。

第五章 "立即购买"的谎言

借阅是一种受到广泛认可的财产所有者的权利。图书借阅作为一种文化习俗,比美国成立早了几百年。只要有音乐和电影可供出售,人们就一直在借阅它们。送礼也是如此。因此,超过40%的调查对象认为他们可以将自己购买的数字产品出借或送给朋友和家人,这不足为奇。但许可条款的标准做法是禁止这种转让。Amazon Instant Video、Apple iTunes、Google Play、Sony PlayStation Store、Microsoft Xbox Live 以及无数小型数字零售商都明确禁止消费者出借、出租、赠送或以其他方式转让他们购买的产品。

因为不能按照预期使用购买的物品,客户对一些零售商施加了压力,要求它们放宽借出和共享使用的政策。Kindle 和 Nook 商店都提供了有限的借阅程序。如果出版商选择加入,消费者就可以借出一本电子书,只借一次,为期 14 天。当然,你可以随意借出你的实体书,无论出版商喜欢与否。同样,苹果公司的家庭共享计划允许购买的数字媒体内容最多在六个账户之间共享,只要这些账户共用相同的信用卡信息。[1] 虽然这样做可能更容易让你在笔记本电脑上购买的《佩格和小猫》(Peg + Cat)剧集出现在你孩子的 iPad 上,但这并不等同于所有权。

近 30%的受访者认为他们可以在遗嘱中把电子书、MP3 和数字电影留给亲人。我们已经习惯于继承实物媒体——比如父亲的图书馆或祖母的唱片收藏。对许多人来说,这种传统,或者至少是对它的期望,在向数字媒体的转变过程中得以保存。本地存储的副本可以通过遗嘱轻松转移:"我在此将我的 Kindle 留给我的女儿。"但是,把数字媒体藏品全部捆绑在

---

[1] 参见"iCloud: Family Sharing", Apple, Inc., http://www.apple.com/icloud/family-sharing/, accessed August 25, 2015; 另见"Steam Family Sharing", Valve Corporation, http://store.steampowered.com/promotion/familysharing, accessed August 25, 2015。

单个设备上是一个不切实际且不完整的解决方案。这个设备坏了怎么办？或者单个设备上的电影收藏和音乐库要留给两个人的时候怎么办？又或者产品压根不在本地存储而是基于云服务怎么办？

部分早期解决这些复杂问题的尝试带来了希望。首先,我们看到网络服务提供商正在开发工具,便于用户死亡后转移账户。[1] 谷歌的"不活跃账户管理器"(Inactive Account Manager)和脸书(Facebook)的"遗产联系人"(Legacy Contact)都允许用户指定一个数字继承人,以便在他们遭遇不幸时接管其账户。到目前为止,数字媒体商店还没有推出类似的工具。但不难想象它们在未来会这样做。

其次,立法者已经采取了一些初步措施,以应对美国"婴儿潮"一代在过着活跃的网络生活的同时日益老年化这一紧迫问题。特拉华州成为第一个颁布《受托人访问数字资产法案》(Fiduciary Access to Digital Assets Act)的州,该法案是由统一法律委员会制定的示范性法律。[2] 该法案赋予遗产继承人和其他受益人控制数字账户和资产(包括文本、音频、视频和软件)的权利,以及转让或复制这些资产的权利。[3] 该法案已被一些州引进,其为试图控制数字媒体遗产的人提供了首个法律立足点。但该法案存在一个关键的局限性,即数字

---

[1] 参见 Geoffrey A. Fowler, "Facebook Heir? Time to Choose Who Manages Your Account When You Die", Wall Street Journal, February 12, 2015, http://www.wsj.com/articles/facebook-heir-time-to-choose-who-manages-your-account-when-you-die-1423738802, accessed August 25, 2015。

[2] 参见 Fiduciary Access to Digital Assets and Digital Accounts Act, 79 Del. Laws416(2014), http://www.legis.delaware.gov/LIS/lis147.nsf/vwLegislation/HB%20345/$file accessed August 25, 2015; Uniform Fiduciary Access to Digital Assets Act (Nat'l Conf. of Comm'rs on Unif. State Laws 2014), http://www.uniformlaws.org/shared/docs/Fiduciary%20Access%20to%20Digi accessed August 25, 2015。

[3] 参见 Fiduciary Access to Digital Assets and Digital Accounts Act §§ 5004-5005。

资产的控制权被限定在"任何最终用户许可协议所允许的范围内"。[1] 换句话说,如果许可证禁止这种转让,你的数字资产就会彻底随你而去。至少从目前来看,那些认为"立即购买"能让他们在死后控制其数字资产的人想错了。

最后,我们来谈谈转售的问题。二手书商在美国经营了几个世纪。本杰明·富兰克林(Benjamin Franklin)和托马斯·杰斐逊(Thomas Jefferson)在一定程度上通过购买二手书建立了自己的私人图书馆。尽管并不总是受到著作权所有者的欢迎,唱片、CD、录像带和DVD的二手市场几十年来却一直是美国线上和线下购物的固定市场。但在这一点上,不用我们告诉你,你也该知道数字零售商的许可协议几乎一律禁止转售。

也许是因为转售本身的商业性质,较少的受访者认为"立即购买"赋予了他们日后转售的权利。在所调查的问题中,唯一没有导致欺骗比例远远超过法定门槛的是转售。尽管如此,就认为自己获得了转售权的人数而言,书籍购买者为12%,音乐和电影购买者为17%,这说明"非实质性的"少数消费者可能被误导。[2] 整体上看,这项研究表明,当涉及与所有权相关的权利时,"立即购买"按钮是一个谎言。

但这仍不足以证明"立即购买"按钮误导了消费者,它所传达的错误信息也必须实质上影响了消费者的购买决定。如果买家知道真相后不会表现得与此前不同,那么他们就没有受到欺诈的损害。所以MediaShop的研究也收集了衡量实质性的数据。它通过若干种方式进行收集。研究要求受访者说

---

[1] Ibid., § 5004.
[2] 如果考虑到性别因素,这种情况就更加明显。正如在线调查中经常出现的情况,女性的比例过高。由于男性对他们是否享有转售权明显感到更加困惑,书籍是10%,但音乐是13.5%,电影是25%。因此更具代表性的性别分布样本可能会显示出更大的整体欺诈性。

明他们在出借、转售和设备选择权利上的偏好。图5.3显示了在"立即购买"受访者中,强烈或轻度偏好允许上述行为的数字媒体产品的比例。[1]

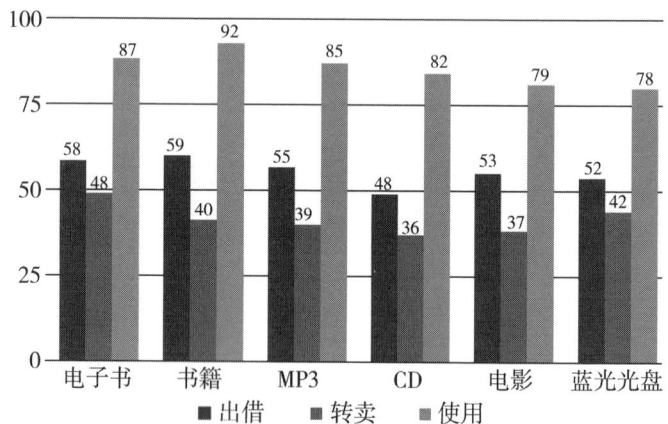

图5.3 表现出对权利具有强烈或适度偏好的受访者比例

这里有两个值得关注的发现。第一,相当一部分受访者(在许多情况下是大多数)倾向于购买那些允许他们行使所有权相关权利的商品。第二,这些偏好在实物商品和数字商品中都非常稳定。因此,消费者对电子书的偏好与他们对实体书的偏好非常相似,MP3和CD、数字电影和蓝光光盘也是如此。在数字市场上,这些权利对购买者来说仍然像在实体市场上一样重要。

调查还问到,受访者是否愿意为那些允许他们出借、转售或自行选择使用设备的数字商品支付更多的费用。大多数消费者愿意为这些权利中的至少一项支付更多的钱。价格上涨的中位数是1美元,但平均值却比目前亚马逊的价格高出近

---

〔1〕 由于大多数读者在阅读实体书时,除了眼睛或一副眼镜外,并不依赖任何其他设备,因此该调查转而询问受访者是否更喜欢允许他们自由选择阅读地点的书。这是调查设备选择时一个不完美的替代,但它产生了几乎没有区别的结果。

11 美元。就个别权利而言,受访者愿意为出借权平均多付 3.82 美元,为转售权多付 3.24 美元,为使用设备选择权多付 3.24 美元。综合来看,这些证据表明,与个人财产所有权相关的权利影响了数字媒体商品的价格。大约有一半的受访者愿意为这些权利付出更多。由于许多对权利表示强烈偏好的受访者不愿意为其支付更多的费用,因此可以得出这样的结论:一些人期望这些权利成为现有价格下交易的一部分。[1] 这一信息应该引起零售商和权利人的注意。

同样有意思的是,受访者被问到如果不能借出、转售或使用自选设备,他们是否更有可能通过订阅服务去获取电子书、音乐和电影,而不是直接购买它们这一问题。在 94% 熟悉订阅流媒体服务的受访者中,如果不能借出所购买的东西,有超过一半的人更有可能转向流媒体。当问及转售时,43%的人更倾向于流媒体。63%的受访者表示,如果不能在自选设备上使用购买的东西,他们更有可能转向流媒体。而电影观众,对于这些权利中的每一项,都特别容易受到流媒体服务的吸引。

较少的受访者(42%)使用过或熟悉海盗湾(Pirate Bay)和比特流(Bit Torrent)这两个与大规模侵权下载有关的服务。在这一群体中,32%的人更有可能在没有出借权的情况下下载文件而不付费;31%的人更有可能在没有转售权的情况下下载文件;40%的人更有可能在没有选择使用设备权利的情况下下载文件。这表明,消费者"立即购买"时获得权利的有限,导致了对版权作品的侵权。

上述调查证据表明,"立即购买"按钮误导了相当多的消费者,使他们不甚了解花钱购买数字商品时所获得的法律权利。它还表明,人们对法律权利的误解是实质性的;如果人们

---

[1] 这项研究通过将对每项权利的最大反馈上限设定为 20 美元来减少异常值的影响。

知道不能拥有这些数字产品,他们的行为会有所不同。"立即购买"按钮运用了虚假和欺骗性广告的基本伎俩,看上去就像是一场利用错误信息开展的非法尝试。接下来的问题是:对此我们可以做些什么?

4. 走向清醒

相当多的消费者认为,他们在点击"立即购买"按钮时获得了一系列特定的权利,这一事实本身并不能作为授予权利的论据。消费者的期望是变化无常的,它们会随着时间和环境的变化而变化,也可以被操纵。法律权利,财产、宪法或人权,需要一个更坚实的基础。在这一章中,我们并不是在讨论"立即购买"按钮的虚假性能帮助人们确定购买数字产品应获得哪些权利,在这一点上,我们的目标是比较温和的。它是为了指出,通常情况下传递消费者偏好的市场信号已经失效了;它之所以失效,是因为人们错误地认为,他们可以用数字产品做一些他们实际上不能做的事情。因此,选择拥抱数字媒体并不像有些人总结的那样,证明社会已经从所有权、出借、赠与和转售的概念中走出来了。几个世纪以来,这些概念一直在帮助人们定义财产和彼此之间的关系。

毫无疑问,我们获取、使用和分享商品的方式正在发生变化。这将对人类的文化产生深远的影响。但这些变化应该公开进行。每个人都应该充分了解,以便自己能够做出深思熟虑的选择。这只有在他们拥有准确信息的情况下才会如此。在某些情况下,人们确实如此。网飞和声破天的用户都明白,一旦停止支付月费,他们播放列表中的电影和音乐就会消失。但对于自选式数字购买,我们就不能这么说了。

此处即是针对有关虚假和欺诈性广告法律应该发挥作用的地方。有两种方法可以避免数字零售商继续欺骗他们的客户。第一种方法是他们可以改变许可条款,以避免产生误解,损害买家权利。许可人可以授予买家出借、转售和赠送所购物品的有经济价值的权利,而不是拒绝。当然,零售商在对其商业模式做出如此巨大的改变之前,需要与销售作品的版权人进行协商。一些零售商已经朝这个方向迈出了试探性的步伐。我们将在第10章更详细地讨论许可转售和出借的解决方案,但到目前为止,这些方案给我们留下的印象是既不可能又有问题。

避免欺骗的另一种方法是改变零售商谈论数字媒体交易的方式。如果"立即购买"不能准确地传达许可证所定义的有限权利概念,那么也许我们需要一个新的按钮。美国联邦贸易委员会(FTC)指控苹果公司没有充分披露儿童类的免费应用程序内可以付款购买东西这一事实,苹果公司为此支付了近1亿美元。作为回应,苹果公司取消了这些应用程序的"免费"按钮,改用误导性较低的"获取"。[1] 理论上讲,"立即购买"也可以这样做。

MediaShop 的调查中试验了两种替代方案,来查看是否可以减少消费者面临的错误信息。如前所述,一些受访者看到了使用"立即许可"而不是"立即购买"的产品页面。理论上讲,"许可"这个词会让消费者警觉到这次交易的不同之处。但在"立即许可"的表述下,受访者未能持续减少对其权利的错误认识。

一个更有希望的方法是依靠所谓的"简要通知"。简要通知背后的理论是,如果零售商以清晰、简单的方式披露交易的突出事实,人们就更有可能理解这些信息。因此,即使不读许

---

[1] Steven Tweedie, "Apple Made a Small but Significant Change to 'Free' Apps in the App Store", Business Insider, November 20, 2014, http://www.businessinsider.com/apple-changes-free-apps-to-get-in-app-store- 2014-11, accessed August 25, 2015.

可证,简要通知也可以告知我们许可的信息,还可以帮助我们做出更好的决定。从在线隐私政策到《健康保险携带和责任法案》(HIPAA)披露和信用征询,人们一直鼓励或要求进行分层通知(Layered Notice),从而以这种方式促进消费者对复杂协议或法律制度的理解。[1]

在媒体商店(MediaShop)调查中,另一组受访者看到了一个数字产品页面,该页面没有"立即购买"按钮,而是包括一个简要通知,以清晰、简单的术语和直观的图标描述消费者可获得的权利。图 5.4 是一个示例。购买一本电子书时,受访者可以看到一个大拇指向上的符号,告知他们有权:将电子书下载到受支持的设备上;在受支持的设备上阅读电子书;遵守使用条款。在一个大拇指向下的符号之后,有一段文字解释说,受访者没有权利:转售、出借、赠送或以其他方式转让电子书,或在不受支持的设备上阅读。

只看了一次简短通知,受访者便被问及支付后可获得的数字产品权利的相同问题。如图 5.5 所示,简短通知的情形下,受访者的误解率有所降低。对所有权问题的肯定回答在全部三种数字媒体类型中都明显下降。对于电子书和 MP3 来

---

〔1〕 参见 Nathaniel Good, Jens Grossklags, David Thaw, Aaron Perzanowski, Deirdre Mulligan, and Joseph Konstan, "User Choices and Regret: Understanding Users' Decision Process about Consensually Acquired Spyware", I/S: A Journal of Law and Policy 2, no. 2 (2006): pp. 283 - 344; Joel R. Reidenberg, Travis Breaux, Lorrie Faith Cranor, Brian French, Amanda Grannis et. al., "Disagreeable Privacy Policies: Mismatches Between Meaning and Users' Understanding", Berkeley Technology Law Journal 30 (2015): pp.39-87, at 48; Lorrie Faith Cranor, "Necessary but Not Sufficient: Standardized Mechanisms for Privacy Notice and Choice", Journal of Telecommunications & High Technology Law 10, (2012): pp. 273-307, at 293; Marie C. Pollio, "The Inadequacy of HIPAA's Privacy Rule: The Plain Language Notice of Privacy Practices and Patient Understanding", N. Y. U. Annual Survey of American Law 60, (2004): pp.579-620, at 615; Katy K. Liu, "Fair and Accurate Credit Transactions Act Regulations: Disclosure, Opt-Out Rights, Medical Information Usage, and Consumer Information Disposal", I/S: A Journal of Law and Policy 2, (2006): pp. 715-735, at 720。

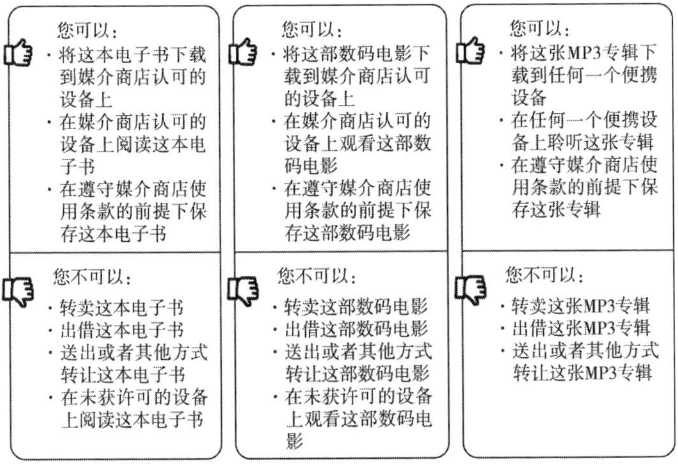

图 5.4 媒介商店简要通知实例

说,关于出借和转售问题的肯定回答减少了一半之多。当被问及是否可以在遗嘱中留下他们的数字产品时,看到简短通知的电子书购买者回答"是"的可能性只有看到"立即购买"时的一半,从 26% 下降到了 13%。MP3 购买者则下降了 11%,尽管少了一些数据上的显著性。同样的,当受访者被问及是否有权赠送他们的数字产品时,电子书购买者的肯定可能性下降了 10%,MP3 购买者下降了 14%。

若受访者认知的准确性以七分制计分,每一个正确的回答值一分,则总的来说,所有受访者的平均得分是 3.1 分,中位数是 3 分。可想而知,使用"立即购买"按钮浏览实物媒体的受访者得分最高,平均得分是 4.7,中位数是 5。在购买数字媒体的受访者中,浏览简短通知的受访者表现最好,平均分为 3.0,中位数为 3。那些浏览"立即购买"和"立即许可"的受访者得分要低得多。"立即购买"的受访者的平均值为 2.45,中位数为 2。"立即许可"的受访者的平均值为 2.27,中位数为 2。与这两种按钮相比,简要通知极大地提高了一次性信息披

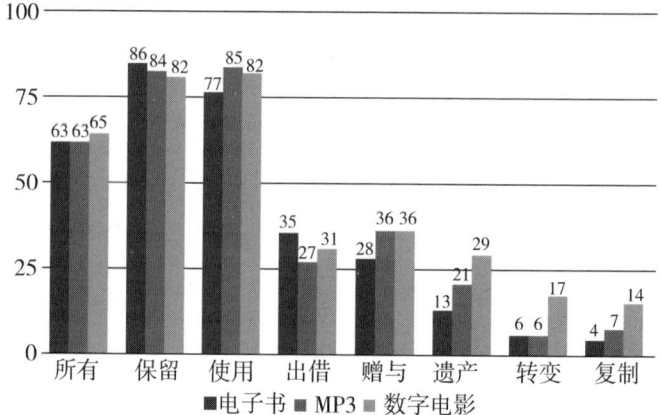

图 5.5　相信简要通知授予财产权利的受访者比例

露时受访者对自身权利的理解程度。

尽管简要通知并非完全有效或者一贯有效,但对于防止当今数字市场上似乎普遍存在的消费者欺诈行为而言,它是一个有希望的工具。监管机构应认真审视简短通知的功效,并考虑向数字零售商施加压力或以明示的方式要求其采用。

但是,更准确的信息披露并不是万能的。尽管关于数字交易性质的准确信息可能很有价值,但我们将在第六章中证明,即使是高度成熟、信息准确的数字媒体购物者也仍然无法避免法律、许可证和技术所带来的限制。

第六章　数字图书馆的前景与危机

　　公共图书馆的借阅模式长久以来在许多方面做出了贡献：保存人类的历史文化，促进公众文化教育，保护读者隐私和鼓励知识创新，等等。然而，其存在很大程度上依赖个人财产所有权中的权利用尽原则。随着数字经济时代的到来，图书馆面临着和消费者同样的难题：复杂的许可条款、不合适的技术和过时的法律。图书电子化使得出版商、供应商、图书馆和读者之间呈现出完全不同的认知，权利被上游供应商和版权所有人所控制，作品的所有权变得极不稳定。对此，图书馆在制度和技术层面都做出了回应，如加强对供应商合同的控制，开发特殊电子书阅读器等。这一切都表明，许可证模式对我们的影响绝不仅限于个人财产所有权。

——译者注

103　　　1731年,本杰明·富兰克林(Benjamin Franklin)和他的同事们创立了费城图书馆公司,这家图书馆被认为是美国甚至世界上首家公共图书馆。[1] 所有人可以通过购买"股份"的方式加入公司,任意使用图书馆的空间和借阅书籍。图书馆售卖"股份"所得的资金被用于购买更多书籍以供股东阅读。

如今,这种共享模式被广泛接受。仅在美国,除了大学和私人图书馆外,就有9000多家公共图书馆。几十年间,甚至几个世纪以来,这些机构购买书籍以供其成员和读者浏览与借阅。对许多人来说,图书馆借阅模式是教育的标志性成就和公众获取知识的途径。图书馆是我们文化遗产的档案馆、社区成员聚会与学习的场所,以及专业藏品的管理者。

从法律和历史上看,图书馆借阅模式在很大程度上依赖于植根在个人财产所有权中的权利用尽原则,即当图书馆购买了一本书,版权人就该副本上享有的权利将被用尽。随后,图书馆就可以将其继续出借给任意数量的顾客,也可通过馆际互借等流程借给其他图书馆。它还可以对书进行修复以及少量地复制,并可以在任何时候转售或捐赠该书,实施这些行为都无须获得版权人许可或向其额外支付费用。简言之,一旦图书馆买下了这本书,它就拥有了这本书,此时它就可以根据自己的共同价值观、业务和道德准则来分配或者处置它,即使这与出版商的观点大相径庭。这也同样适用于图书馆所拥有的录像带、音乐专辑以及绝大多数的实物媒体。

104　　　不难看出,这种模式有许多好处——隐私性、便捷性、社团性(Community),并且可以让读者发现新的兴趣和研究领

---

〔1〕 其他人则认为,波士顿公共图书馆(Boston Public Library)是第一个大型公共图书馆,因为它是第一个向所有波士顿公民"免费"提供所有书籍的图书馆。它是在1852年由Joshua Bates通过大笔捐赠而建成的。参见John Palfrey, BiblioTech: Why Libraries Matter More Than Ever in the Age of Google, New York: Basic Books, 2015, p.1。

域。例如,几十年来,图书馆员一直严格遵守包括保护顾客隐私在内的道德准则。这一点不仅在美国图书馆协会(American Library Association)的道德准则中有所体现,而且被载入各州法律。同时,在各种政治冲突中,图书馆员公开反对向政府提供读者记录的要求。[1] 这种程度的承诺在道德和法律上都成为其他媒体隐私法的典范,如《视频隐私保护法》(Video Privacy Protection Act)和《加利福尼亚州读者隐私法》(California Reader Privacy Act)。正如尼尔·理查兹(Neil Richards)在他的《知识的隐私》(Intellectual Privacy)中指出的那样,这种保护是知识和学术自由以及其他民主价值的基础。[2]

哪怕是信息浏览这一概念(我们现在将其应用于网站或社交媒体的简介),在很大程度上,它的文化意义也源于图书馆开架书库陈列图书这一方式,即供所有人免费阅读,无须预

---

[1] 例如 N. Y. C. P. L. R. 4509 (Consol. 2015)("图书馆记录了包含公众、自由协会、学校、学院和大学图书馆以及本州图书馆系统的用户在内的姓名或其他个人身份详细信息,包括但不限于有关图书馆资料流通、计算机数据库搜索、馆际互借交易、参考资料查询、图书馆资料影印请求、保留所有权请求,以及视听资料、电影或唱片的信息记录。这些应该是保密的,除非这些信息的揭露属于图书馆正常运作所需的范围,且应根据用户的请求或同意,或根据投票、法院命令或法规另有规定之处")。"美国图书馆协会道德准则",最后一次修订于 2008 年 1 月 22 日。http://www. ala. org/advocacy/proethics/codeofethics/codeethics,于 2015 年 8 月 6 日访问; "Code of Ethics of the American Library Association", last amended January 22, 2008, http://www. ala. org/advocacy/proethics/code-ofethics/codeethics, accessed August 6, 2015; "Privacy: An Interpretation of the Library Bill of Rights", American Library Association, adopted June 19, 2002, http://www. ala. org/Template. cfm? Section=interpretations&Template=/ContentManagement/ContentDisplay. cfm&ContentID= 132904 accessed August 6, 2015. 另见 Adam L. Penenberg, "Don't Mess with Librarians", Wired, September 15, 2004, http://www. wired. com/2004/09/dont-mess-with-librarians/, accessed August 6, 2015。

[2] 参见 Neil Richards, Intellectual Privacy: Rethinking Civil Liberties in the Digital Age (New York: Oxford University Press, 2015)。另见 "DRAFT—Library Privacy Guidelines for E-book Lending and Digital Content Vendors", American Library Association, last modified June 16, 2015, http://connect. ala. org/node/241070#sthash. OUjmCDa7. dpuf, accessed August 6, 2015: "保护用户隐私和机密性长期以来一直是图书馆知识自由使命的一个组成部分。"

付、无须识别身份以及没有技术约束。[1] 图书馆能向其读者提供上述自由以及机构自主权的基础,就在于其对图书享有所有权。

然而,有形媒介的财产权与原作品的知识产权之间存在着不可否认的紧张关系。版权人经常对图书借阅模式感到畏惧,他们认为,哪怕囿于模拟媒体的限制,每位读者只能按照顺序借阅一本书,但如果太多顾客能够轻而易举地借到一本书、一张专辑或者一部电影,而不是自己去购买副本,那么图书馆就将蚕食掉整个销售市场。[2]

泰德·斯特瑞福斯(Ted Striphas)的《后印刷时代》(The Late Age of Print)中一个精妙的例子阐释了这种恐惧。该书讲述了在1931年,一群图书出版商雇用了被称为"颠倒黑白之父"的公关先驱爱德华·伯奈斯(Edward Bernays),来对抗二手的"一美元书"和图书借阅的故事。伯奈斯举办了一场比赛,让大家来"找出一个贬义词来形容图书借阅者,这个使得图书滞销并夺走作者版税的坏蛋"。这场比赛使那些敢于出借或借阅书籍的人遭遇了猛烈的口头攻击。攻击的词语包括"图书象鼻虫(book weevils)""图书杀手(greader)""偷书官(libracide)""图书强盗(booklooter)""图书乞丐(book bum)""文化秃鹫(culiure vultwe)""图书懒汉(book bummer)""图书海盗(bookaneer)""书匪(biblioacquisiqc)"和"图书秃鹰(book

---

[1] 波士顿公共图书馆的麦克金大楼在其正门上方刻有"免费向所有人开放"的字样,这是 BPL(Boston Public Library)体系长期价值观的一种表达。有关碑文的照片,参见 http://maps.bpl.org/sites/default/files/images/about_ph_6.jpg?1361904290, accessed August 6, 2015。

[2] 参见 David O'Brien, Urs Gasser, and John G. Palfrey Jr., "E-Books in Libraries: A Briefing Document Developed in Preparation for a Workshop on E-Lending in Libraries", Berkman Center Research Publication No. 2012-2015, Berkman Center for Internet & Society, Harvard University, Cambridge, MA, 2012, https://cyber.law.harvard.edu/publications/2012/ebooks_in_libraries, accessed August 6, 2015。

buzzard)",其中,脱颖而出的词语是"偷书贼(book sneaker)"。[1] 到了数字时代,借书变得比以往任何时候都更容易,如果你能从电子阅读器上借到书,你甚至不需要去当地的图书馆。所以,这种无缝借阅数字图书的构想让一些出版商更害怕了。[2]

然而,无须质疑的是,数字借阅和电子书对图书馆的未来至关重要。电子书采购量每年都在持续增长。例如,从2010年到2011年,高校图书馆的电子书总量从1.587亿册增加到2.526亿册。[3] 2012年,美国图书馆协会报告称,76%的公共图书馆向读者免费提供电子书,相比2009年增长超过20%。[4] 普华永道(Pricewaterhouse Coopers)最近的一项研究表明,到2018年,美国和英国的电子书的销量将超过印刷媒体

---

[1] Ted Striphas, The Late Age of Print: Everyday Book Culture from Consumerism to Control (New York: Columbia University Press, 2009), p. 35.

[2] 参见 K. T. Bradford, "Paper Rules: Why Borrowing an E-book from Your Library Is So Difficult", Digital Trends, June 15, 2013, http://www.digitaltrends.com/mobile/e-book-library-lending-broken-difficult/, accessed August 6, 2015; Simon & Schuster CEO Carolyn Reidy revealed some of the thought process behind the publisher's new library ebook pilot program: "If you could get every book you wanted free, why would you ever buy another one?"; Jay Greene, "Penguin Halts Libraries' E-book Lending, Citing Security Fears", CNET, November 22, 2011, updated November 23, 2011, http://www.cnet.com/news/penguin-halts-libraries-e-book-lendingciting-security-fears/, accessed August 6, 2015; "New Zealand Publisher Fears Libraries", Annoyed Librarian (blog), Library Journal, May 18, 2009, http://lj.libraryjournal.com/blogs/annoyedlibrarian/2009/05/18/new-zealandpublisher-fears-libraries/, accessed August 6, 2015; Ken Chad, "'Frictionless' Ebook Lending from Public Libraries", Shelf Free (blog), July 26, 2013, http://shelffree.org.uk/2013/07/26/frictionless-ebook-lending-from-publiclibraries/, accessed August 6, 2015; David R. O'Brien, Urs Gasser, and John Palfrey, E-Books in Libraries (Cambridge, MA: The Berkman Center for Internet & Society at Harvard University, 2012), PDF briefing document, 22, http://cyber.law.harvard.edu/sites/cyber.law.harvard.edu/files/EBooks%20in%20Libraries%20(O'Brien,%20Gasser,%20Palfrey)-1.pdf, accessed August 6, 2015。

[3] 参见 Kathy Rosa, Research and Statistics on Libraries and Librarianship in 2013 (Chicago: American Library Association, 2014), PDF report, http://www.ala.org/research/sites/ala.org.research/files/content/librarystats/LBTAresearch2014.pdf, accessed August 6, 2015。

[4] 参见"E-books, U.S. Public Libraries 2012", American Library Association, http://www.ala.org/research/plftas/2011_2012/ebooksmap, accessed August 6, 2015。

(包括有声读物)。[1] 2014年,图书馆在儿童、青少年和年轻人电子书上的支出比2013年增长了48%。[2] 美国主要的电子书提供商之一赛阅公司(OverDrive)公司的首席执行官称,"2岁到13岁的儿童中,93%的人每周至少阅读一次电子书"[3]。虽然实体书籍不会在短期内消失,但越来越多的读者更希望从图书馆获取电子书。[4]

这有什么重要的呢？难道图书馆不能就像现在出借实体书一样出借电子书吗？不幸的是,由于实体图书和数字图书的销售模式的不同,答案尚不清楚。首先,如前所述,用户借阅电子书会在其使用的电脑、手机以及其他用来阅读的设备上创建新的副本。[5] 可以说,除非这些副本属于权利用尽原则或公平使用原则这类的例外或限制,否则它们无疑侵犯了版权人的专有复制权。其次,因为电子书销售很大程度上是在模仿软件销售,它们通常伴随着复杂的许可,而这一点混淆了所有权的界限。由于图书馆不能像拥有实体图书那样"拥有"其所购买的"电子书",所以他们不能简单地依赖权利用尽

---

〔1〕 参见 Eckhard Kummrow, "PwC Prognosis: 11% Sales Volume of eBooks in Germany by 2018; 52% in the USA", Librarian in Residence (blog), November 25, 2014, http://blog.goethe.de/librarian/index.php? archives/540 - English.html, accessed August 6, 2015. 但,参见 Frank Catalano, "Paper Is Back: Why 'Real' Books Are on the Rebound", GeekWire, January 18, 2015, http://www.geekwire.com/2015/paper-back-real-books-rebound/, accessed March 15, 2016。

〔2〕 参见"Children's eBook Sales Surge in 2014 in Public Libraries and Schools through Overdrive", OverDrive Blogs (blog), January 13, 2015, http://blogs.overdrive.com/library/2015/01/13/childrens-ebook-sales-surge-in2014-in-public-libraries-and-schools-through-overdrive/, accessed August 6, 2015。

〔3〕 Ibid.

〔4〕 参见 Alexandra Alter, "The Plot Twist: E-Book Sales Slip, and Print Is Far from Dead", New York Times, September 22, 2015, http://www.nytimes.com/2015/09/23/business/media/the-plot-twist-e-booksales-slip-and-print-is-far-from-dead.html, accessed November 20, 2015。

〔5〕 请注意,ReDigi 和其他人试图通过将副本从一个设备迁移到另一个设备来解决这个问题,而不是在传统意义上复制它们。因为在任何给定的时刻,文件只存在一个版本,所以它们的技术更类似于移动副本或恢复/修复副本,而不是复制副本。

原则自行启动大规模的借阅。虽然一些电子书出版商允许图书馆保留电子书的传统所有权,但大多数电子书出版商试图在许可证上明确规定图书馆向读者提供书籍的条件。

如果这种世界观成立,那么向电子书的转变将会改变图书馆内部的许多基本功能——从采购、借阅到归档和筹款。所有权及权利用尽原则曾带来的诸如隐私保护、简便、保存和共享等好处,都会受到这种转变的深远影响。

1. 制造阻碍

大多数图书馆相信公众可以广泛地利用馆藏书籍。然而,对于电子书来说,许可模式而非销售模式的引入,使图书馆的使命变得复杂,甚至被有些人认为是"侵蚀"了图书馆的使命。一方面,电子书无疑让我们有更多机会接触文化遗产和科学知识。另一方面,电子书许可往往包含人为限制。出版商可能会坚持这些条件,在图书馆和它们的读者之间介入人为阻碍,避免读者使用图书馆而不购买纸质和电子书籍,成为数字"偷书贼"。

这种人为阻碍的例子并不少见。出版商通常在特定年份停止发行图书,以限制读者使用;通过实行读者的借阅请求和下载之间的等候期,来造成分发迟延;通过限制读者借书和阅读的地点从而在地理上限制借阅范围。它们限制了每位读者和每个图书馆可以借阅的书籍数量。其对图书馆收费的依据是借阅的次数而不是书籍的数量。对于实体图书来说,图书馆及其顾客就不存在这些限制。图书馆对图书享有的所有权,使得出版商丧失了这种控制权。然而,电子书出版商利用许可条款和其他技术限制,试图夺回对数字图书借阅世界的控制权。虽然对于经常面临严格预算限制的图书馆来说,采用一种"按需"和单一服务的图书采购业务模式无疑具有吸引力,但这些做法结合在一起,会对图书馆藏书产生长期影响。

乍一看,这种人为阻碍似乎是在知识产权与数字媒介所有权之间寻求一种平衡。尽管对于实物媒介来说,由于版权法规定的权利用尽原则,这种阻碍起不到作用,但是从理论上讲,这些通过模拟各种市场效应降低借阅效率的办法,确实减少了图书馆出借电子书对出版商销售的影响。顾客遇到的阻碍越多,他们就越可能会选择购买电子书,而不是从当地的图书馆免费借阅。

然而,就像人工重力(Artificial Gravity)一样,人们感觉这种系统是一种欺骗。这些策略并没有适应新的数字环境,而是试图去施加限制,并且如果没有版权人的关切,这些限制是不会自然存在的。那么,当出版商受益于数字制作和发行成本的降低时,为什么在日益增长的财政限制下挣扎的公共图书馆不可以利用数字副本获得更多的利益呢?

从纯粹的经济角度来看,人为阻碍很可能会减轻媒体行业的担忧,并且如果价格公道的话,甚至可以为图书馆节省资金。然而,版权法从来都不是仅为了让私人市场参与者受益而设计的。相反,作为一个宪法问题,美国版权法的目的是利用私人市场的激励措施使广大公众受益,而并非完全或者主要是使版权所有者获益。因此,尽管一些人可能迷恋于成为作家和发明家的浪漫理想,但是只有公众获得了知识,以及由此产生的"科学和实用的艺术的进步"才是知识产权成功的真正标准。

图书馆对出版物享有的所有权使公众有更多机会接触和欣赏这些书籍、音乐、电影、报纸、照片或软件,这是私人市场无法做到的。[1] 对于模拟和数字媒体都是如此。公众利益

---

[1] 参见 R. Anthony Reese, "The First Sale Doctrine in the Era of Digital Networks", University of Texas Law, Public Law Research Paper No. 57; and University of Texas Law, Law and Economics Research Paper No. 004, Austin, TX, 2003, http://papers.ssrn.com/sol3/papers.cfm? abstract_id=463620, accessed August 6, 2015。

和图书馆资产之间的摩擦越多,读者接触这些出版物的机会就越少。

当然,版权所有者会主张,除非他们获得足够的利润,否则就不会投资制作新作品,这会导致公众无作品可看。这在某种程度上可能是正确的,但权利用尽原则保证版权人至少已经售出一份副本,从而实现了公众和作者之间版权交易的一部分。但是如果在数字时代这还不够呢?正如版权局在2001年一份关于"数字作品初次销售"的特别报告中所断言的那样,"数字用尽规则对市场的潜在损害和侵权风险的增加,可能会严重降低创造的动力"[1]。换句话说,数字副本相较于纸质副本少了两项阻碍,既降低了人或者机构之间传递书籍所需的时间和精力,也同样降低了书籍损耗率,毋庸置疑的是,在显著降低生产、分销和库存成本的情况下,数字作品初次销售即可为版权人提供可观的补偿。如果同样适用权利用尽原则,允许转让有竞争关系的数字版权,这将对实体书造成阻碍。所以关键是为数字作品寻求一个可以平衡各个客体之间利益的规制,正如权利用尽原则曾经做到的那样。

此外,版权人享有的版权与个人和机构对副本享有的财产所有权一直是共存的。副本中的个人财产权应始终服从于版权利益的观点,为一般的财产权提出了一个危险的先例。从版权人最初希望平衡版权与图书馆对出版物的所有权二者之间的关系,到后来要求增加许可条款以对作品进行完全把控,这种转变引起了广泛的关注。

2. 没有藏书的图书馆

让我们退一步想想,所有这些转变对图书馆与其读者之

---

[1] DMCA Section 104 Report (Washington, DC: U. S. Copyright Office, 2001), PDF report, 88, http://www.copyright.gov/reports/studies/dmca/sec-104-report-vol-1.pdf, accessed August 6, 2015.

间的关系可能会产生什么影响。正如波士顿公共图书馆正面的铭文所宣告的那样:书架上的书是"对所有人都免费"——不仅不需要付款,而且没有附加条件,没有约束、义务,也不复杂。然而,在这个世界上,每个出版商都坚持各不相同的许可条款,每个电子书平台或数字版权管理提供商都在这些许可的基础上铺设自己的商业模式、数字软件和实施措施,使得读者到今天都未能从其复杂性和限制性中解脱出来。[1] 这种复杂的组合方式给图书馆及读者带来了真正的难题。最近的一项研究发现,读者平均需要 19 次的点击才可从大多数公共图书馆中借阅一本电子书。[2]

图书馆已经对此做出了一些回应。为了给读者提供缓冲,许多图书馆肩负起了与电子书供应商和出版商谈判许可协议的责任,但这却导致了严重的依赖。比如,许多人从未听说过赛阅图书公司,但这家总部位于俄亥俄州克利夫兰的软件供应商为 90% 以上的图书馆电子书市场提供服务。[3] 其他同类图书供应商还有 3M 和贝克 & 泰勒(Baker &Taylor)。

这些供应商提供了一个电子链接通道,将出版社、图书馆及其读者连接起来。它们允许图书馆对存储在供应商服务器上的电子书进行许可,并通过供应商的软件将电子书传输给顾客,供他们在手机、平板电脑或电脑上临时阅读。起初,这似乎是无害的,甚至可能是理想的,因为图书馆可以简

---

〔1〕 一项研究估计,从 1994 年到 2005 年,图书馆使用许可协议增加了 600%。参见 Sharon Farb, "Libraries, Licensing, and the Challenge of Stewardship", First Monday 11, no. 7 (2006), doi: 10.5210/fm.v11i7.1364。

〔2〕 参见 Amy Calhoun and James English, "Library Simplified" (presentation delivered at ALA 2015, San Francisco, CA, June 27, 2015), http://www.slideshare.net/jamesenglish/library-simplified-ala, accessed November 20, 2015。

〔3〕 参见 Ava Seave, "Are Digital Libraries a 'Winner-Takes-All' Market? OverDrive Hopes So", Forbes, November 18, 2013, http://www.forbes.com/sites/avaseave/2013/11/18/are-digital-libraries-awinner-takes-all-market-overdrive-hopes-so/, accessed August 6, 2015。

单地将所有客户服务和技术问题直接交给供应商。然而,这种所有权和权利架构的转变在出版商、供应商、图书馆和读者之间创造出一种完全不同的态势。在这些系统出现之前,图书馆会简单地从批发供应商那里买书,或者偶尔直接从出版商那里买书,并对这些书籍享有完整的支配权。图书馆工作人员决定书籍的排列方式、借阅期限以及借阅记录保存情况。根据权利用尽原则,一旦图书馆购买了一本书,图书馆可以自主决定出借该书的方式、时间、对象以及频率,出版社和发行商无权干涉。现在,即使是最负盛名的图书馆,在这些功能上,也常常依赖于像赛阅公司这样的供应商。获取书籍的时间和方式、所使用的书名、书籍在数字书架和搜索引擎中的呈现情况、访问权限、访问条件,都会受到上游供应商的控制。[1]

例如,在 2011 年,大型出版商哈珀柯林斯(Harper Collins)宣布,图书馆将电子书借出达 26 次后,该书的使用权限将被强制关闭。哈珀柯林斯声称,书籍的自毁时间是根据实体副本的物理折旧速率计算出来的。[2] 如果一本书一次借给顾客两周,就意味着哈珀柯林斯想要图书馆每年都能更换流行的精装书。不管这一估算的准确性如何,书籍借阅这一规范的公共行为从基于副本所有权和图书馆内部管理规

---

[1] 虽然还没有记录在案的案例表明图书馆读者的电子书访问被切断,但亚马逊电子书的购买者已出现了类似的情况。参见 Mark King, "Amazon Wipes Customer's Kindle and Deletes Account with No Explanation", Guardian (UK), October 22, 2012, http://www.theguardian.com/money/2012/oct/22/amazon-wipes-customerskindle-deletes-account, accessed August 6, 2015。

[2] Josh Hadro, "Harper Collins Puts 26 Loan Cap on Ebook Circulations", Library Journal, February 25, 2011, http://lj.libraryjournal.com/2011/02/technology/ebooks/harpercollins-puts-26-loan-cap-on-ebook-circulations/, accessed August 6, 2015. 作为回应,一家图书馆在 26 次借阅后发布了它的一个模拟 HC 副本的视频,以显示它处于近乎完美的状态。Cory Doctorow, "How a HarperCollins Library Book Looks after 26 Checkouts (Pretty Good!)", Boing Boing, March 3, 2011, http://boingboing.net/2011/03/03/how-aharpercollins.html, accessed August 6, 2015.

定,转变为由出版商定义图书馆出借图书的法律条款和技术条件的模式引发了严重的担忧。[1]

在其他情况下,作品根本无法在一个允许出借的平台或者媒介上被获取。杜克大学图书馆版权和学术交流部主任凯文·史密斯(Kevin Smith)记录了图书馆在这种情况下面临的选择匮乏。他提到一张著名指挥家古斯塔夫·杜达梅尔(Gustavo Dudamel)和洛杉矶爱乐乐团(Los Angeles Philharmonic)的新唱片,这张唱片只能通过iTunes下载。正如史密斯所说,"实际上它只是一个许可证,伴随'购买'而来的许可条款限制了用户的个人使用。大多数图书馆员认为,这排除了传统图书馆的功能,比如出借"[2]。当图书馆员找到录音的版权人环球公司时,环球公司给了他们一个25%专辑使用权的教育许可证,该许可证有效期仅为两年,并且图书馆需要支付250美元的处理费,外加一笔数额不详的额外费用。这是一个错综复杂的许可和协商网络,图书馆如今必须与之抗衡。就在十年前,一个图书馆可以用不到20美元的价格买下整盘光盘,然后随心所欲地将其借出。

幸运的是,一些出版商似乎在采取更有效的措施来回应这些担忧。例如,企鹅兰登书屋(Penguin Random House,现已合并)根据"一本电子书,一个用户"的政策,为成人和儿童提供电子版的重点新书和再版书,并取消所有电子书一年的借阅上限。只要图书馆遵循"用尽型"的"一书一人"规则,就可

---

[1] 参见 Michael Kelley,"One Year Later, Harper Collins Sticking to 26‐Loan Cap, and Some Librarians Rethink Opposition", Digital Shift, February 17, 2012, http://www.thedigitalshift.com/2012/02/ebooks/one-year-later-harpercollinssticking-to-26-loan-cap-and-some-librarians-rethink-opposition/, accessed August 6, 2015。

[2] Kevin Smith, Planning for Musical Obsolescence, Scholarly Communications @ Duke(blog), July 28, 2014, http://blogs.library.duke.edu/scholcomm/2014/07/28/planning-for-musicalobsolescence/, accessed August 6, 2015. 另见 "Sound Recording Collecting in Crisis: Home", University of Washington Libraries, last modified February 24, 2016, http://guides.lib.uw.edu/research/imls2014, accessed March 12, 2016。

以把这本书借给尽可能多的读者。[1] 企鹅兰登书屋的销售副总裁斯基普·戴伊（Skip Dye）将修订后的政策称作"图书馆获得所购图书完整且长期所有权的一个机会，这可能进而会使无限数量的读者永久地借阅电子书"。这对图书馆界来说是一个重大的胜利；然而，值得注意的是，经过了近五年的谈判，这些条款才达到他们所设想的平衡状态。

另一个证明供应商对图书馆电子书借阅进行广泛控制的例子是，供应商会利用专有软件决定读者如何从他们的手机、平板电脑、计算机或其他设备访问电子书，以及图书馆如何促进这种访问。大多数时候，当读者从图书馆的目录中选择一本书时，是通过图书馆的网站或应用程序来选择的。而一旦读者选择了要阅读的书籍，图书馆就被排除在外了。供应商接手，将电子书传输给读者，并对书籍后续的使用进行管理。

起初，这似乎只是又一次技术进步。然而，它对图书馆及其读者产生了重大的影响。例如，一些供应商在其软件条款中保留单方面权利，当供应商认为读者或图书馆未能遵守其所提供的条款和程序时，有权自行决定终止该顾客或图书馆对电子书的访问权限。换句话说，只要供应商认为其条款被违反，它就可以禁止该主体使用电子书。设想一下，如果兰登书屋怀疑一个读者不当使用了其图书，它就能够走进这个国家的任何一个图书馆，把它出版的所有书籍都从书架上撤下来。这就是这些供应商们现在所宣称的权利。

图书馆在制度和技术层面都做出了回应。美国图书馆协

---

［1］ 参见 Michael Kozlowski, "Penguin Random House Announces New e-Book Terms for Libraries", Good E-Reader（blog）, December 6, 2015, http://goodereader.com/blog/e-book-news/penguin-random-house-announcesnew-e-book-terms-for-libraries, accessed March 15, 2016。

会、其成员和其他图书馆协会,已经加强了谈判,以在对供应商的合同中争取更大的控制权,特别是围绕顾客隐私这个问题,我们将会在下文再回到这个话题。此外,波士顿、辛辛那提、纽约和萨克拉门托等地的公共图书馆正联合开展一个名为"简化图书馆"的新项目,这是一个由图书馆牵头为图书馆服务的特殊电子书阅读器,它可以整合和简化这一套复杂的交互,将查看电子书所需的点击次数从 19 次减少到 3 次。通过重新把控与读者之间的关系,图书馆可能会重新获得对知识存储和读者数据的历史性控制权,它们往往会比商业供应商更积极地保护这些控制权。

3. 图书馆和文化保护

不难看出,图书馆、博物馆和档案馆在保护我们的文化、历史及各种形式的知识方面都起着重要的作用。然而,这些功能在本质上都依赖于机构对其所获得作品的控制权。传统上,控制权与图书所有权是同时产生的,图书馆对书籍享有所有权就意味着其有权决定何时、何地、由谁以及以何以持有书籍。此外,它还用尽了书中的知识产权,防止了版权人妨碍图书馆践行其使命。到了电子书时代,这项任务变得更加复杂且富有挑战性。电子书不但更容易存储、占用的物理空间更少,而且可以更便捷地传递。但正如前文所述,出版商或供应商给电子书施加的许可条款和技术限制带来了新的问题。

这些问题对于经济价值低于文化价值的作品来说尤其尖锐。在这种情况下,出版商会对较新的版本收取额外费用,所以对于图书馆以及二手书店等二级市场的其他参与者来说,他们比出版商或电子书供应商更有动力去保存图书副本。第一版或最新的教科书就是很好的例子。对于实体书来说,所获利润和藏书目标之间的差距可能会导致图书馆等机构宁愿购买二手书或将旧作品数字化,但此时作品的版权人要么已经破产、消失,要么很难找到。

对于这些"孤儿作品",图书馆通常会保存纸质副本,并在特定情形下,为读者提供电子副本。有些人担心版权人会站出来对这些孤儿作品主张权利,但有充分的理据表明,这种数字形式的保存和访问是符合合理使用的要求的,部分原因是许多图书馆在副本一一对应的基础上绘制实体馆藏的数字访问地图。[1] 在一个副本存储在出版商或供应商服务器上的世界里,由于限制性许可条款的约束,每个图书馆的虚拟馆藏尤其是孤儿作品都有灭失的风险。[2] 这种忧虑在数字音乐行业已经成为现实,且引起了 FTC 的关注。[3]

耶鲁大学最近有一个保存项目,该项目将 2700 盘 20 世纪 70 年代和 80 年代的录像带存档,这些录像带以所谓的"尖叫女王"为特色,这些恐怖和剥削电影象征着"当时的家庭录像革命,以及出现在里根时代的文化习俗和政治活动"[4]。尽管可能许多人会认为,这样的收藏是粗俗或怪异的,但对文化评论家来说,它"讲述了 50 年代和 60 年代的旧好莱坞模式与 80 年代那创造了现代媒体巨擘的企业合并模式之间的显著差

---

[1] 参见 Jennifer M. Urban, "How Fair Use Can Help Solve the Orphan Works Problem", Berkeley Technology Law Journal 27 (2012): pp. 1379 – 1429, http://papers.ssrn.com/sol3/papers.cfm?abstract_id=2089526, accessed August 6, 2015。

[2] 参见 Amy Kirchhoff, "eBooks: The Preservation Challenge", Against the Grain 23, no. 4 (2011): 32, http://docs.lib.purdue.edu/cgi/viewcontent.cgi?article=5935&context=atg, accessed August 6, 2015。

[3] 参见 Letter from Mary Koelbel Engle, Associate Director, Division of Advertising Practices, Bureau of Consumer Protection, Federal Trade Commission to M. Sean Royall, Esq., "Re: Wal-Mart Stores, Inc., FTC File No. 092-3003", June 23, 2010, https://www.ftc.gov/sites/default/files/documents/closing_letters/wal-martstores-inc./100623walmartletter.pdf, accessed August 6, 2015。

[4] David Gary, "Saving the Scream Queens", Atlantic, August 21, 2015, http://www.theatlantic.com/entertainment/archive/2015/08/saving-the-screamqueens/401141/, accessed March 15, 2016.

距。在录像带时代,独立制作人和发行人可以利用廉价技术和当地商店接触到大量观众,这两者都降低了电影制作人的利润门槛"[1]。哈佛大学和康奈尔大学都在尝试收集与嘻哈音乐的出现相关的档案,纽约大学也自己收集了与20世纪90年代初地下女权朋克运动暴女(Riot Grrrl)的兴起有关的文化产品。这样的保护工作主要来自二级收藏者,而不是原出版者。事实上,在反主流文化或类似的低成本领域,出版商的更迭很频繁,几乎不可能为了获得法律许可而找到他们。

如果这些藏品以数字形式被存储在现在已不复存在的供应商服务器上,或由供应商专有技术控制,它们可能无法被妥善保存,继而用于历史、文化及教育目的。

对保护本身的承诺也是文化层面的。作品的终身所有权能推动他们不断思考如何利用和保护作品。随着作品的老化,图书馆员、档案管理员和博物馆工作人员时刻牢记自己以不减少访问的方式来保存好这些作品的职责。短暂的"按需"访问系统、无形的许可权利和技术控制机制阻碍了这些方法,相反,他们现在专注于更短期的目标,比如便利性和即时性。当然,并不是说这些短期目标不重要或不受欢迎。事实上,它们是数字时代的红利。图书馆员在认识到这些好处的同时,也明白了这是一个长期的挑战。

作为回应,包括许多图书馆在内的文化机构正在努力建立可以确保将作品保存下来的数字化手段。数字存储网络和学术保存信托等机构正在努力建立联合的"黑色档案",它将保留额外的副本以防原件毁损或丢失。要做到这一点,既依赖于合理使用原则,在某些情况下也依赖于《版权法》中狭义

---

[1] David Gary, "Saving the Scream Queens", Atlantic, August 21, 2015, http://www.theatlantic.com/entertainment/archive/2015/08/saving-the-screamqueens/401141/, accessed March 15, 2016.

的保存条款,以缩小权利用尽原则曾达到的效果与当今数字图书馆和档案馆所处位置之间的差距。

4. 当版权人发起攻击时:与保存对立的知识产权

缺乏盈利能力并不是保护主义者面临的唯一问题。现代史上有不少限制或销毁图书馆藏书的事例,这通常是由政治团体或政府所为。[1] 虽然这些挑战大多来自政治力量,但版权人也试图审查对作品的访问。最著名的例子是,阿道夫·希特勒(Adolf Hitler)所著的《我的奋斗》,几十年来德国政府一直禁止这本书在德国出版。直到今天,因为版权最终到期,这本书75年来第一次被允许出版。[2] 在美国,我们也看到了类似的案例,其试图将版权法用于与其保护目标相反的目的。

然而,对于数字副本来说,图书馆并不享有所有权,所以版权人想要从书架上撤下一本书,他只需要简单地终止对图书馆的许可,即可下架该书。

最近的一个例子是一本畅销书《从天堂回来的男孩》(The Boy Who Came Back from Heaven),它讲述了六岁的亚历克斯·马拉基(Alex Malarkey)在一次车祸中受伤后去了天堂的故事。出版近五年后,马拉基承认这个故事是捏造的,这促使出版商"停止出版这本书和所有周边产品"。[3] 虽然有些人对这本书的撤回表示赞同,但其他人则将其视为正在进行的

---

[1] 参见"Banned Books That Shaped America", Banned Books Week, http://www.bannedbooksweek.org/censorship/bannedbooksthatshapedamerica, accessed August 6, 2015。

[2] 参见"Mein Kampf to Be Republished in Germany in Early 2016", Telegraph (UK), February 25, 2015, http://www.telegraph.co.uk/news/worldnews/europe/germany/11433843/MeinKampf-to-be-republished-in-Germany-in-early-2016.html, accessed August 6, 2015。

[3] Bill Chappell, "Boy Says He Didn't Go to Heaven; Publisher Says It Will Pull Book", The Two-Way, NPR, January 15, 2015, http://www.npr.org/sections/the-two-way/2015/01/15/377589757/boy-says he-didn-t-go-to-heaven-publisher-says-it-will-pull-book, accessed March 15, 2016.

关于美国宗教社区的文化和政治对话的一个重要导火索,也是流行的"天堂旅游"类型的一部分。[1] 由于权利的用尽,这本书的所有实体副本仍然可以被保存、被分析,在课堂分发,被作者及出版商评价。但是数字版本的命运就不那么明晰了,正如亚马逊(Amazon)在远程删除《1984》这一行为所证明的那样,当不想让它们再存在时,它们确实存在永久消失的风险。

5. 图书馆和读者隐私保护

在历史上,图书馆为希望保护自己隐私的读者提供了安全空间。[2] 这不仅因为强大的法律和道德准则让图书馆有权拒绝披露读者信息,而且还因为图书馆对馆内实物媒体享有所有权。一旦图书馆购买了作品,版权人就不再对其所出售的副本拥有任何法律权益,也不能追及其所在和跟踪其使用情况。相比之下,图书馆使用电子书必须获得许可,即使电子书在图书馆或读者手中,出版商也可以结合许可条款和技术控制来追踪它们的使用情况。这引发了一系列隐私问题,如果一些人讨论争议性或揭露性的话题,如医疗、性或不受欢迎的信仰体系等,这些措施或许会产生潜在寒蝉效应。[3]

---

[1] 参见 Ron Charles,"'Boy Who Came Back from Heaven' Actually Didn't; Books Recalled", Washington Post, January 16, 2016, https://www.washingtonpost.com/news/arts-andentertainment/wp/2015/01/15/boy-who-came-back-from-heaven-going-backto-publisher/, accessed March 15, 2016。

[2] 参见 Marc Blitz, "Constitutional Safeguards for Silent Experiments in Living: Libraries, the Right to Read, and a First Amendment Theory for an Unaccompanied Right to Receive Information", University of MissouriKansas City Law Review 74 (2006): pp.799-882。

[3] 关于跟踪读者使用的危险的详细论证,参见 Privacy Authors and Publishers' Objection to Proposed Settlement, Author's Guild v. Google, Inc., no. 1:05-CV-08136-DC (S.D.N.Y. Sept.8, 2009), ECF No. 281, https://www.eff.org/files/filenode/authorsguild_v_google/file_stamped_brf.pdf accessed April 10, 2016; Reader Privacy Act, 2011 Cal. Adv. Legis. Serv. 424 (LexisNexis), http://www.leginfo.ca.gov/pub/11-12/bill/sen/sb_0601-0650/sb_602_bill_20111002_chaptered.html, accessed August 6, 2015。

此外，如果一个系统中的多方主体都有权限访问电子书的分销链和相关读者数据并可以从中牟利，那读者的隐私问题将面临更严峻的威胁。当图书馆对一本书享有所有权时，它可以决定读者信息的保留方式及查阅权限。但是大多数电子书提供者要求读者与多个供应商共享数据，这些供应商包括数字版权管理供应商、电子阅读器应用程序制造商以及原始出版社。供应商可能会记录在他们服务器上发生的每一笔交易，包括已读书籍和备读书单。[1] 奥多比（Adobe）的软件甚至可以跟踪你读过的每一页，以及你在上面逗留的时间。一些新兴的图书馆标准要求电子书供应商提供强有力的隐私保护，但当一个图书馆不再直接拥有和控制图书，而必须通过谈判的方式来实现隐私保护时，这种保护力将被显著削弱。[2]

美国宪法赋予的隐私权保护我们的阅读记录免受政府监控和法院强制获取，这在一定程度上也依赖于我们对所使用媒体的财产权。美国宪法第四修正案保护"公民人身、住宅、文件及财产"。"文件"包括我们写的东西和我们读的东西。我们的"财产"包括我们所拥有的财物。第四修正案旨在缓和我们阅读和写作的权利与政府收集公民信息的权利之间的矛盾。[3] 显然，对于从图书馆借来的书，我们并不享有所有权。但通过州和联邦法规以及关键法院的裁决，图书馆可以代表

---

[1] 参见 Corynne McSherry, "Adobe Spyware Reveals (Again) the Price of DRM: Your Privacy and Security," Deeplinks (blog), Electronic Frontier Foundation, October 7, 2014, https://www.eff.org/deeplinks/2014/10/adobespyware-reveals-again-price-drm-your-privacy-and-security, accessed August 6, 2015。

[2] 参见 Consensus Framework to Support Patron Privacy in Digital Library and Information Systems, prepared by the National Information Standards Organization (Baltimore, 2015), http://www.niso.org/topics/tl/patron_privacy/, accessed April 10, 2016。

[3] 参见 Riley v. California, 134 S. Ct. 2473 (2014); United States v. Jones, 132 S. Ct. 945 (2012); Katz v. United States, 389 U.S. 347 (1967)。

我们拒绝政府提出的关于调取图书馆记录的不当要求。[1]但是,当这些信息作为与供应商和出版商的商业交易的一部分被存储时,它通常不再在图书馆的道德准则及相应法律规范的保护范围内。相反,它可能适用所谓的第三方原则,即一旦消费者自愿与商业实体分享信息,比如他们在什么地方读过什么书,他们就对这些信息中所含的隐私不再具有合理期待,第四修正案也无法再保护这些信息免受披露。[2]

然而,我们为什么要关心政府是否有权获取我们的阅读或观看记录呢?因为这类知识隐私对一个正常运作的民主国家来说至关重要。正如大法官威廉·道格拉斯(William O. Douglas)所说,"一旦政府可以要求出版商提供其出版物购买者的姓名……每个走进书摊的人都会害怕受到批评……此外质疑将会消失"[3]。在二十世纪五六十年代的反共政治迫害中,这种批评及其可能产生的反民主效应最为明显。在麦卡锡听证会上,许多被传唤作证的人被问及是否读过马克思和列宁[4],还被问及他们的配偶或同事的书架上是否有由斯大林和列宁所著或关于他们的书。[5] 国会甚至通过了一项法律,要求个人向美国邮政局提交书面请求,要求通过邮件接收"共产主义政治宣传",直到最高法院否决了这项法律,因为它"几乎肯定会对受第一修正案保护的言论自由和结社自由产生威慑"。法院特别指出,"公职人员,比如没有终生教职的教

---

[1] 参见 Tattered Cover, Inc. v. City of Thornton, 44 P. 3d 1044 (Colo. 2002) (en banc), http://caselaw.findlaw.com/co-supreme-court/1340412.html, accessed April 10, 2016。

[2] 参见 Smith v. Maryland, 442 U. S. 735 (1979); United States v. Miller, 425 U. S. 435 (1976)。

[3] United States v. Rumley, 345 U. S. 41, 57 (1953) (J. Douglas, concurring)。

[4] 参见 Exec. Sess. of the S. Perm. Subcomm. on Investigations of the Comm. on Gov't Operations, 83d Cong. 964 (1953) (testimony of Jerre G. Mangione)。

[5] Ibid. at 1697 (testimony of Mary Colombo Palmiero)。

师可能会认为,阅读联邦政府所说的包含叛国种子的书籍将招致灾难"[1]。

这种威胁并不是假想。政府机关获取阅读和观看内容列表的案例屡见不鲜。最著名的是对莫妮卡·莱温斯基(Monica Lewinsky)的调查,她是比尔·克林顿(Bill Clinton)总统的白宫实习生。在特别法律顾问(Special Counsel)的调查中,肯尼斯·斯塔尔(Kenneth Starr)向巴诺书店和位于华盛顿的独立书店克莱默书店(Kramer books)发出传票,要求查询莱温斯基在30个月内的购买清单。克莱默书店到法庭提出抗议,声称第一修正案赋予读者免受政府查阅其阅读清单的权利,以防止寒蝉效应。[2] 最终,莱温斯基的律师直接将一些信息交给了斯塔尔,书店则并未听从政府的要求。[3]

这种来自政治的威胁并不仅仅是模拟时代的产物(模拟时代指信息是从模拟信号传递的时代)。2007 年,联邦执法部门来到亚马逊,想要查询120 名顾客的阅读记录。亚马逊进行了反击,成功说服初审法院驳回传票。法院在裁定中写道:"如果亚马逊按照联邦调查局和美国国税局的要求向其提供客户名单以及购买记录,一旦这种信息在网上传播开来,这种

---

[1] 参见 Lamont v. Postmaster Gen., 381 U.S. 301, 307 (1965)。

[2] 参见 David Streitfeld, "Kramerbooks Vows to Stand Firm", Washington Post, May 29, 1998, http://www.washingtonpost.com/wpsrv/politics/special/clinton/stories/kramer052998.htm, accessed August 6, 2015. 另见 In re Grand Jury Subpoena to Kramerbooks & Afterwords, Inc., 26 Media L. Rep. (BNA) 1599, 1601 (D.D.C. 1998) (大陪审团传票要求一位顾客的图书购买记录的结果是,许多顾客已经通知 Kramerbooks 公司的人员,他们将不再在书店购物,因为他们相信 Kramerbooks 公司已经交出了文件……揭露了该名顾客所选购的图书)。

[3] "Bookstore Confidentiality Preserved in Lewinsky Case: A 'Chilling' Standoff Comes to an End", PR Newswire, June 23, 1998, http://www.prnewswire.com/news-releases/bookstore-confidentialitypreserved-in-lewinsky-case-a-chilling-standoff-comes-to-an-end78064387.html, accessed August 6, 2015; David Streitfeld, "Starr Will Get Bookstore Records", Washington Post, June 23, 1998, http://www.washingtonpost.com/wpsrv/politics/special/clinton/stories/starr062398.htm, accessed August 6, 2015.

对表达性电子商务的寒蝉效应将使整个美国的键盘都结上霜……无论有无根据,奥威尔联邦刑事调查亚马逊顾客阅读习惯的流言,可能会吓得无数潜在顾客立刻甚至永远取消网上购书的计划。"[1]

研究已经证实了这种寒蝉效应。一项调查发现,由于认为自己的上网习惯正受到了政府的追踪,8.4%的美国伊斯兰教徒改变了他们的互联网使用习惯。[2] 即使是备受争议的《美国爱国者法案》(USA PATRIOT Act)第215条,也就是国家安全局用来证成收集数百万美国电话记录的条款,最初被设想为"图书馆条款",即任何读者仅仅因某种程度上与恐怖主义调查有关时,美国政府就有权获取其图书馆记录。[3]

令人欣慰的是,商业书商和图书馆都在维护我们的阅读习惯这一隐私信息,即使在电子书时代,它们也可能会继续这样做。[4] 但如果它们没有呢? 我们有权阻止它们移交我们的信息吗? 往往信息链越长,我们对隐私所能主张的权利就

---

〔1〕 关于大陪审团对亚马逊公司的传票,246 F. R. D. 570, 573 (W. D. Wis. 2007)。

〔2〕 参见 Dawinder S. Sidhu, "The Chilling Effect of Government Surveillance Programs on the Use of the Internet by Muslim-Americans", University of Maryland Law Journal of Race, Religion, Gender and Class 7, no. 2 (2007): pp. 375-393, at 391, http://digitalcommons.law.umaryland.edu/cgi/viewcontent.cgi? article = 1134&context = rrgc, accessed September 3, 2015. 另见 ACLU v. Gonzales, 478 F. Supp. 2d 775, pp. 805-806 (E. D. Pa. 2007)。(发现"许多人希望私下匿名地浏览和访问资料,特别是当资料涉及露骨的性内容时","由于这种保持匿名的愿望,许多不愿意以非匿名方式访问信息的用户将被阻止访问所需的信息","原告等网站所有者将被剥夺向这些用户提供此类信息的能力");United States v. Curtin, 489 F. 3d 935, 959 (9th Cir. 2007) (Kleinfeld, J., concurring)(指出"在20世纪50年代,持有左派书籍的人有时会把它们的书脊对着墙放,因为害怕参观者会看到和报道它们")。

〔3〕 从2001年到2005年,执法部门联系了图书馆至少200次,寻求关于顾客的信息。Eric Lichtblau, "F. B. I., Using Patriot Act, Demands Library's Records", New York Times, August 26, 2005, http://www.nytimes.com/2005/08/26/politics/fbi-usingpatriot-act-demands-librarys-records.html, accessed September 3, 2015.

〔4〕 参见 City of Los Angeles v. Patel, 135 S. Ct. 2443 (2015), http://www.supremecourt.gov/opinions/14pdf/13-1175_2qe4.pdf, accessed September 3, 2015(发现酒店有权反对政府搜索其客人的信息)。

越少。你当地的图书馆或书店宣称自己是你购买记录的保管人,并会站在你的立场上为你的隐私而战是一回事;如果说图书浏览数据从设备传输到供应商再到出版商,在某种程度上是否还属于你,那就另当别论。因此,如果我们不能保护好知识隐私,云存储和电子书籍将改变我们的知识隐私观念。幸运的是,加利福尼亚州在这一方向迈出了强有力的一步,它通过了《读者隐私法案》(Reader Privacy Act),该法案要求所有电子书经销商和在线图书服务供应商尊重顾客隐私。接下来,或许其他州也会进行相应立法。

6. 图书馆与创新

1894 年,历史学家约翰·威利斯·克拉克(John Willis Clark)在剑桥大学做了一篇题为《中世纪和文艺复兴时期的图书馆》(Libraries in the Medieval and Renaissance Periods)的演讲,他说:"可以从两个非常不同的角度来定位图书馆:一是工作坊,一是博物馆。……机械的智慧……应该可以使得获取知识不那么烦琐,不那么乏味。当我们可以用蒸汽技术旅行时,我们也应该可以利用蒸汽技术进行阅读,并且借助各种现代发明开展学习研究。"[1]

在数字时代,人们如何"用蒸汽技术阅读"呢?从互联网档案馆的开放图书馆到美国数字公共图书馆,许多与图书馆相关的实体,都在探索这个问题。[2] 纽约公共图书馆甚至诞

---

[1] Steven R. Harris, "Mortgaging Our Future on Ownership, or, the Pleasures of Renting", Against the Grain 23, no. 4 (2011): 28, http://docs.lib.purdue.edu/cgi/viewcontent.cgi? article=5934&context=atg, accessed September 4, 2015.

[2] 有关这些努力的更多信息,请参见 Open Library's website, https://openlibrary.org/, accessed September 4, 2015, and the Digital Public Library of America's website, http://dp.la/, accessed September 4, 2015。

生了一个叫作 NYPL 实验室的极客团队。[1] 到目前为止，NYPL 实验室已经开发了很多有趣的项目，包括用城市档案中的照片来标注纽约市的谷歌地图，通过跟踪近一个世纪纽约餐馆电子菜单中的鱼价来帮助科学家分析气候变化。所有这些都是可实现的，因为它们拥有实体资料，因此，将资料数字化后进行分析是一个更简单的工程。但是，想一想那些图书馆获批使用却不享有所有权的资料，当这些资料属于其他人并位于他们无法访问的远程服务器上时，图书馆要怎么才能使公众更充分地阅读和使用这些资料呢？

想一下海西图书资料集团（HathiTrust），它是一个致力于建设数字图书馆的工作联盟。[2] 海西图书资料集团公司拥有超过 500 万本电子书籍，其中绝大部分是由谷歌以图书馆的名义扫描的。作者协会以侵犯版权而起诉海西图书资料集团，协会主张图书馆无权将它们拥有的纸质书籍借给谷歌进行扫描，也无权使用谷歌提供的电子副本。但是，法院最终认为，这些行为属于合理使用。海西图书资料集团把这些白纸黑字的书籍变成了巨大的数字档案馆和数据库，这是一种目的不同的工作，它让公众有更多机会获取知识。

如果这些书不是从图书馆的书架上借给谷歌，而是放在塞悦公司或其他出版商的服务器上，会发生什么呢？如果图书馆向谷歌移交数百万本电子书，出版商和供应商会说，虽然这种行为不侵犯版权，但是这违反了它们的许可协议条款。事实上，访问是以许可而不是所有权为条件，可能极大地改变了对合理使用的分析。法院判断是否适用合理使用规则的

---

[1] 更多信息参见 http://www.nypl.org/collections/labs , accessed September 4, 2015。

[2] 参见 HathiTrust, https://www.hathitrust.org/, accessed September 4, 2015。

一个因素是：是否影响作品在市场上正常使用。[1] 如果图书馆已经协商并同意许可条款，它们将会为此支付更多费用。在这种假设的情况下，图书馆忽视获取这些权利的这一事实，可能被某些法院认为是权衡合理使用之后作出的决定，这在我们看来是错误的。不管结果如何，实际上对书籍享有所有权使图书馆在一定程度上独立于出版商。一个没有实体书的图书馆，如果它们的行为惹恼了供应商和出版商，就会面临无法访问其全部电子藏书的风险，这让它们在争取合理使用和学术自由方面首先处于一个危险的境地。拥有图书纸质副本的安全性，为支持图书馆方被最终裁定为合法提供了力量。

7. 一个没有朋友的图书馆

无数的"图书馆之友（friends of the library）"团体遍布美国。他们以筹集资金为目的，帮助当地图书馆在他们的社区蓬勃发展。他们这样做的主要方式之一是主办图书捐赠活动，即提倡当地公民和机构捐赠旧书，不是要将这些旧书放到图书馆里，而是通过出售旧书为购置新书筹措资金。这是最古老的回馈方式之一，把你的旧书送人，这样图书馆就可以把它们变成新书。

但这种集资方式也依赖于图书馆对图书享有的所有权。如果购买电子书的顾客和顾客欲支持的图书馆对图书都没有所有权，那么该如何完成这种捐赠呢？

这不仅涉及图书馆，还涉及许多获取知识和文化遗产的其他方式，比如西塞罗项目（Project Cicero）[2]，它是一年一度的非营利图书运动，旨在为资源不足的纽约市公立学校创建

---

[1] 参见 17 U.S.C. § 107。
[2] 参见 Project Cicero, http://www.projectcicero.org/, accessed September 4, 2015。

和补充教室图书馆。自 2001 年以来，西塞罗计划已经向纽约市的 13000 多个教室捐助了 230 万册图书，惠及约 55 万名学生。它每年都会收到来自 100 多所独立、公立和教区学校捐赠的新旧图书。

但是，当父母、老师、学生和学校对他们使用和阅读的书籍不再享有所有权时，这类项目的未来会是什么样子呢？你的 Kindle 或者 iPhone 不让你捐书怎么办？或者你的电子书提供商的服务条款或电子书本身的许可协议禁止捐赠怎么办？或者根据版权法的规定，你向当地公共图书馆捐赠二手电子书的行为涉嫌侵权怎么办？

在许多方面，图书馆所面临的问题显然与消费者是一样的：复杂的许可条款、不合适的技术和过时的法律，这些问题干扰了他们几个世纪以来形成的使用方式。虽然有些人可能会怀疑我们的公民动机不明或意图可疑，但通过关注图书馆，一个享有当之无愧的声誉的负责任的参与者，我们更容易理解，数字媒体领域的用尽原则并不意味着为不法分子和侵权者提供避难所。相反，这是一种保护拥有书籍所带来的社会价值使用网络的方式。

第七章　数字版权管理（DRM）和设备内部的秘密战争

　　数字版权管理最初是软件行业针对未授权拷贝行为制定的一种技术策略。但其慢慢地从一种良性的认证形式转变为版权所有人监控和约束用户的"代码狱警"，使得用户的媒体设备被代码而非它们的主人操纵，极大地破坏了用户对财产的自主支配权和控制权。

　　历史上，为了将数字版权保护纳入法律体系，版权所有人推动了《家庭录音法》（AHRA）和《数字千年版权法》（DMCA）的出台，为其持续占领财产关系中的主动地位提供基础。然而，DMCA 的实施并未让版权所有人如愿以偿，这种着眼于短期利益的做法并未阻止数字版权保护终将被破解的命运，甚至侵犯了用户的隐私和安全，阻碍了技术探索与创新。版权所有人强烈的控制欲以技术手段实现，并通过立法得以加强，而消费者自主性、安全性和隐私的利益似乎被摆在法律天平倾斜重心的另一侧。

——译者注

在雷·布拉德伯里(Ray Bradbury)标志性的反乌托邦小说《华氏451度》(Fahrenheit 451)中,一场关于书籍存废的战争将在未来社会爆发。当权者试图销毁书籍,这既是因为它们会披露有争议的观点,也是因为当权者认为,在一个充斥着视频墙和移动媒体设备的社会里,书籍的效用是有限的。出于历史、政治和哲学的原因,那些反抗这些规则的人通过藏匿书籍来保存它们。布拉德伯里笔下"臭名昭著"的消防队员们会踢开房门,焚烧藏书的房屋,他们那无人机一样的机械猎犬能嗅出文学违禁品的存在,这一切都意在煽动我们的恐惧,让我们担心手中的某本书可能随时会以"公众幸福"的名义被瞬间夺走。布拉德伯里通过将这种绝对控制拟人化,清楚地表明了,在一个中央集权高于个人自治和文化遗产的社会中,个人财产或家庭隐私的概念是不可能存在的。

作为针对麦卡锡时代的评论,布拉德伯里的作品是对某种特定威胁的回应,这种威胁针对的是我们与思想观点,以及包含这些思想观点的文化产物之间的碰撞。尽管布拉德伯里所设想的那种特殊的控制方式并没有在当代美国文化中显现出来,但我们阅读、探索和分享观点的自由却面临着一种更微妙的威胁,这更加危险。这种威胁不会在深夜踢开你的门,因为它已经住进你家里。它已经嵌入到你购买的媒体中,并存储在你口袋里的设备上。它并不依靠武力或国家的强制力来执行它的规则,只依靠软件代码就可以完成这种看不见的操作。

数字版权管理是版权人、设备制造商、零售商和其他中介实施的一系列技术的委婉说法,这种技术旨在控制消费者如何、在哪里、何时以及是否可以使用他们的书籍、电影、音乐和其他内容。简而言之,数字版权管理是一个数字卫士,它能够无声地监控你的数字活动,并强制执行权利人所要求的任何限制或约束。哪怕是出于个人备份这种合法原因,数字版权管理也可以阻止你复制文件。它可以限制你只能在 iTunes 上购买苹果公司授权的产品,也可以禁止你使用 Kindle 的朗读功能来听书——即使你是盲人〔1〕;如果版权人反对,它可以禁止你用数字录像机录制你最喜欢的节目〔2〕;通过区域编码,数字版权管理可以阻止你在家里的电视上观看你在伦敦或东京度假时购买的 DVD,或者使用从国外购买的打印机墨水;它甚至可以防止你在看电影前跳过广告和预告片。

一旦突破这些规则的限制,数字版权管理就会发起"反击"。此时,你会发现你的媒体和设备转向服务于另一个主服务器。大多数时候,它们服从你的指示,但是当你的命令与版权人的命令发生冲突时,你的设备就会背叛你。也许它只是拒绝执行命令,或者它会礼貌地通知你,你已经超出了授权范围。数字版权管理甚至可能完全禁止你的访问或禁用你的设备,就像《华氏 451 度》中的消防员和他们的猎犬一样,只不过没那么强硬。我们对合法获得的产品所享有的使用权,在数字版权管理看来不过是附条件的、暂时性的权利。数字版权管理创造了一个我们无法控制所购产品的世界,我们对这些产品的占有与控制也取决于外部权威制定的规则。

以苹果公司 iTunes 的数字版权管理为例,基于我们即将讨论的原因,苹果公司不再销售受数字版权管理限制的音乐。但是电影、电视节目和应用程序,仍然受数字版权管理的约束。苹果公司在其使用规则中阐明了其数字版权管理的实质

---

〔1〕 参见 Kyle Wiens, e‐Book Legal Restrictions Are Screwing Over Blind People Wired, December 15, 2014, http://www.wired.com/2014/12/e‐books‐for‐the‐blind‐should‐be‐legal/, accessed September 5, 2015。

〔2〕 参见 Eric Bangeman, DirecTV DVR Clampdown: A Sober Reminder of DRM Suckitude, Ar Technica (blog), March 20, 2008, http://arstechnica.com/uncategorized/2008/03/directv‐dvr‐clampdown‐a‐sober‐reminder‐of‐drm‐suckitude/, accessed September 5, 2015。

性限制,即苹果公司"保留随时修改……的权利"。你的行为将"由苹果公司出于合规目的进行监控",苹果公司可以"不经通知强制执行其管理规则"。以下是摘自该规则的部分内容:

· 您就 iTunes 产品获得的授权仅限于个人、非商业用途。

· 您有权在五个 iTunes 授权的设备上使用 iTunes 产品。

· 您有权刻录音频播放列表,但以七次为限。

· 您无权刻录 iTunes 的视频产品或调整 iTunes 产品。

与数字版权管理系统施加的特定限制相比,它们所代表的潜在动态才更加重要。这些限制不是法律规定的,《版权法》(Copyright Act)中甚至没有任何内容暗示创建七个音频播放列表是合法的,而第八个就越过了侵权的红线。这些规则并不是立法程序或司法裁判的结果,他们把零售商和出版商之间达成的协议强加给了公众。与法律不同,数字版权管理允许自动执行,法院和正当程序已经被代码和许可条款所取代。法律可以进行解释,可以容忍灰色地带,换句话说,它可以存在例外,但是数字版权管理不能。它把对消费者行为的限制硬塞进我们的设备,从而在源头上剥夺了这些设备的功能。

虽然没有"喷火器"和"战斗机器狗"那样富有戏剧性,但通过数字版权管理实施这种单边的限制权,确实引发了许多布拉德伯里所担心的社会控制类型,阅读、收听、观看变成附条件的行为,而且还会被监控。该系统极大地将权利和自主权从个人转移到零售商和权利人身上,且允许未经正当程序的强制执行。

想象一下,如果一个实体图书出版商试图推出类似的规则:你可以在晚上阅读,但不能在白天阅读;你可以在沙滩上看书,但不能在地铁上;你只能把这本书借给朋友一次[1];你不能跳过前言。[2] 一定没有人会觉得必须遵从这些要求,法院也不会因此判定你侵权,并且这样的合同也是很难被实际执行的。出版商无法查实我们是否违规,也没有办法强迫我们遵守。但是由于数字作品依赖于软件和网络连接,版权人可以通过技术手段,将他们的想法强加给我们,尤其是当这种权利通过法律得到加强时,会造成不小的伤害。[3]

1. 聪明的奶牛和愚蠢的代码

在计算机软件零售行业的早期,人们就开始运用技术手段来防止拷贝。当时,用户一起使用大型主机来编写自己的代码。后来,硬件制造商将软件视为推动计算机销售的工具。但是,一旦软件被视为一种可独立销售的产品,一些软件制造商就会急切希望通过技术手段简化软盘拷贝流程。那个年代的人,除了在朋友和同事之间会随意共享软件之外,也开始在旧货交易会和跳蚤市场出售软件——包括合法副本和盗版软件。这种未经授权的分享产生了一些意料之外的后果:一些公司为未来产品建立了忠实的用户群,继而取得了商业成功。

---

[1] 参见 Lending for Kindle, Kindle Direct Publishing, https://kdp.amazon.com/help? topicId=A2P1X97KAW8GZE, accessed September 5, 2015。

[2] 参见 Cory Poctorow, Information Doesn't Want to Be Free: Laws for the Internet Age, San Francisco: McSweeney's, 2014, under sec. 1.1, Anti-Circumvention Explained : Ever tried to fast-forward through the anti-piracy warning at the start of a DVD and gotten an action not allowed message? That's a digital lock. Ibid. With digital locks, you can sell them only the right to look at the book after 6 p.m., while physically located in North America and not in a commercial establishment. If they want the "read on the subway" rights, those can be sold separately。

[3] 参见 Laura Northrup, Here's Why Digital Rights Management Is Stupid and Anti-Consumer, Consumerist (blog), November 26, 2012, http://consumerist.com/2012/11/26/heres-why-digital-rights-management-is-stupid-and-anti-consumer/, accessed September 5, 2015。

这种分享还鼓励创新，一款早期的电子游戏《太空战争!》(Spacewar!)，其部分改进和完善就是在未经授权的拷贝过程中完成的。就连比尔·盖茨(Bill Gates)在微软任职期间也对拷贝的态度发生了重大转变，并学会了在未经授权的软件上编程。

但可以理解的是，大多数软件公司都希望减少未经授权的拷贝行为以提高销量。一些人试图设置减速带——一种相对较小的障碍，它可以降低拷贝速度，并将有备份和共享需求的合法购买者与流氓复制者区分开。语言和逻辑上都很笨拙的加密狗（一种必须在软件运行之前插入计算机输入/输出端口的硬件设备）是早期数字版权管理技术之一。除此之外，数字版权管理也与软件程序说明书联系在一起，例如，在启动一个程序时，程序会向用户提出一个问题，比如"用户手册第14页的第一个单词是什么"？当然，作为回应，用户之间开始交换信息从而规避这些系统设置的问题，这些系统很快就不再是困扰，但这个模式会随着每一个数字版权管理系统的诞生而不断重复。

20世纪90年代，由于存储容量的迅速增加和磁盘速度的大幅提高，复制和存储大量软件变得更加容易，这种小型军备竞赛开始白热化。再加上在新兴的互联网上传输数据越发简便，以及像Napster在线音乐服务这样旨在实现全球社区文件共享的对等网络被引入，人们对数字版权管理的需求急剧增加。很快，除了软件制造商之外，好莱坞和音乐行业在内的版权人，如今也投入了越来越多的资源，希望找到一种技术手段来解决未经授权的拷贝问题。

但这种所谓良策的支持者未能理解的是，起码在最初阶段，每个数字版权管理系统都容易受到攻击。从理论上讲，每个用于模糊或加密信息的系统都是如此，但就数字版权管理的本质而言，它格外脆弱。通常情况下，如果你买了一把锁来保护你房子里的贵重物品，你就从外部给予了保护。你把钥匙放在口袋里，只和家人或朋友等内部人士分享，哪怕有外人想破门而入，只要锁做得好，并且他们没有拿到钥匙，大多数人都会被拦在门外。然而，对于数字版权管理来说，威胁不是来自外部，反而是来自内部的版权人会带走其价值。

若完全将消费者拒之门外，数字版权管理系统将会没有任何价值。例如，如果苹果公司的数字版权管理在付费后拒绝让你观看电影，那么即使是最狂热的果粉，也会通过其他途径获取数字电影。为了让客户可以观看电影，苹果公司必须在某个时间分享这个数字锁的密钥。由于我们大多数人都不是特别精通技术，因此数字版权管理制造商通常会分享密钥，但它们将其隐藏在我们不太可能找到的地方。密码学可以很有效地防止外部人员的攻击，避免信息被拦截。如果用密码学来规制信息接收者滥用信息的行为，那这必然会失败。如果有足够多的时间和用户，数字版权管理系统的解锁是必然发生的，且通常不值一提，因为从系统内部撬锁的方法实在太多了。

只要一个熟练的用户解锁了一个数字版权管理系统，用不了多久，普通用户只需要按一下按钮，或者简单地从网上下载一个无障碍副本，即可移除数字版权管理。这个不可避免的挑战，就是科技领域的先驱律师迈克·戈德温（Mike Godwin）曾经所说的"聪明的奶牛"问题。[1] 想象一下，世界上的每一头奶牛都被一把最先进的锁关在一个大谷仓里，不管锁有多好，最终总会有一头牛会想出逃跑的办法。一旦那头牛出去了，其他的牛——无论多么不擅长开锁——也都能

---

[1] 参见 Smart Cow Problem, Wikipedia, last modified June 3, 2014, https://en.wikipedia.org/wiki/Smart_cow_problem, accessed September 5, 2015。

出去。这是数字版权管理方法的第二个重大缺陷,即想要打败数字版权管理,只需要一个积极性高且技艺精湛的人。

作为回应,数字版权管理制造商对发行和播放链的更多环节进行了更严格的控制,意图在每一个环节削弱消费者对其设备和软件的所有权。在这个过程中,数字版权管理已经从一种基本上良性的身份认证方式转变为一种体现在技术上的理念,它将所有用户(包括客户)视为威胁的载体,监控他们的行为,并强行限制他们使用所购产品。合法、普通的消费者行为——看电影、听音乐、阅读电子书或制作备份——都要受到代码的约束。对许多人来说,当数字版权管理给他们带来沮丧和不便,而同一作品的无保护版本随处可见时,为作品付费看起来并不具有性价比。当数字版权管理将付费客户视为罪犯,剥夺他们自由使用过认为合适的设备的权利时,实际上就在鼓励他们侵权。

2. 为你的客厅而战

人们从可以真正拥有并控制他们的设备,到缺乏忠诚的技术监管,这种转变,可以通过录像机和影碟机这两种相似技术之间的对比来阐明。录像机于20世纪70年代末进入美国市场,其赋予了人们自主权。借助这种设备,人们可以在一定程度上掌控自己的电视观看体验,它使得人们不再受制于广播时间表的轻微"暴政",观众可以录制节目,并可以在自己选择的时间按照自己喜欢的方式观看。这在今天听起来理所当然,但在当时确实是闻所未闻的。

面对这样的前景,版权人被一种歇斯底里的情绪所笼罩,这种情绪回想起来几乎是可笑的,但在当时却是切肤之痛。美国电影协会主席杰克·瓦伦蒂(Jack Valenti)板着脸在国会作证说,"录像机之于美国电影制片人和美国公众,就像波士顿杀人王之于独自在家的女人"[1]。由于无法说服国会禁用录像机,由环球影业和迪士尼公司领导的数个电影工作室于1984年起诉了设备制造商索尼公司。

环球影业指责索尼制造了一种剽窃机器,允许观众非法复制广播电视节目。虽然录像机肯定会被一些人用来制作侵权的节目和电影,但它也通常被用于合法目的,如改变观看时间——录制节目供以后观看。像美国公共广播公司的中流砥柱弗雷德·罗杰斯(Fred Rogers)这类制作人,并不反对观众录音,部分原因则是这样增强了对消费者的控制。罗杰斯明白,一旦一个顾客买了录像机,买家就拥有了新的权利。好莱坞并不能对他们如何处理自己的个人财产指手画脚。并且一旦录像机上市,索尼也并不例外,它也无法跟踪人们如何使用该设备,既不知道他们的选择,也没有办法限制他们的行为。因此,制片厂敦促美国最高法院对录像机的设计和使用施以法律控制,但是法院基于以下两个相关原因拒绝了。

第一,最高法院裁定,由于录像机可被用于合法目的和非法目的,索尼无须对其设计和销售负责。如果像录像机这样的通用设备的设计由内容所有者来控制的话,它们的功能将仅限于支持好莱坞商业计划,而牺牲掉索尼继续生产有吸引力的新设备以及公众控制自身观看体验的利益。第二,最高法院裁定录像机实际上具有实质性的非侵权用途,其发现许多录像机所有者都将它们用于改变观看时间,法官认为这是对广播电视节目的合理使用。根据法院的裁决,"不应仅仅因为某些人使用该设备进行未经授权的复制,而禁止提供此类

---

[1] Home Recording of Copyrighted Works: Hearings on H. R. 4783, H. R. 4794, H. R. 4808, H. R. 5250, H. R. 5488, and H. R. 5705 Before the Subcomm. on Courts, Civil Liberties, and the Admin. of Justice of the H. Comm. on the Judiciary, 97th Cong. (1982)(美国电影协会主席杰克·瓦伦蒂的证词), http://cryptome.org/hrcw-hear.htm, accessed September 5, 2015。

具有复制功能的设备"。

索尼案的裁决虽然使设备制造商最直接受益,但也更巧妙地维护了消费者的个人财产利益。即使通用技术可能被用来侵权,也要保护消费者获得该技术的权利。它重申,尽管版权人反对,我们仍可以合法地使用我们的设备,它保护我们的住所免受监视和监督,这是监控个人财产使用的必要手段。

但是法院对索尼案的判决在好莱坞引起了轩然大波。对于出售作品难免会丧失作品控制权这一事实,唱片公司和出版商已习以为常,但电影业拒绝放松对作品的管控。传统上,制片厂能够监管公众对其作品的消费情况,因为观众是通过公开展映来获取作品的,而不是依靠私人录音或出售副本。所以,这些作品要么在电影院放映,要么在电视上播放,它们的使用情况可以相应地被跟踪。甚至连放映电影的影院也不会拥有副本,它们通常是制片厂的财产,影院必须归还,而一个人却可以通过录制广播的方式获取《好的,坏的和丑陋的》(The Good, the Bad and the Ugly)的副本,这呈现出了版权人和消费者之间动态权利的戏剧性转变。

好莱坞在录像机推出后依然抵制家庭视频市场,一些影片被禁止发行,或者被定价过高。在某种程度上,部分是因为好莱坞对家庭视频市场有自己的规划,其中并不包括视频的录制。环球影业和迪士尼赞助了一项竞争技术——激光录像磁盘,该技术允许观众在家中观看大型光盘上的电影,这是激光光盘和DVD技术的前身。但与录像机不同的是,激光录像磁盘不支持无线节目录制或私人复制,该技术的设计本身排除了这些合法行为。结果就是,它并没有占据市场,相反,好莱坞眼睁睁地看着录像机成了主导技术。

但是好莱坞吸取了教训。当家庭视频这一当时电影行业的主要收入来源向数字格式过渡的时候,制片厂大力支持

DVD，部分原因是它实现了对复制行为的控制，而家用录像磁带从来没有做到过。当 DVD 在 1996 年推出时，几乎每个商业发布都伴有一个新的数字版权管理系统，即内容扰乱系统（CSS）。内容扰乱系统可以通过对 DVD 的内容加密，版权人可以更全面地控制观众对其所购电影的行为，播放电影需要一个密钥，而这些密钥只对授权设备有效。设备制造商想要制造 DVD 播放器，必须获得 DVD 拷贝控制协会的许可，该协会是一个由主流电影工作室、数字版权管理供应商和好莱坞友好型 DVD 制造商组成的组织。设备制造商意图增加一些功能，比如制作 DVD 备份副本、录制电视节目、保存小片段供教育使用，甚至跳过预览或广告，但好莱坞认为这些功能具有威胁性，不出所料地未予批准。[1] DVD，就像它们的继承者蓝光技术一样，甚至通过区域编码的方式，限制合法购买及进口光盘的回放功能。

通过对 DVD 格式设计的严格控制，电影制片厂实现了最高法院在索尼案中所否认的目标。如果杰克·瓦伦蒂将录像机类比为波士顿杀人王也无关紧要的话，那么我们就能充分相信 DVD 播放器和特洛伊木马之间也有相似之处了。观众被高质量数字家庭影院这一前景吸引，而接受了这项新技术。但在好莱坞的眼中，DVD 会进入我们的客厅，将我们的家庭娱乐系统变为秘密资产，通过控制我们使用设备的方式，制片厂可以规范我们的私人活动，包括任何版权利益保护范围外的活动。

3. 数字版权管理走进华盛顿

有一段时间，正如好莱坞所希望的那样，这一策略奏效

---

〔1〕 参见 DVD Copy Control Ass'n, Inc. v. Kaleidescape, Inc., 97 Cal. Rptr. 3d 856 (Cal. Ct. App. 6th Dist. 2009)。

了。但是像所有的数字版权管理系统一样,内容扰乱系统的设计中包含了一个致命的密码问题。找到有授权DVD播放器的密钥以及解锁无授权的播放器只是时间问题。在1999年,内容扰乱系统被破解,我们稍后将回到这个故事,但首先应该讨论的是好莱坞为应对这一不可避免的结果而采取的措施。热衷于采用数字版权管理的版权人明白,仅靠代码永远不足以维持对消费者行为的控制,他们需要诉诸法律。但早期的案件让版权人对法院失去了信心,他们不相信法院会支持数字版权管理试图实施的非法律规则。

从索尼(Sony)案判决到DVD问世这段时间内,发生的两个案例说明了这一问题。作为一个早期的数字版权管理先驱,软件公司Vault出售了一个名为Prolok的程序,该程序旨在阻止未经授权的软件复制。为此,Prolok在磁盘上存储了一个数字指纹,如果指纹丢失,它会拦截计算机对磁盘内容的访问。Quaid公司从Prolok公司身上看到了机遇,它创建了一个名为Ramkey的程序和自己的存储磁盘,这个程序模拟了Prolok指纹,有效地破坏了Vault的数字版权管理。Quaid公司将Ramkey作为备份工具出售,而Prolok则是禁止其合法买家进行备份。Vault公司因此起诉Quaid公司,认为Quaid公司破坏其版权保护系统的行为违反了版权法。

第五巡回上诉法院,像索尼案中的最高法院一样,通过观察Ramkey用户的行为来裁决此案。其中,尽管有些人从事侵权发行,但仍有相当一部分人只是用它来合法地备份自己的软件。因为根据权利用尽原则,特别是《版权法》第117条,备份自己拥有的软件是合法的,法院认为,Quaid公司不需要为那些出于不道德目的使用软件的行为负责,破坏、禁用或避免数字版权管理的行为本身并不违法。

几年后,第九巡回法庭在Genesis电子游戏机开发商世嘉

(Sega)提起的案件中强调了这一点。世嘉为 Genesis 系统制作游戏,也授权第三方开发商开发兼容游戏。第三方开发商 Accolade 公司不同意世嘉的许可条款,该条款要求世嘉而非 Accolade 公司负责生产游戏卡带。于是,Accolade 公司决定在未获世嘉授权的情况下创建 Genesis 游戏,它购买了一个 Genesis 游戏机和三个世嘉游戏卡带,从而知道了游戏卡带与游戏机通信的接口规格。在此过程中,Accolade 公司发现了世嘉的数字版权管理措施,即商标安全系统(TMSS)。说实话,即使按照该领域的低标准,商标安全系统也没有很好地实现数字版权管理,它只由一个大约 20 字节的初始化代码和后缀 S-E-G-A 组成。游戏机在游戏卡带中搜索指定位置的初始化代码,如果能找到该代码,游戏就会加载。[1] 如果没能找到代码,游戏玩家则会看到一个空白屏幕。Accolade 公司将这个锁定代码复制到自己的游戏卡带上,使其与 Genesis 硬件兼容。

世嘉起诉称,Accolade 公司实施针对 Genesis 游戏机接口的逆向工程,并且执行商标安全系统,在这个过程中复制了游戏代码,这一行为侵犯了世嘉的版权。但法院并不认同世嘉的观点。尽管 Accolade 公司完全复制了世嘉的软件代码,但它是为了弄清楚游戏机是如何与游戏卡带兼容,才出此下策。法院认为,接口信息和商标安全系统的锁定代码超出了版权保护的范围,因为它们服务于纯粹的功能目的。就像在 Vault 诉 Quaid 公司一案(Vault v. Quaid)中一样,版权人试图利用版权法阻止消费者和竞争对手破解他们的数字版权管理系统,但均未得逞。

为了应对这些损失,版权人向国会提起诉讼。面对无处

---

[1] 世嘉还声称,Accolade 侵犯了其商标,因为商标安全系统代码促使 Genesis 游戏机屏幕上显示世嘉标志。法院也驳回了这一请求。

不在的个人计算、新兴数字媒体格式以及互联网的普及,他们认为有必要进行一些立法干预,将数字版权管理战略纳入其中。经过长达十年的努力,他们最终促成了两部法律的通过——《家庭录音法》(AHRA)和《数字千年版权法》(DMCA)。前者狭隘地关注单一技术,很多法律评论者将其视为技术法律监管历史上的一个脚注——或者说是一个笑话。后者由更宏大的抱负驱动,且产生了深远的影响,尽管其与该法案的提议者所预期的理由并不相同。

《家庭录音法》(AHRA)推出了数字音频磁带(DAT),它号称是继光盘推出后的下一个热门的音乐录制格式。因为数字音频磁带允许数字复制,版权人担心这会引发大规模的侵权行为。因此,他们说服国会,要求所有的数字音频磁带播放器都包含数字版权管理[1],作为交换,他们将授予数字音频磁带播放器制造商豁免权,制造商无须承担版权侵权损害赔偿责任。该法令规定,除了包含连续复制管理系统(SCMS)或其等效措施之外,任何生产、销售或进口数字音频磁带播放器的行为都是违法的。连续复制管理系统本身是一个简单的系统,它会在数字音频磁带中编码来决定是否可以制作额外的副本。例如,唱片公司可以完全禁止拷贝、允许复制单一副本,或者允许无限制地拷贝。尽管国会对数字音频磁带的设计进行了深度监督,但也许正是因为这样,这种模式在美国还是失败了。

六年后,国会再次讨论了数字版权管理的问题。到20世纪90年代末,互联网作为数字市场的潜力已经初见端倪,但大家尚未意识到这种趋势。以数字形式发行音乐或者其他内容,在技术上是可行的。但由于担心他们的作品会被大范围无限制地拷贝,版权人不愿意尝试数字市场,这一点是可以理

---

[1] 该法规还要求版权所有者为数字音频磁带的销售收取版税。

解的。他们认为,只有法律对数字版权管理系统提供充分的保护,才能让他们有足够的信心去探索在线市场。作为回应,1998年,国会通过了《数字千年版权法》。

该法案有两个主要的组成部分。该法案的第一部分,为搜索引擎和网络服务提供商等互联网中介机构创建了免于承担版权侵权责任的避风港。第二部分则旨在支持数字版权管理。第1201节规定,规避,即绕过、禁用或移除,任何限制访问受版权保护材料的技术措施,都是非法的。本质上来说,它将破坏数字版权管理的行为(即使是并未直接侵犯著作权的行为)界定为非法行为。回到迈克·戈德温的奶牛的故事,这是为了对付那头聪明的奶牛而设立的规则,但是数字版权管理也有一个对付笨牛的策略。第1201节规定,制造或销售用于规避技术措施的工具或技术是非法的。因此,即便在美国法律体系管辖范围之外,有一个进取的青少年破解了新的数字版权管理系统,与其共享该破解程序的人也会受到牵连。对于逆向工程和加密研究等活动,这些反规避条款会有一些有限且基本上无效的豁免,版权局甚至每三年都要通过特定程序调整这些规则的临时豁免情形。这些豁免程序增加了消费者的负担,他们需要证明他们对所拥有的设备和内容的使用是合法的。这些豁免仅针对《数字千年版权法》规定的潜在责任,对传统版权侵权损害赔偿责任则不提供保护。即使《数字千年版权法》授予了消费者豁免权,但这都是因为反规避措施对消费者权利产生了现实的损害,这恰恰凸显出第1201节越俎代庖之荒谬性。自《数字千年版权法》实施以来,反规避规则不断通过法律手段增强对数字版权的保护,同时也在持续削弱消费者与其资产之间的财产支配关系。

4. 数字版权管理重返法庭

在国会中取得新的胜利后,版权人就开始起诉那些生产或制造破解数字版权保护的工具的公司。这些案件记录表明,《数字千年版权法》给了版权人寻求的东西。

此类纠纷的第一起案件是流媒体内容的早期提供商 RealNetworks 起诉了一家名为 Streambox 的公司。瑞尔视(RealNetworks)开发了以流媒体的方式传播音视频文件的技术。它依靠服务器和播放器之间的数字"秘密握手(Secret Handshake)"来确保第三方应用程序不能传输 RealMedia 文件。如果没有秘密握手,应用程序将被拒绝访问。Streambox 开发了"录像机",这是一个模仿秘密握手的应用程序,可以与 RealNetworks 的服务器实现交互,以实现最高法院在索尼案件中认可的"时间转换(Time-Shifting)"同类型的操作。然而,当 RealNetworks 提起诉讼时,法院认定录像机软件规避了 RealNetworks 的数字版权管理,因为《数字千年版权法》第 1201 节将权利天平倾向了版权人的一方。

在这次胜利之后,版权人将目光投向了一个更宏大的目标。1999 年,一个名叫乔恩·约翰森(Jon Johansen)的挪威少年解决了内容扰乱系统的难题,即 DVD 上的数字版权管理。然后,他写了一个名为 DeCSS 的简单程序,可以解密任何 DVD 的内容。约翰森的目标是为 Linux 操作系统的用户启用 DVD 播放功能。虽然 Windows 和 Mac 用户有许多获得授权的 DVD 播放器软件,但市场上没有一个与 Linux 兼容的程序,这意味着那些 Linux 用户不能在台式机或笔记本电脑上观看他们合法购买的 DVD。

随后,DeCSS 程序在互联网上被公开,这引起了埃里克·科里(Eric Corley)的注意,他是《2600:黑客季刊》(2600: The Hacker Quarterly)的记者和出版商。多年来,2600 一直是广义上黑客社区的新闻媒体和论坛。科里写了一篇关于 DeCSS 程序的故事,他将这篇故事和 DeCSS 代码以及托管代码的站点链接一并发布到他自己的网站上。正如他后来在法庭上重申的那样,科里将代码添加到故事中,是因为"在新闻界,……你必须出示你的证据"[1]。

八家电影制片厂很快对科里等人提起诉讼,声称他们通过发布 DeCSS 非法交易技术规避了数字版权管理,这违反了第 1201 节的规定。被告指出,DeCSS 程序使大量非侵权用途成为可能,其中包括了在索尼案中至关重要的时间转换,以及在 Vault 案中的合法备份。更直观地说,他们认为 DVD 所有权人有权在自己的硬件上播放他们的光盘,就像我们使用其他私人物品一样。但法院认为,这些用途的合法性与是否需要承担反规避责任无关,这项指控的成立并不取决于是否侵权,更不用提实质性非侵权用途的问题了。制片厂在国会取得了成功,而它们之前在法庭上失败了。不管原因是什么,任何违反数字版权管理的行为都是非法的,个人财产权必须让位于版权人的专有权利。DeCSS 被禁止使用,其他法院很快也纷纷效仿。[2]

5. 至多不过是一次失败

鉴于这些早期取得了决定性的法律胜利,版权人认为《数字千年版权法》取得了巨大成功,这一想法可以理解。但是事实很快证明,2001 年进行的所有庆功宴都为时过早。从版权人的角度来看,宽容了说,《数字千年版权法》的反规避条款可以称作是大杂烩。但从公众的角度来看,《数字千年版权法》就是一场彻头彻尾的灾难。它侵犯了他们的隐私和安全,阻碍了创新且鼓励闭关自守,让公众前所未有地失去对自己设

---

[1] Universal City Studios v. Corley, 273 F. 3d 429, 439 (2d Cir. 2001).
[2] 另一个支持消费者权利的 1201 条款案例中,它同样被置若罔闻,321 Studios v. MGM Studios, Inc., 307 F. Supp. 2d 1085 (N.D. Cal. 2004)。

备的控制权。

《数字千年版权法》尚未实现其既定目标。自颁布以来,几乎所有主要的商业数字版权管理系统都被破解了,并且速度越来越快。[1] 从引进 DVD 到约翰森破解 CSS 只花了三年时间——考虑到 CSS 发布时他只有 12 岁,这也还不错。到 2003 年苹果公司推出 iTunes FairPlay 的数字版权管理系统时,约翰森已经有了更多的编码经验,他在几个月内破解了苹果公司的数字版权管理;几年后,蓝光光盘上使用的"牢不可破"的 BD+DRM 技术,在一个月内就被破解了;普林斯顿大学研究员埃德·费尔顿(Ed Felten)带领的团队在短短几周内就击败了音乐行业的音乐著作权保护协会;游戏制造商育碧(Ubisoft)的数字版权管理甚至没能活过一天。[2] 似乎有太多聪明的奶牛了。《数字千年版权法》也未能有效地限制其他人使用规避工具,任何拥有智能手机和几分钟空闲时间的中学生都可以找到它们。因此,无论是否受限于数字版权管理,作品都可以通过网络共享,其侵权副本也会从其他渠道被获取。[3]

《数字千年版权法》的另一种主张,即有必要说服版权人冒险开发数字发行市场,被证明是错误的。这在 20 世纪 90 年代末可能是对的,但现在肯定不再是了。事实上,数字版权管理为版权人带来了帮助,但也带来了同等的伤害。市场奖励那些放弃数字版权管理的出版商,同时惩罚那些坚持使用数

---

〔1〕 参见 http://kotaku.com/the-anti-piracy-tech-thats-tearing-video-game-hackers-a-1759518600, accessed April 10, 2016。

〔2〕 参见 Mike Mansick, Ubisoft's Annoying New DRM Cracked within Hours of Release, Techdirt, March 4, 2010, https://www.techdirt.com/articles/20100304/1302148421.shtml, accessed September 5, 2015。

〔3〕 参见 Tim Anderson, How Apple Is Changing DRM, Guardian (UK), May 15, 2008, http://www.theguardian.com/technology/2008/may/15/drm.apple, accessed September 5, 2015。

字版权管理的出版商。[1] 数字版权管理在数字音乐下载市场的兴衰是有指导意义的。当苹果公司推出 iTunes 音乐商店时,这是第一家以获得各大唱片公司授权为特色内容的数字音乐下载商店,每首歌都被嵌入 FairPlay 的数字版权管理系统。史蒂夫·乔布斯(Steve Jobs)说,唱片公司坚持使用数字版权管理,而苹果公司予以配合,为其提供播放软件。正如他在自己广泛流传的公开信《关于音乐的思考》(Thoughts on Music)中写的那样:"当苹果公司接触这些唱片公司,探讨它们的音乐在网上合法发行的许可问题时,它们非常谨慎,要求苹果公司保护他们的音乐不被非法复制。解决方案是创建一个数字版权管理系统,它将把从 iTunes 商店购买的每首歌曲封装在特殊和秘密的软件中,这样这些音乐就不能在未经授权的设备上播放。"[2] 如果是这样的话,一旦唱片公司发现苹果公司因此获得的利益远超版权人,它们就会后悔自己的坚持。

通过首次提供无缝的用户体验和设计华丽的设备,苹果公司很快成为世界顶级的音乐零售商。一旦它确立了主导地位,唱片公司就第一次感受到数字版权管理的危险。受到苹果公司的 Fairplay 保护的歌曲,乐迷们为之花费了数千万美元,但是无法在其他有竞争关系的设备上播放。还记得从苹果音乐播放器(iPod)转换到 Zune 播放器的成本吗?大多数人是无法承受的,这损害了设备制造商和音乐商店之间的竞争。可见,数字版权管理加强了苹果公司的主导地位,但削弱了唱

---

[1] 参见 Timothy Geigner, The Full Counter-Argument to Game Studios Claiming a Need for DRM: The Witcher 3, Techdirt, August 31, 2015, https://www.techdirt.com/articles/20150827/05171032075/full-counter-argument-to-game-studios-claiming-need-drm-witcher-3.shtml, accessed November 20, 2015。

[2] Steve Jobs, "Thoughts on Music", Apple Inc., February 6, 2007, https://web.archive.org/web/20070207234839/http://www.apple.com/hotnews/accessed September 5, 2015.

片公司在价格、促销和其他方面的谈判筹码。

苹果公司致力于保持对零售下载市场的严格管控。曾经的数字版权管理斗士 RealNetworks 创建了一个名为 Harmony 的软件工具（用以破解苹果公司的 Fairplay DRM），允许其他竞争对手的客户复制 FairPlay 的数字版权管理,通过这样,在 RealNetworks 购买的曲目即可被加载到苹果音乐播放器（iPod）上,苹果公司称它们为黑客并威胁要依据《数字千年版权法》提起诉讼。近十年后,一位苹果公司的核心工程师甚至作证说,公司的数字版权管理系统是反竞争战略的一部分。[1]

到这个时候,唱片公司发现,摆脱这种混乱的唯一办法是从数字版权管理的链条中解放出来。正如科里·多克托罗（Cory Doctorow）在他的书《信息不想自由》（Information Doesn't Want to Be Free）中解释的那样：

> 唱片公司意识到它们又被困在了另一家蟑螂旅馆：它们的顾客已经为这些被苹果锁定的音乐支付了数百万美元,如果唱片公司离开 iTunes 商店,听众将很难追随它们。……但亚马逊为这些唱片公司提供了一个横向方案：放弃适用数字版权管理的软件,将音乐作为"不受保护"的 MP3（也可在苹果音乐播放器上播放）出售,你就可以开始让你的客户脱离 iTunes 存储——或至少削弱它对你的业务的控制。亚马逊表示,你可以自己设定价格,我们可以帮助你开展推销活动,我们可以一起为市场引入竞争。音乐行业采纳了亚马逊的建议,不久之后 iTunes

---

[1] 参见 Jeff Elder, "Former iTunes Engineer Tells Court He Worked to Block Competitors", Digits (blog), Wall Street Journal, December 12, 2014, http://blogs.wsj.com/digits/2014/12/12/former-itunes-engineer-tells-court-he-worked-to-block-competitors/, accessed September 5, 2015. 事实上,这本书的作者之一是苹果公司反垄断案原告的付费顾问。

音乐和视频播放器便放弃了数字版权管理。[1]

6. 最坏不过是一场灾难

尽管数字版权管理最终对音乐行业来说很糟糕,但对公众来说更糟糕。例如,唱片公司最终被说服放弃对数字版权人的锁定,消费者反而更加深受其害。我们很多人都被数字副本所吸引,因为它们的价格相对较低。奇怪的是,数字副本有时比实体副本更贵,但数字版本通常以其标价取胜。当你可以用 $8.99 买电子书,而不是花 $22.99 买精装书时,这似乎是一个简单的选择。但这些低价有迷惑性。如果你不能转售你的书籍,你就无法收回任何成本。厌倦了最新的反乌托邦青年小说?很可惜,你无法将其出售。在数字版权管理之前,你可以去当地的二手书店或跳蚤市场卖你的精装书和平装书,数字版权管理被应用之后,你购买的书籍将与特定的技术平台挂钩。这一现实增加了更换新平台的成本,反过来则意味着更少的竞争和更高的价格。

因为数字版权管理通常需要持续的通讯或身份认证,所以它关注的是当前而不是未来,内容通常在发布后的最初阶段最有价值。[2] 此后,内容生产商、数字版权管理供应商和设备制造商大幅降低了响应数字版权管理问题的积极性。在数字版权管理短暂的历史中,四处散落着失败或被抛弃的保护措施的遗骸。他们留下了一些文件,这些他们声称要保护的文件如今却被封存起来。这些文件无法被充分利用,还面临着淘汰问题,数字版权管理还对文件保存造成了严重的阻

---

[1] 参见 Doctorow, Information Doesn't Want To Be Free, 593。

[2] 这就产生了克里斯·安德森所说的"长尾理论",即发行成本低使作品能够继续流通,即使从绝对意义上来说它们的受众很少。参见 Chris Anderson, The Long Tail, New York: Hatchette Books, 2006。

碍。即使没有数字版权管理，这些也是棘手的问题，但数字版权管理只会雪上加霜。

不受数字版权管理约束的所有权鼓励人们创新、定制、探索和修复。[1] 即埃德·费尔顿所说的"拆解研究的自由"，允许个人为技术做出贡献，通常是以原始制造商不能或不愿的方式。[2] 软件控制和网络连接设备共同构建了所谓的物联网工程，而这些设备种类日益繁多，我们可以直观地看到随之而来的威胁。这一点我们将在第八章详述，但数字媒体也面临同样的现实。

例如，当游戏玩家发现一种方法可以改变《忍者外传》(Ninja Gaiden)、《死或生3》(Dead or Alive 3)和《死或生：沙滩排球》(Dead or Alive Xtreme Beach Volleyball)中角色的外观时，游戏发行商 Tecmo 对他们提起了诉讼。[3] 诚然，在某些情况下，玩家是为了让这些角色裸体出现。这些改进并不构成侵权，它们只能由相关游戏玩家使用。如果非要说这种改变为游戏带来了什么的话，它增加了游戏的吸引力和市场需求。尽管如此，Tecmo 起诉了上传补丁程序的人及该程序的托管网站，诉讼在网站被关闭后才被撤回。同样，《魔兽世界》(World of Warcraft)的制造商暴雪(Blizzard)依据《数字千年版权法》起诉了开发软件的志愿者，这些软件允许游戏玩家一起在线玩游戏。[4] 多年后，暴雪再次借用《数字千年版权法》消灭了一个名为 Glider 的程序，该程序允许玩家自动执行重复性

---

[1] 参见 Eric von Hippel, Democratizing Innovation, Cambridge, MA: MIT Press, 2005, http://web.mit.edu/evhippel/www/democ1.htm, accessed September 5, 2015。

[2] Ibid.

[3] 参见 Kevin Poulsen, "Hackers Sued for Tinkering with Xbox Games," SecurityFocus, February 9, 2005, http://www.securityfocus.com/news/10466, accessed September 5, 2015。

[4] 参见 Davidson & Assoc. v. Jung, 422 F.3d 630 (8th Cir. 2005). 这本书的作者之一在这种情况下代表 bnetd 的开发者。

任务,例如耕种、制作和收集物品。[1]

数字版权管理中不乏骇人的故事,但也许最令人震惊的事件发生在2005年,当时曾是消费者自主权坚定捍卫者的索尼,劫持了近200万客户的电脑。[2]索尼因害怕对等式的侵权,决定有必要阻止CD买家将音乐拷贝到他们的计算机上。编写防止CD翻录的软件是一项非常容易的任务,但由于人们对自己的电脑享有所有权,他们可以决定安装什么软件以及删除什么软件。这就给索尼带来了一个问题,因为没有人会想要安装一个程序来限制他们使用计算机,且让他们的CD贬值。因此,索尼需要一种方法将数字版权管理隐藏在客户的计算机上,以防数字版权管理被删除。

索尼使用了一种名为Rootkit的工具来实现这一诡计,这种工具很少被合法软件开发人员使用。Rootkit程序可以暗中修改计算机操作系统以使其无法识别某些文件和进程。一旦计算机受到Rootkit的攻击,它就会对计算机用户和计算机操作系统隐藏满足特定条件的任何文件。因此,如果你在受Rootkit感染的计算机上打开包含恶意程序的文件夹,你无法看到文件,或者,如果你使用任务监视器查看当前在你的机器上运行的进程,则隐藏的程序(在本例中为索尼的数字版权管理)将无法被发现。[3]

如果索尼的Rootkit所做的只是允许它隐藏其复制保护软件,这已经足够恶劣了。这是一个卑鄙的举动,它剥夺了人们控制他们的硬件上运行哪些程序的权利。但Rootkit的作用远

---

[1] 参见MDY Indus., LLC v. Blizzard Entm't, Inc., 629 F. 3d 928 (9th Cir. 2010)。

[2] 关于索尼rootkit惨败的详细分析,请参见Deirdre Mulligan and Aaron Perzanowski, "The Magnificence of the Disaster: Reconstructing the Sony BMG Rootkit Incident", Berkeley Technology Law Journal 22, no. 3 (Summer 2007): pp. 1157–1232。

[3] 参见Doctorow, Information Doesn't Want To Be Free, 779。

远超过了数字版权管理,它导致了安全漏洞,使用户容易受到一系列潜在攻击。索尼的 Rootkit 被编程为隐藏任何以前缀"＄sys＄"开头的文件或程序。如果攻击者想在你的机器上安装恶意代码,并确保你、你的操作系统和防病毒软件都无法注意到它,他们只需要在文件名中添加该前缀就能办到。

利用此漏洞进行的攻击,可以发挥的空间是无限的。用户的数据可能会被更改、删除,甚至被用来勒索赎金;机器可能无法运行;程序可以嗅探敏感密码或收集财务记录和其他个人数据。只需发挥你的想象力,还会有更多的可能性。这种威胁不仅仅是理论上的。Rootkit 发布的几天内,利用该漏洞的恶意代码就在互联网上传播开来。一个名为 Backdoor Ryknos 的程序能够通过垃圾邮件进行传输,一旦进入用户的系统,它就会打开一个通信通道,让攻击者远程控制用户的系统——下载、删除、执行文件,以及从受感染机器收集和发送信息。因此,虽然索尼的客户名义上拥有他们的电脑,但他们对电脑不再享有控制权。

至少三组不同的研究人员对索尼 Rootkit 进行了独立调查,其中一组结果完全公开,由本书的一位作者展示。在此之后,当马克·鲁西诺维奇(Mark Russinovich)公开他的发现时,被推上风口浪尖的索尼公司却不以为然。首先,它淡化了 Rootkit 的重要性。索尼全球数字业务总裁托马斯·海赛(Thomas Hesse)问道:"我认为,大多数人甚至不知道 Rootkit 是什么,那他们为什么要关心它呢?"最终,索尼发布了卸载数字版权管理和 Rootkit 相关的工具,但这些工具本身也引发了安全问题。最后,索尼召回了数百万张未售出的带有数字版权管理的 CD。

索尼的 Rootkit 事件,以一种公认的戏剧性的方式,揭示了数字版权管理的根本问题。消费者本以为归自己所有的设备和内容，却受到秘密忠诚（Secret Loyalties）和隐藏议程（Hidden Agendas）的指导，这与消费者的最大利益背道而驰。我们购买的东西在技术上仍与其生产者相连，受制于持续的监控、召回甚至破坏，它们不在我们的控制之下。Rootkit 事件也体现了数字版权管理背后的态度。我们不值得信任，即使是我们自己的电脑也是如此。我们对自主性、安全性和隐私的利益让位于权利人对更好地控制我们行为的需求。版权人在谴责侵权行为时，常常恳请公众对财产权表现出更大的尊重，他们最好试着采纳一下自己的建议。

7. 车库门遥控器版权所有的保护

鉴于《数字千年版权法》创设了控制人们如何使用技术的权利，数字版权管理从传统娱乐行业扩展到其他行业只是时间问题。很快，我们开始在日常设备中看到数字版权管理，例如车库门开启器、打印机和咖啡机。这些措施旨在控制消费者的行为，而并非出于对侵权的恐惧。它是一种竞争策略，防止对手以更便宜的替代品吸引客户。随着《数字千年版权法》第 1201 节成为一种强大的新工具，电子产品公司开始蠢蠢欲动，希望能够推广数字版权管理。

随着受数字版权管理限制的产品进入市场，竞争对手当然找到了规避措施。不出所料，诉讼很快就接踵而至。最早的例子之一是在 2002 年，车库门开启器制造商 Chamberlain 起诉其竞争对手 Skylink，因为 Skylink 制造了一种廉价的通用遥控器，该遥控器可以通过编程来打开几乎所有车库门，其中就包括 Chamberlain 制造的。Skylink 开始销售其遥控器，Chamberlain 车库门开启器的客户若丢失其原装遥控器，可以购买 Skylink 遥控器作为替代品；如果客户有多辆汽车，他们也可以购买 Skylink 遥控器作为备用。Chamberlain 高价出售原厂的替换遥控器,为了独占市场,Chamberlain 在其车库门开启器中嵌入了数字版权管理,要求遥控器在打开门之前发送专有代码。经过一些实验,Skylink 发现了这个密码的算法,并将其内置到自己的遥控器中。

Chamberlain 提起诉讼,称这是一种规避技术措施的行为。法院指出,车库门开启系统买家的个人财产权与 Chamberlain 主张的知识产权之间存在明显的矛盾,因而驳回了扩大《数字千年版权法》适用范围的尝试。正如地方法院解释的那样,"购买 Chamberlain(车库门开启器)的房主拥有它并有权使用它"[1]。消费者有权使用所购设备,即便其使用方式可能与制造商的特权有冲突。在上诉中,联邦巡回法院认为,根据《数字千年版权法》第 1201 节提出的索赔适用于与受保护的版权合理相关的数字版权管理规避行为,但是本案中,这种适用前提并未成立,因为"消费者一旦购买了包含嵌入式软件副本的产品,即享有使用其中软件的合法权利"[2]。对消费者使用行为进行管控的尝试再次被所有权打败了。

同年,打印机制造商利盟公司(Lexmark)美国史丹迪公司(SCC,全球通用打印耗材芯片领域的著名公司)提起了类似的诉讼,SCC 公司是零件和墨盒的售后市场供应商。就像剃须刀公司大部分利润来自可更换的刀片一样,利盟公司的利润非常依赖于昂贵墨盒的销售。SCC 公司通过销售自己的兼容墨盒来展开竞争。与 Chamberlain 一样,利盟在其打印机和墨盒中嵌入了数字版权管理,阻止其打印机接受非利盟墨盒。SCC 公司对系统进行了逆向工程,并设计了自己的墨盒。它设计的墨盒带有一个程序,该程序可以骗过利盟公司的数字

---

[1] Chamberlain Grp., Inc. v. Skylink Techs., Inc., 292 F. Supp. 2d 1023, 1039 (N. D. Ill. 2003).

[2] Chamberlain Grp., Inc. v. Skylink Techs., Inc., 381 F. 3d 1178, 1202 (Fed. Cir. 2004).

版权管理,从而使其墨盒被打印机兼容。利盟公司起诉 SCC 公司,声称通过将竞争对手的墨盒置入打印机,利盟打印机的买家正在规避该公司的数字版权管理。但和 Chamberlain 一样,利盟公司的诉求也遭到了驳回。正如法院所解释的那样,"购买利盟打印机……允许消费者'访问'运行设备的程序"[1]。因此,利盟公司试图继续控制个人财产,但这种尝试也以失败告终。

　　这些案例表明,至少在某些情况下,法院仍然对私有财产所有者的担忧十分敏感,但这些案例也说明了设备制造商强烈希望在设备售出后保留对它们的控制权。正如我们在第八章中详述的那样,除了《数字千年版权法》之外,还有一些方法可以用来实现他们的愿望。

---

[1] Lexmark Int'l, Inc. v. Static Control Components, Inc., 387 F. 3d 522 (6th Cir. 2004).

第八章　无法拥有的物联网

在当下，为了人类生活更加智慧和便捷的物联网技术，正在威胁我们对于所购设备的掌控感。从农民使用的种子与农具，再到关系生命的心脏起搏器等医疗设备，无处不在的WI-FI信号连接着内置软件与其真正的主人，限制和控制着用户的分享、使用、修改、转售的权利，以及相关的隐私信息和售后市场。而在保护消费者利益方面，提供短期豁免的法律和效果有限的市场压力都无力发挥实质性作用。我们应当是拥有所有权和自主权的主人，还是处处受限、被榨干每一分钱、促进人工智能开发与训练的实验数据来源？

"人是目的不是手段。做什么都是为了人的本身，而不是为了其他的东西……人永远是主体，其他的都是客体。"康德如是说。

——译者注

139

门拒绝被打开。它说:"请给我五美分。"

他翻找着口袋,没有硬币,什么也没有。"我明天付给你,"他告诉门。他又试了一下把手,门依然紧锁。他告诉它,"我要付给你的实际上是小费,我并不是一定要给你。""并不。"门说,"看看你买房子时签字的购买合同吧。"

他在书桌抽屉里找到了那份合同,他发现时常翻阅签订的合同很有必要。没错,确实如那扇门所言,支付开门关门的费用是必须的,那并不是小费。

"我发现我是对的。"门自鸣得意地说道。

乔·奇普从水槽旁边的抽屉里拿出一把螺丝刀,开始有条不紊地拧开他公寓那扇贪财的门上的门拴。

"我要告你!"话音刚落,门上的第一颗螺丝就被拧了出来。

乔·奇普说:"我从来没有被一扇门起诉过,但我想这场官司我能赢。"

——菲利普 K. 迪克(1969)

汽车、冰箱、电视、芭比娃娃,当人们购买这些日用品时,很少去想自己是否能够拥有它们。我们买了这些东西,所以当然地把它们看作自己的财产。从历史的角度看,除了偶尔的租赁或出租以外,我们都在占有我们的个人财产,并在我们认为合适时使用。它们被自由地共享、转售、修改或修复。这种观念是根深蒂固的。当制造商试图利用《数字千年版权法》(DMCA)来控制我们使用打印机和车库门开启器的方式时,法院驳回的一个重要原因是:这一想法简直超出了社会一般人的认知,和我们对与自己所购买商品间关系的理解大相径庭。

140

但在第一次笨拙尝试之后的十几年里,我们见证了一种更微妙、更有效的策略,用来说服人们放弃对日常购买品的控制。它很少(或至少不太明显)地依赖数字版权管理(DRM)和《数字千年版权法》责任的威胁,而更依赖新产品特性的吸引力,特别是构成所谓物联网(IOT)的智能设备的吸引力。物联网已经成为一个流行词,旨在涵盖从智能手机、联网恒温器到自动驾驶汽车和可穿戴技术的一系列设备。这些产品通常结合了嵌入式软件、网络连接、微型传感器和大规模数据分析。在本质上来说,它们都是计算机。正如首席大法官约翰·罗伯茨最近在谈到手机时所说的:"手机这个词本身就是一种误导;事实上,这些设备中有许多都是恰巧也有能力被作为电话使用的小型计算机。它们也可以很容易地被称为相机、视频播放器、联络簿、日历、录音机、图书馆、日记、相册、电视、地图或报纸……毫不夸张地说,在拥有手机的美国成年人中,有90%以上的人在自己的身上保存着一份几乎有关他们生活的各个方面的数字记录——从普通的到私密的。"[1]

我们的手机就是这样,但其实现代生活中的许多物品也是如此。你的车是带轮子的计算机,飞机是有翅膀的计算机,你的手表、孩子的玩具甚至你的起搏器的核心都是计算机。[2]作为计算机,它们很容易受到我们在前几代数字产品中所看到的那种外部限制和控制。即使我们抵制它们,我们也习惯于让软件来告诉我们是否可以看数字电影。但是,当计算机代码规定何时需要更换灯泡时,会发生什么呢?[3] 或

---

[1] Riley v. California, 134 S. Ct. 2474, 2489–2490 (2014).

[2] 参见 Cory Doctorow, "How Laws Restricting Tech Actually Expose Us to Greater Harm", Wired, December 24, 2014, http://www.wired.com/2014/12/government-computer-security/, accessed September 7, 2015。

[3] 参见 Tim Cushing, "DRM: Or How to Make 30,000-Hour LED Bulbs 'Last' Only One Month", Techdirt, March 18, 2015, https://www.techdirt.com/articles/20150317/08091030343/drm-how-to-make-30000-hour-led-bulbs.shtml, accessed September 7, 2015。

者当计算机代码规定你的车速可以有多快的时候呢?[1] 或者规定你是否可以在一个特定的社区使用你的无人机?[2] 或者规定你可以用什么品牌的猫砂?[3] 智能床垫可以收集和分析心率和呼吸数据,监测你的活动,并为你提供夜间总结报告,这会导致怎样的社会后果?[4] 这就是三星(Samsung)新推出的睡眠追踪器(Sleepsense device)所承诺的。三星甚至建议你"只需将传感器放在床垫下……通过电子邮件接收它们的有关睡眠质量的分析,这样便可以追踪你的爱人",这可能会导致什么问题呢?

由于家中有非常多联网设备,消费者会依赖于家庭自动化中心设备,这些设备允许他们在任何有互联网连接的地方控制家庭安全系统、灯光、车库门和娱乐系统。

2014年,谷歌旗下物联网公司Nest收购了其中一款设备的制造商Revolv。Revolv hub售价300美元,并宣称可以"终身订阅"更新功能与新功能。[5] 但在2016年4月,Nest宣布不再支持Revolv。此外,Nest还计划通过软件对这些设备进行

---

[1] 参见 Aaron Smith, "New Ford Car Automatically Obeys Speed Limits", CNN Money, March 25, 2015, http://money.cnn.com/2015/03/25/technology/ford-speed-limit/, accessed September 7, 2015。

[2] 参见 Stuart Dredge, "White House Drone Crash Fallout Shows Who Really Owns Your Drones, Says EFF", Guardian (UK), February 3, 2015, http://www.theguardian.com/technology/2015/feb/03/white-house-drone-crash-eff, accessed September 7, 2015。

[3] 参见 Tim Cushing, "DRM, Or How to Turn Your Cat's Litter Box into an Inkjet Printer", Techdirt, January 8, 2015, https://www.techdirt.com/articles/20150102/09574429580/drm-how-to-turn-your-cats-litter-box-into-inkjet-printer.shtml, accessed September 7, 2015。

[4] 参见 Kashmir Hill, "Samsung Wants You to Put a Motion Tracker under a Loved One's Mattress—What Could Go Wrong?" Fusion, September 4, 2015, http://fusion.net/story/193514/samsung-sleepsense-loved-ones-mattress/, accessed November 20, 2015。

[5] 参见 Rob Price, "The Smart-Home Device That Google Is Deliberately Disabling Was Sold with a 'Lifetime Subscription'", Business Insider, April 5, 2016, http://www.businessinsider.com/revolv-smart-home-hubs-lifetime-subscription-bricked-nest-google-alphabet-internet-of-things-2016-4, accessed April 10, 2016。

远程控制,以使它们完全无法操作。在 5 月 15 日的软件更新后,谷歌解释说:"Revolv 应用程序无法打开,hub 也无法工作。"[1]Alphabet 是谷歌最近成立的母公司,它将目光投向了自动驾驶汽车和医疗器械市场,Alphabet 认为其有权将消费者购买的一种设备变成一个价格过高的纸镇。所以,在你买谷歌汽车之前,别忘了考虑这个问题。

在本章中,我们着眼于广大的物联网设备行业中一小部分的例子,并更广泛地考虑其对所有权和消费者福利的影响。在许多情况下,这些技术提供了真正的好处。然而,它们所代表的核心文化和法律转变,却对数字经济中的所有权带来了又一次冲击。

1."越狱不是犯罪"

我们很难去确定物联网的确切起源,但其早期历史上的一个重要时刻是 2007 年 1 月 9 日 iPhone 的推出。史蒂夫·乔布斯(Steve Jobs)面对着聚集的人们高谈阔论:"今天,苹果公司将要彻底改造手机。"[2]接着他将"革命性的手机、带触摸控制的宽屏 iPod 以及突破性的互联网通信设备"组合在一起,产生了一款让人们大吃一惊的产品。[3]但是,就像几乎所有苹果公司产品一样,用户体验是被精心安排和严格控制的。iPhone 用户只能使用苹果公司的 iOS 系统。他们只能配置苹果公司允许访问的设备,只能使用苹果公司认可的移动运营商,只能使用苹果公司提供的应用程序。并且之后,随着

---

[1] Arlo Gilbert, "The Time That Tony Fadell Sold Me a Container of Hummus", Medium, April 3, 2016, https://medium.com/@arlogilbert/the-time-that-tony-fadell-sold-me-a-container-of-hummus-cb0941c762c1#.nhl96qogu, accessed April 10, 2016.

[2] "Apple Reinvents the Phone with iPhone", Apple Press Info, Apple Inc., January 9, 2007, http://www.apple.com/pr/library/2007/01/09Apple-Reinvents-the-Phone-with-iPhone.html, accessed September 7, 2015.

[3] Ibid.

苹果公司推出苹果商店,他们只能基于不透明和不一致的标准安装苹果公司所认可的软件。可以说,你能用这款功能强大的掌上电脑做什么,完全取决于苹果公司允许你做什么。

这种封闭式的做法与包括苹果电脑系统(Mac System)在内的通用计算机的做法有很大的不同,后者允许使用第三方应用程序,并且给予用户修正要求的充分自由。在某些方面,苹果公司在 iPhone 上的做法与早期的电话制造商美国电话电报公司(AT&T)更加吻合。在长达数十年的电信垄断统治时期,美国电话电报公司使用了多种策略来对电话进行严格控制。作为亚历山大·格拉汉姆·贝尔(Alexander Graham Bell)专利的持有人,美国电话电报公司拥有在电话设计、生产和分销方面的完全控制权。甚至在这些专利到期后,它也通过租赁电话而非出售电话的方式来延长控制,确保用户未获得其设备的财产权。它们还利用合同条款和法律威胁来阻遏创新,不论这种创新行为是多么无害。

在 20 世纪 40 年代,美国电话电报公司以 Hushaphone 为目标行使了这种权利。Hushaphone 是一种附着在电话听筒上的小型非电子配件,用以增强隐私性并降低噪音。美国电话电报公司禁止此种非电子配件的使用,经过近十年的法律斗争,华盛顿巡回法院(D. C. Circuit)才驳回了这一限制,称其为"对电话用户合理使用电话权利的无理干预,这种使用权利对个人有利并且不会对公众造成损害"[1]。此案,以及联邦通信委员会(FCC)随后允许将无线技术附加到美国电话电报公司的电话上的 Carterphone 决议,为固定电话领域的竞争和个人的固定电话所有权铺平了道路。

从某种意义上说,苹果公司对 iPhone 的控制又倒退到了糟糕的过去。但许多消费者表示他们乐于接受这样的控

---

[1] Hush-A-Phone Corp. v. United States, 238 F. 2d 266 (D. C. Cir. 1956).

制，以换取可以将所有在线活动集中到单个设备中以供使用的便利。然而，也并不是每个人都愿意这样默默地接受。苹果的诸多限制引发了人们为重获所有权而对iPhones进行的一种"越狱"运动。"越狱"是指消除限制手机用户使用设备的软件限制和数字版权管理的行为。有了"越狱"的iPhone，你可以安装任何你选择的软件，用你喜欢的操作系统替换苹果的操作系统，并且自己决定手机的外观和风格。越狱与解锁手机有关，但又不同，例如，它是一种移除阻止用户切换无线运营商的软件锁的过程，就像从AT&T到T-Mobile一样。

其实软件越狱并不是一个新的技术实践。早在iPhone发行之前很久，从Xbox黑客到自己动手——DVR，类似自制程序的群体在设备上就已经形成了。[1] 但是，没有什么比把苹果这一强大到无处不在的产品变成一个开放平台的想法更能震惊社会大众。2007年7月10日，在iPhone发布仅仅11天后，该群体就发布了对于iPhone的第一次越狱行为。随着苹果每一次不可避免的软件更新，越狱群体将在数周（甚至数天）之内发布新版本。[2]

尽管苹果公司没有提起诉讼，但它们坚持认为越狱是非法的。2009年，电子前沿基金会（EFF）向美国版权局递交了请愿书，请求正式允许iPhone所有者在不用担心承担反规避责任的情况下，对他们的设备实施越狱行为。这促使苹果公司对为什么应该禁止越狱行为进行了详细的解释。尽管苹果公司在整个申请过程中都将消费者称为"iPhone用户"，但它

---

[1] 参见，例如Andrew "bunnie" Huang, Hacking the Xbox: An Introduction to Reverse Engineering (San Francisco: No Starch Press, 2003); MythTV, https://www.mythtv.org/, accessed September 7, 2015。

[2] 参见"First Jailbreaks by Device and iOS Version", in "iOS Jailbreaking", Wikipedia, last modified September 6, 2015, https://en.wikipedia.org/wiki/IOS_jailbreaking, accessed September 7, 2015。

们仍坚持"iPhone 用户是 iPhone 操作系统副本的被许可人,而非所有者"[1]。换言之,当你购买 iPhone 时,你所拥有的只是物理硬件。存储在 iPhone 中的使其可以工作并构成其绝大部分价值的软件(从支持基本功能的操作系统到内置的天气和股票应用程序)都仍然属于苹果公司。

对于那些口袋里揣着 iPhone 的人来说,这一立场或许令人震惊,但对苹果公司来说,这是一个合乎逻辑的结论。苹果公司是一家涉足软件行业的公司,近乎狂热的致力于提升用户体验。而且,由于苹果公司在持续不断地证明其作为终端用户体验设计师所拥有的几乎无与伦比的技能,它成功地以智能设备的名义向我们销售了数字版权管理,并吸引大家争相购买苹果产品。当 Chamberlain 和利盟(Lexmark)试图将这些限制措施偷偷塞进我们的车库门开启器和激光打印机时,消费者对这些限制措施感到厌恶和恐惧,但当乔布斯向我们提出同样的设想时,我们却选择排起长队乖乖地把钱交给苹果公司。

最终,美国版权局做出支持人们拥有越狱手机的裁决。然而,在此过程中,版权局避开了有争议的所有权问题,着眼于解释越狱是对苹果公司受版权保护的 iOS 系统的合理使用。2014 年,陷入绝望僵局的国会通过了《解锁消费者选择和无线竞争法案》(the Unlocking Consumer Choice and Wireless Competition Act),并且该法案被奥巴马总统签署以回应超过 10 万美

---

[1] Responsive Comment of Apple Inc. in Opposition to Proposed Exemption 5A and 11A (Class #1), In re Exemption to Prohibition on Circumvention of Copyright Protection Systems for Access Control Technologies, No. RM 2008-8 (U. S. Copyright Office, February 2, 2009), https://www.eff.org/files/filenode/dmca_2009/apple-inc-31.pdf, accessed September 7, 2015; Response of Apple Inc. to Questions Submitted by the Copyright Office Concerning Exemptions 5A and 11A (Class #1), In re Exemption to Prohibition on Circumvention of Copyright Protection Systems for Access Control Technologies, No. RM 2008-8 (U. S. Copyright Office, July 13, 2009), https://www.eff.org/files/filenode/dmca_2009/apples-response-to-copyright-office-questions-of-6-23-09.pdf, accessed September 7, 2015.

国人签名的请愿书。[1]尽管上述每一项措施都表明,人们仍然非常关心拥有自己的设备,并且政府可以对此作出回应,但它们都只是权宜之计。版权局的豁免和已通过的法案都只有三年的有效期。

苹果公司对于我们手机所有权的争夺标志着一个更广泛的转变的开始。每天,我们都会了解到另一种产品,它将配备嵌入式软件、位置检测传感器和网络连接,同时,其提供的网络连接将限制消费者对产品的控制权,并秘密地与母公司相连。尽管由于公众压力和来自安卓等开放式移动操作系统的竞争威胁,类似苹果这样的公司在慢慢地使其设备变得开放化和用户可配置化,但我们生活的其他所有领域往往在我们不知情的情况下,变得限制化和预先配置化。

2. 老麦克唐纳经营一个农场

农民们有很多要担心的事情。银行即将没收他们的土地;蝗虫正在吃他们的庄稼;移民政策使他们的雇佣方式变得复杂;农业综合企业很久以前就重新定义了他们的生活方式。最令人忧心的是,当今的农民必须与知识产权做斗争。

这要从种子开始说起。多年来,孟山都公司(Monsanto)成功出售了一种能帮助农民控制杂草和其他有害植被的除草剂农达(Roundup)。但是这种除草剂也经常会损害到农作物本身,因此孟山都开始生产抗农达的农作物。它为所谓的抗农达大豆申请了专利,后来又将苜蓿、油菜籽、玉米、棉花和甜菜

---

[1] 参见 Adi Robertson, "As of Today, Americans Can Legally Unlock Their Phones Again", Verge, August 1, 2014, http://www.theverge.com/2014/8/1/5959915/president-barack-obama-signing-phone-unlocking-bill, accessed September 7, 2015。

添加到抗农达产品清单中。[1] 它最初受到许多农民的青睐,但在孟山都声称其种子只获得一季的特许而非出售之后,一些人对其感到不安。这意味着无论你保存了多少种子,它们都不能在第二年重新种植,这是一个古老的农业惯例。取而代之的是,你必须从孟山都购买新种子,否则就要与害虫和低效杀虫药做斗争。

种子专利只是农民所面临的知识产权挫折的开始。软件业也进入农场。标志性的约翰·迪尔(John Deere)拖拉机包含不少于八个的控制单元,这些硬件和软件可以控制从发动机运行到扶手调节等各种功能。[2] 当拖拉机是纯机械时,农民可以根据需要轻松地维护、修理和修改他们自己的设备。但是现在,软件阻碍了这种方式,这种阻碍绝非偶然。有自己修理拖拉机的勤劳农民,也有把设备拿到独立维修店去买便宜货的人,由于厌倦了收入被这些人抢走,约翰·迪尔决定强制他们的客户寻找其授权的经销商来维修他们的设备。通过在农民和他们的拖拉机之间插入软件层,约翰·迪尔创造了一种实际的障碍。并且通过将对软件的控制包含在数字版权管理中的方式,创造了合法的软件控制。匆匆一瞥约翰·迪尔的用户手册,就可以很好地说明这一结果。从冷却液温度过高到停车台损坏无法工作或者座位过硬,几乎所有问题都可以找约翰·迪尔的经销商解决。[3]

---

[1] 参见"Discovery of Gene" in "History of Roundup Ready Crops", SourceWatch, last modified August 19, 2012, http://www.sourcewatch.org/index.php/History_of_Roundup_Ready_Crops#Daccessed September 7, 2015。

[2] 参见 Deere & Company, Operator Manual: 9120, 9220, 9320, 9420, and 9520 Tractors (2003), http://manuals.deere.com/omview/OMAR183678_19/, accessed September 7, 2015。

[3] 参见 Deere & Company, "Engine Control Unit Service Codes-(ECU)", in Operator Manual: 9120, 9220, 9320, 9420, and 9520 Tractors (2003), http://manuals.deere.com/omview/OMAR183678_19/RW24911_0000099_19 accessed September 7, 2015。

一群受够了约翰·迪尔的手段的农民于2015年2月向版权局申请了《数字千年版权法》临时豁免权，就像授予智能手机越狱者的豁免权一样，这将赋予他们明确的合法权利来维修、升级和改装拖拉机。约翰·迪尔对此表示坚决反对，坚称即使修复是快速且技术简易的，拖拉机所有者也无权查看数字引擎盖下面的内容。[1] 他们的争论点在于所有权。约翰·迪尔声称他拥有该软件，它不仅仅是一个抽象的版权法问题。他们拥有嵌入在卖给农民的拖拉机上的代码副本，这些代码对于设备的功能至关重要。用约翰·迪尔的话说，农民只获得了"车辆使用年限的默示许可证"[2]。这意味着你可以继续驾驶你从约翰·迪尔那里花数万美元购买的拖拉机，除非它告诉你出现其他情况。

　　约翰·迪尔对所有权的态度有许多重要的含义，这些含义代表了物联网带来的核心风险。最明显的是，通过剥夺农民在修理上根深蒂固的、即使是专利保护也不能干扰的权利[3]，约翰·迪尔实际上提高了他们出售给农民的产品价格。这也严重损害了维修服务市场，因为农民不能选择机械师，市场中机械师的竞争力变低。

　　锁定拖拉机对创新可能造成的危害不那么明显。艾萨克·牛顿爵士（Sir Isaac Newton）曾经说过："如果我能看得更

---

[1] 参见，例如 Kyle Wiens, "New High-Tech Farm Equipment Is a Nightmare for Farmers", Wired, February 5, 2015, http://www.wired.com/2015/02/new-high-tech-farm-equipment-nightmare-farmers/, accessed September 7, 2015。

[2] Long Comment Regarding a Proposed Exemption under 17 U.S.C. 1201 (Proposed Class #21) at 6, Section 1201 Exemptions to Prohibition against Circumvention of Technological Measures Protecting Copyrighted Works: Second Round of Comments, http://copyright.gov/1201/2015/comments-032715/class%2021/John_Deere_Class21_1201_2014.pdf, accessed September 7, 2015。

[3] 参见 Aro Mfg. Co. v. Convertible Top Replacement Co., 365 U.S. 336 (1961)。

远一些,那是因为我站在巨人的肩膀上。"[1]当然,牛顿是从法国沙特尔的伯纳德那里借用的这句话,但这句话只强调了一点。几乎在所有情况下,创新都是一件渐进式的事情。小小的贡献聚集起来有时是出人意料的。正如希贝尔(Eric von Hippel)在《创新民主化》(Democratizing Innovation)中所描述的那样,用户创新是用户获取、修改和改进制成品的过程,是新发明贡献的宝贵来源。[2]农民在创造力和创造性问题的解决上有着悠久的历史。就像麻省理工学院媒体实验室研究员伊桑·朱克曼(Ethan Zuckerman)所说:"如果您飞过美国西部,就会看到绿色的圆圈点缀着大地。这种灌溉模式要远远有效于建立庞大的管道系统,这种灌溉模式的不同之处在于,田地以井为中心,滚动管在田间旋转。这项技术是农民发明的,但现在已被广泛使用。当公司被问到是谁制造并发明了这些系统时,公司会声称是自己创造的。当向公司展示农民开发的系统的照片时,它们会说:'但是您应该已经看到他们的焊缝了,这些焊缝很糟糕。'"[3]

凯尔·韦恩斯(Kyle Wiens)自称是一位维权人士,他认为农民的创新是更广泛运动的一部分:"在科技行业,我们倾向于把'创客运动'(Maker Movement)的爆炸式发展当作一种新兴事物来谈论。事实上,修补工作就像泥土一样古老:自从鸡逃离圈养后,农民们就一直在制造、建造、重建、砍劈和修补他

---

[1] Isaac Newton to Robert Hooke, February 15, 1675, in The Correspondence of Isaac Newton, Vol. 1 (1661-1675), ed. H. W. Turnbull (London: Cambridge University Press, 1960), p.416.
[2] 参见 Eric von Hippel, Democratizing Innovation (Cambridge, MA: MIT Press, 2005), p.2。
[3] 参见 Ethan Zuckerman, "Eric von Hippel and 2.9 Million British Innovators"... My Heart's in Accra (blog), September 14, 2010, http://www.ethanzuckerman.com/blog/2010/09/14/eric-von-hippel-and-2-9-million-british-innovators/, accessed September 7, 2015。

们的设备。我见过用"生锈"收割机的农民们和老电焊工做的工匠活,并不比现代工艺生产的产品质量差。甚至还有一本众包杂志《农场秀》(Farm Show),收录了过去30年里成千上万种巧妙的农业发明。"[1]

但是,如果农民无法拥有他们日常使用的工具、设备和种子,这片潜在的创新沃土将会荒芜。

3. 限制越多,反击越多

约翰·迪尔并不是个例,包括法拉利、福特、通用汽车和奔驰在内的其他汽车制造商正在寻找新的方法,通过利用技术和法律来削弱司机的财产利益。这些尝试有多种形式:防止维修和定制数字版权管理、监视和控制驾驶软件,甚至限制车辆转售。曾经是自由和独立的象征的汽车,现在越来越成为一种控制工具。

现代的汽车,与约翰·迪尔公司的拖拉机很像,依靠数十个电子控制单元。许多常见的维修都需要访问这些控制单元上的软件代码。例如,如果驾驶员想要更改其车辆的默认调优参数,以获得更大的马力或更好的发动机燃油效率,该代码则至关重要。研究人员在调查潜在的安全问题和漏洞时,需要同时考虑代码的字面含义和实际内容。但是控制单元代码通常是无法访问的,因为汽车制造商使用数字版权管理对其进行锁定和控制。直到最近,根据《数字千年版权法》的规定,打破这些软件锁定的车主还冒着承担法律责任的风险,更不用说这种行为会使保修期失效了。这意味着,只有获得汽车制造商许可的人,才能对车辆进行修理或研究,而不必担心承担责任。当车主要求获得访问控制其车辆的软件的许可时,通用汽车公司告诉版权局,购车者错误地"将车辆的所

---

[1] Wiens, "New High-Tech Farm Equipment Is a Nightmare for Farmers".

有权与车辆中隐含的计算机软件的所有权混为一谈"[1]。但当软件代码与车辆的基本功能无法分开时,拥有一批零部件并不能带来多少安慰。甚至那些没有偿还汽车贷款的人也开始担心一种嵌入式程序"远程回购人"(Remote Repo Man),即使在需要去医院的紧急情况下,当购车者没有支付月费时,这种程序也会使汽车无法运行。[2]

梅赛德斯奔驰(Mercedes-Benz)也紧随其后。它提供了一种以提供远程车辆控制、服务诊断、方向校正和车辆跟踪功能为特点的智能服务。它还与威瑞森公司(Verizon)相连,以提供道路救援,甚至还为新手驾驶员提供地形、速度和时间限制。[3] 这些花哨的事物有时会带来真正的好处。但是奔驰没有宣传的是,运行这些功能的代码并不属于你。作为服务条款的一部分,奔驰强调"您不获得此类软件的任何权利,包括使用或修改该软件的任何权利"[4]。它们接着说:"我们可能会不时更新包含在车辆的系统或设备中的软件。我们可能会在不预先通知您的情况下远程操作。……这些软件的更新可能会影响或删除您之前存储在车辆设备中的数据(例如,特定的路线或目的地信息)。我们对于丢失的或被删除的(或受

---

[1] Comments of General Motors LLC (Proposed Class #21) at 10, Exemption to Prohibition on Circumvention of Copyright Protection Systems for Access Control Technologies, No. 2014-07 (U. S. Copyright Office, March 27, 2015), http://copyright.gov/1201/2015/comments-032715/class%2021/General_Motors_Class21_1201_2014.pdf, accessed November 20, 2015.

[2] 参见 Michael Corkery and Jessica Silver-Greenberg, "Miss a Payment? Good LuckMoving That Car", New York Times, September 24, 2014, http://dealbook.nytimes.com/2014/09/24/miss-a-payment-good-luck-moving-that-car/, accessed September 7, 2015。

[3] 参见"mbrace", Mercedes-Benz USA, LLC, https://www.mbusa.com/mercedes/mbrace, accessed September 7, 2015。

[4] "Mercedes-Benz mbrace Terms of Service", Mercedes-Benz USA, LLC, last modified September 8, 2013, http://www.mbusa.com/vcm/MB/DigitalAssets/pdfmb/mbrac-eservicebrochure pp. 8-13.pdf, accessed September 7, 2015.

其他影响的)数据不承担任何责任。"换言之,奔驰可以在没有通知或经你同意的情况下远程进入你的汽车,随时更新或删除任何数字信息或功能,而不用对可能造成的损坏承担任何责任。如果你有一本《1984》,不要把它储存在你的奔驰 E 系轿车里。

消费者维权人士对这些尝试进行了反击,他们在美国马萨诸塞州通过了《维修权法》(Right to Repair),并敦促制造商与售后维修店和零件供应商协商一份谅解备忘录,以允许这些商家有权获取诊断信息以进行维修和更换,但此备忘录不适用于车主。[1] 据汽车制造商联盟所称,"这里真正需要关注的问题是,车辆中复杂的计算机是如此错综复杂以至于(出于安全性和环境方面的考虑)它们不应该被胡乱修补"[2]。但汽车制造商自身也有一段关于它们自己错综复杂的系统的糟糕历史。最近的经验表明,额外的代码审查可能会有帮助。由于软件故障导致发动机无法关闭,50 万辆福特汽车被召回。[3] 而且克莱斯勒(Chrysler)最近因为其车载信息娱乐系统容易受到黑客的攻击而召回了 140 万辆汽车。当独立研究人员通过无线技术入侵一名同事驾驶的吉普车并控制车辆的转向和刹车时,他们发现了这个漏洞。[4]

---

[1] 参见"Massachusetts Right to Repair", http://massrighttorepair.com/, accessed September 7, 2015; Jason Torchinsky, "Carmakers Want to Use Copyright Law to Make Working on Your Car Illegal", Jalopnik (blog), April 21, 2015, http://jalopnik.com/carmakers-want-to-make-working-on-your-car-illegal-beca-1699132210, accessed September 7, 2015.

[2] Torchinsky, "Carmakers Want to Use Copyright Law to Make Working on Your Car Illegal".

[3] 参见 Alisa Priddle, "Ford Recalls 433,000 Cars Because Engines Won't Shut Off", USA Today, July 2, 2015, http://www.usatoday.com/story/money/cars/2015/07/02/ford-recall/29620683/, accessed September 7, 2015。

[4] 参见 Andy Greenberg, "After Jeep Hack, Chrysler Recalls 1.4M Vehicles for Bug Fix", Wired, July 24, 2015, http://www.wired.com/2015/07/jeep-hack-chrysler-recalls-1-4m-vehicles-bug-fix/, accessed September 7, 2015。

车主只能控制不包含软件和电子传感器的部分车辆设备,这样的概念强烈暗示了所有权归属。根据通用汽车的理论,你现在可以检查轮胎的气压,但是无法在 GPS 上进行诊断测试以确保你不会掉进湖里。你每次给汽车加油时,都会存在安全和环境风险。除非你住在美国俄勒冈州或新泽西州,否则你会非常诧异,为何自己的油箱会被远程锁死。与驾驶汽车相关的公共安全问题不容忽视,但这些问题应该由负责任的公共机构,如交通部、车辆管理局、州公路巡逻队和环保署来设法解决,而不是通过私人知识产权的执行来解决。正如我们从大众汽车(Volkswagen)的"减效装置"中了解的那样,它可以在联邦政府的柴油车辆排放测试中作弊[1],且保护嵌入式软件不受独立测试和检查的知识产权法律的潜在的巨大影响,该影响可能会涉及环境、公众信心和车辆转售价值。[2]

幸运的是,美国版权局连同国家电信和信息管理局(Administration)取得一致意见,出于安全研究、个人修改和维修的目的,其允许车主在《数字千年版权法》的特殊豁免下,违反数字版权管理并有权使用车内的软件。[3] 然而,如前所述,这些豁免只能持续三年。它们很难对这些问题作出的永久回应。

汽车制造商不满足于控制你的维修工人,还想控制你驾

---

[1] 参见 Bill Chappell, " 11 Million Cars Worldwide Have Emissions 'Defeat Device', Volkswagen Says", The Two-Way, NPR, September 22, 2015, http://www.npr.org/sections/thetwo-way/2015/09/22/442457697/11-million-cars-worldwide-have-emissions-problem-volkswagen-says, accessed November 21, 2015。

[2] 参见 Charles Lane, " Emissions Scandal Is Hurting VW Owners Trying to Resell", NPR, October 27, 2015, http://www.npr.org/2015/10/26/450238773/emissions-scandal-is-hurting-vw-owners-trying-to-resell, accessed November 21, 2015。

[3] 参见 Sean O'Kane, " Automakers Just Lost the Battle to Stop You from Hacking Your Car", Verge, October 27, 2015, http://www.theverge.com/2015/10/27/9622150/dmca-exemption-accessing-car-software, accessed November 21, 2015。

驶的方式。福特（Ford）出售的汽车配备了智能限速器，该智能限速器使用车载摄像头扫描限速路标，然后调节燃油以防止驾驶员超出标定的速度限制。[1] 这种技术给福特提供了大量的驾驶习惯的信息。正如2014年一个福特高管吹嘘的那样，"我们知道每个违反法律的人，我们知道你什么时间在做什么。我们的汽车中装有GPS，这是我们知道你在做什么的原因"[2]。虽然我们有充分的理由接受那些降低速度和提高安全性的工具，但它们从根本上改变了你所驾驶汽车的意义，以及我们习惯的对汽车内部的自主性。随着车辆向电脑辅助和自动驾驶方面发展，对所有权的争论事件可能会变得越来越遥远。

至于法拉利（Ferrari），它们与车主的不相容达到了新的高度。该公司现在要求客户签署"优先购买权"协议（Right of First Refusal Agreement），尽管你拥有一辆价值20万美元的新车，但该协议禁止在事先未与法拉利商议的情况下出售该汽车。[3] 该协议的相关内容为："作为购买车辆机会的重要考虑因素，顾客特此授权经销商，可在交货之日起两年内的任何时间以市场价（但不得超过原始制造商的建议零售价）回购车辆。"

当然，这是一个纯粹的契约限制。但它提供了一个窗口，让人们了解汽车制造商想要对车主进行何种控制。这种

---

[1] 参见 Daniel Cooper, "Ford's New Car Will Force You to Obey the Speed Limit", Engadget, March 24, 2015, http://www.engadget.com/2015/03/24/ford-smax-speed-limit/, accessed September 7, 2015.

[2] Jim Edwards, "Ford Exec: 'We Know Everyone Who Breaks the Law' Thanks to Our GPS in Your Car", Business Insider, January 8, 2014, http://www.businessinsider.com/ford-exec-gps-2014-1#ixzz3ksVKHeH4, accessed September 7, 2015.

[3] 参见 Tim Cushing, "Ferrari 'DRM:' Don't Screw with Our Logos and We'll Let You Know If It's OK to Sell Your Car", Techdirt, September 3, 2014, https://www.techdirt.com/articles/20140902/11491828395/ferrari-drm-dont-screw-with-our-logos-well-let-you-know-if-its-ok-to-sell-your-car.shtml, accessed September 7, 2015。

控制甚至可能比合同、软件和《数字千年版权法》赋予它们的控制更多。

4. 咖啡中的"自由"

那些推动免费软件运动的人们喜欢用两种方式区分"免费(free)"一词。"像啤酒一样免费(free)"是指价格,"像演说一样自由(free)"是指自由,即你必须自由选择你所要使用的东西。[1] 直到最近,你仍可以确信,如果你听到有人谈论免费咖啡,那就意味着星巴克(Starbucks)正在促销。但是,由于流行的K-Cup冲泡系统的制造商克林公司(Keuring),有关咖啡的讨论现在也着眼于是否能自由使用的问题。

克林公司的传奇始于2012年,当时这家咖啡公司的几项关键专利已经过期。这些专利涵盖了其基于咖啡包的冲泡系统。用户将单份咖啡或其他冲泡饮品放入机器中,按下按钮,每次都能得到相同量的饮品。没有专利保护,克林公司不得不与竞争对手做斗争,然而结果是,克林公司并不是其他公司的对手。竞争对手开始生产可兼容的咖啡包,并且压低克林公司的价格。为了应对,克林公司发布了新的咖啡机,其以"每一个咖啡包都能提供上佳口感的克林2.0冲泡技术"为特点。[2] 撇开营销不谈,这意味着克林公司的机器只接受嵌入代码的咖啡包,该代码核准了你的咖啡来自有授权的供应商。并且这种机器还禁止可以自己供应咖啡粉的非商标的咖啡包。如果您尝试冲泡非授权代理商的咖啡,您的克林咖啡机会向您传达以下"令人愉快的"信息:

---

[1] 参见"What Is Free Software?" Free Software Foundation, Inc., last modified September 1, 2015, http://www.gnu.org/philosophy/free-sw.en.html, accessed September 7, 2015。

[2] 参见"Oops Landing Page", Keurig Green Mountain, Inc., http://www.keurig.com/content/oops, accessed September 7, 2015。

公众的反应迅速而激烈。表达愤怒的脸书(Facebook)帖子和激烈 Amazon 购物评论充斥着网络。正如布赖恩·巴雷特(Brian Barrett)写的那样:"一个限制咖啡研磨粉选择的咖啡机就像一个挑选鸡蛋的煎锅一样不合适。"[1]竞争对手们很快就利用了这种愤怒情绪来破解克林公司的数字版权管理。[2]咖啡饮用者们甚至思考如何通过一盘磁带来反对它。[3]不久,克林公司至少在一定程度上被说服改变这一做法。当要限制竞争对手的咖啡包时,克林公司似乎很坚持自己的立场,但是它又宣布重新推出 My K-Cup 产品的计划以允许咖啡饮用者们装填自制咖啡包。但尽管如此,该公司及其投资者已经为他们之前过分的做法付出了代价。在数字版权管理的争议之后,克林公司的股价下跌了10%。[4]

---

[1] Brian Barrett, "Keurig's My K-Cup Retreat Shows We Can Beat DRM", Wired, May 8, 2015, http://www.wired.com/2015/05/keurig-k-cup-drm/, accessed September 7, 2015.

[2] 参见 Ted Cooper, "Bad News for Keurig Green Mountain Investors: TreeHouse Foods Says Keurig 2.0 Technology Can Be Cracked", Motley Fool, June 23, 2014, http://www.fool.com/investing/general/2014/06/23/bad-news-for-keurig-green-mountain-investors-treeh.aspx, accessed September 7, 2015。

[3] 参见 Karl Bode, "Keurig's Controversial Java 'DRM' Defeated by a Single Piece ofScotch Tape", Techdirt, December 11, 2014, http://www.techdirt.com/articles/20141210/07133329378/kuerigs-controversial-java-drm-defeated-single-piece-scotch-tape.shtml, accessed September 7, 2015。

[4] 参见 Heather Long, "Keurig Green Mountain Gets Roasted. Stock Drops 10%", CNN Money, May 7, 2015, http://money.cnn.com/2015/05/06/investing/keurig-green-mountain-earnings-stock-fall/index.html, accessed September 7, 2015。

克林公司的例子表明，人们仍然非常在意能够拥有和控制自己的设备，并且他们能够在市场上发出自己的声音。但是这也警告说，在保护消费者利益方面，市场压力通常只能起到部分作用。

5. 打开救生舱门，芭比

此时此刻，物联网会威胁到我们对所购设备的控制程度已经不足为奇。但是，这些威胁不仅限于知识产权和数字版权管理，它们还包括对我们的行为和心理活动的信息控制。一个令人不安的例子是来自美泰公司（Mattel）内置 Wi-Fi 的智能芭比（Hello Barbie）。这款物联网芭比娃娃看起来跟她的许多前辈一样，但仍有一个独特的特点。她可以和孩子交流并在这个交流过程中了解他们。芭比通过记录她的对话和通过与玩具物语（ToyTalk）的网络连接传输对话来实现这个过程，玩具物语是一种第三方云语音识别服务。然后，玩具物语会使用软件和数据分析来分析这些对话，并提供个性化的反应。这是一个令人印象深刻的技巧，但对我们的主人翁意识的影响却令人震惊。对于许多孩子来说，与玩具娃娃聊天是一种在安全私密的环境中分享他们单纯的想法、梦想和恐惧的方式。但是根据 Hello Barbie 的终端用户许可协议条款，玩具物语及其未提及的合作伙伴在使用与孩子的对话有关的信息方面具有很大的自由度，而它们所使用信息的方式很少有父母预料到：

> 所有信息、材料和内容……属于玩具物语或要经玩具物语许可使用……
>
> 你同意玩具物语及其许可方和承包商可以对其使用、转录和存储……其中包含的录音和任何语音数据，以及可能在其中捕获的你的声音和肖像，用以装备和维护

玩具物语应用程序,开发、调整、测试、增强或改进语音识别技术和人工智能算法,开发声学和语言模型以及用于其他研究和发展目的……

当你使用任何服务时,即表示你同意玩具物语按照本政策所描述的收集、使用和/或披露你的个人信息。一旦允许其他人通过你的账户使用服务,即表示你确认你有权代表他们同意玩具物语收集、使用和披露他们的个人信息,如下所述。

换言之,玩具物语要求拥有你、你的孩子甚至你孩子的朋友与芭比的对话。这些娃娃的对话数据被认为是公司的法人财产。儿童卧室的安全和隐私因为这些对话的收集、分享和商用而受到损害。尽管这些服务可能带来好处,但也带来了重大的新风险。在物联网芭比娃娃上市后不久,一些可以使黑客截获孩子们与娃娃对话的安全漏洞就被发现了。[1] 而这些担忧不仅仅是假设。几乎在同一时间,制造儿童智能手表 Kidizoom 和移动设备 InnoTab 的制造商伟易达(VTech)披露,超过 600 万儿童的个人信息(包括照片和聊天信息)在伟易达的服务器上被盗。[2]

智能芭比只是这种网络化家电趋势的最新例子。三星推出了一款带有默认监听模式的智能电视,并附带了隐私政策,旨在持续窃听观众并通过云将音频发回分析。[3] 瑞轩

---

[1] 参见 Samuel Gibbs, "Hackers Can Hijack Wi-Fi Hello Barbie to Spy on Your Children", The Guardian, November 26, 2015, http://www.theguardian.com/technology/2015/nov/26/hackers-can-hijack-wi-fi-hello-barbie-to-spy-on-your-children, accessed November 27, 2015。

[2] 参见 Anjie Zheng, "VTech Has Yet to Put a Price on Hack, Chairman Says", Wall Street Journal, December 8, 2015, http://www.wsj.com/articles/vtech-has-yet-to-put-a-price-on-hack-chairman-says-1449556689, accessed March 13, 2016。

[3] 参见 Parker Higgins, "Big Brother Is Listening: Users Need the Ability to Teach Smart TV's New Lessons", Deeplinks (blog), Electronic Frontier Foundation, February 11, 2015, https://www.eff.org/deeplinks/2015/02/big-brother-listening-users-need-ability-teach-smart-tvs-new-lessons, accessed September 7, 2015。

(Vizio)最近向投资者推销时宣称,其智能电视将能够检测用户观看的任意来源的任何内容,并利用这些信息来定制广告和节目。[1] 这款名为 June 的智能烤箱配备了摄像头和软件,可以识别你烹饪的食物。[2] 谷歌的 Nest 恒温器采用了类似的方法来了解用户。亚马逊的 Echo、苹果公司的 Siri、微软的 Cortana 和谷歌的 Google Now 现在更进一步,鼓励我们与无形的舒缓的、友好的并且默认的女性声音互动。科学表明,我们更乐意使用模拟人类互动的技术。最近的一项研究表明,赌徒在具有人类特性的老虎机上更易冒险。[3] 当然,这类服务有可能带来真正的好处。但这样的服务关系不仅带来了忠诚的分裂,也削弱了自主权。这与完全拥有一件物品是非常不同的,这表明我们应该注意,到底是谁控制了我们与我们所购买物品的关系。一个人的家可能是他们的城堡,但他们的电器可能属于别人。

6. 我们的身体,我们的服务器

好像我们与物联网的联系还不够紧密,现在网络和依赖软件的设备都在我们体内。当开放源码拥护者凯伦·桑德勒(Karen Sandler)在 31 岁时发现她可能会因心脏病猝死时,她做了我们大多数人都会做的事情。她去看医生治病。她的病情需要在她的胸部植入一个除颤起搏器,以便在心脏衰竭时让心脏跳动。这个像牛油果那么大的装置绝对是一个救命的

---

[1] 参见 Jason Cipriani,"Vizio Reveals How It Secretly Tracks What You're Watching in IPO Plan", Fortune, July 26, 2015, http://fortune.com/2015/07/26/vizio-ipo/, accessed November 27, 2015。

[2] 参见 Josh Lowensohn,"Former Apple Engineers Have Built a $1,495 Oven That Can Identify Your Food", Verge, June 9, 2015, http://www.theverge.com/2015/6/9/8751947/june-oven-identify-your-food, accessed September 7, 2015。

[3] 参见 Paolo Riva, Simona Sacchi, and Marco Brambilla, "Humanizing Machines: Anthropomorphization of Slot Machines Increases Gambling", Journal of Experimental Psychology: Applied (August 2015), doi: 10.1037/xap0000057。

发明。但由于它运行的是专有软件,桑德勒无法判断它是如何工作的,也无法判断它失败的可能性有多大。正如她在一次采访中解释的那样,"最近有一项统计显示,在过去几年中,25%的医疗器械都是由于软件故障被召回。当你读到这些统计数据时,你会发现它非常私人"[1]。

事实证明,桑德勒关于心脏起搏器的问题并不那么容易回答。就像苹果公司和它的 iPhone 一样,心脏起搏器制造商不会让病人查看或者测试他们购买的设备。无论是在家还是在路上,甚至在医疗紧急情况下,你都不被允许从自己的设备上读取数据。[2] 相反,你只能从制造商批准的来源访问健康数据。并且直到最近,你甚至不能测试你的设备来确保它运行正常,或者运行最新的软件或安全更新。为什么会设置这种限制?根据版权局的文件,先进医疗技术协会(The Advanced Medical Technology Association)"认为患者有访问他们自己的医疗数据的固有权利,这本身并不需要绕过任何知识产权保护"[3]。换句话说,即使你拥有心脏起搏器的物理部件,制造商的版权胜过任何你提出的可能需要看看它是怎么工作的或者它收集了你的什么数据的要求——即使它被植入你的体内。

黛娜·刘易斯(Dana Lewis)证明了当病人拥有他们的设备并能控制设备的服务时,他们能做什么。刘易斯是一名住

---

[1] Andrew Gregory and Graham Morrison, "Karen Sandler: Full Interview", TuxRadar, September 26, 2013, http://www.tuxradar.com/content/karen-sandler-full-interview, accessed September 7, 2015.

[2] 参见 Emily Singer, "Getting Health Data from Inside Your Body", MIT TechnologyReview, November 22, 2011, http://www.technologyreview.com/news/426171/getting-health-data-from-inside-your-body/, accessed September 7, 2015。

[3] Long Comment Regarding a Proposed Exemption under 17 U.S.C. 1201, Advanced Medical Technology Association Comments Regarding Proposed Class 27: Software—Networked Medical Devices at 2, No. 2014-07 (U.S. Copyright Office, March 27, 2015), http://copyright.gov/1201/2015/comments-032715/class%2027/AdvaMed_Class27_1201_2014.pdf, accessed September 7, 2015.

在西雅图的糖尿病患者,当她的血糖过高或过低时,她需要依靠血糖监测仪和手持无线设备来提醒自己。[1] 然而刘易斯却常常听不到警报,尤其是在她睡觉的时候。因此,她和她的朋友斯科特·莱布兰德(Scott Leibrand)搭建了一个新的程序,这个程序可以通过新的更大声的闹钟和一个打盹按钮来显示血糖水平。他们甚至还增加了将信息发送到其他移动设备上的功能,例如莱布兰德的Pebble手表。接下来,他们将视角转向刘易斯的胰岛素疗法。传统上糖尿病患者手动控制胰岛素水平。但是刘易斯和莱布兰德开始对这些数据进行实验,以设计出一种满足刘易斯特定需求的算法,这种算法可以根据她的设备发送的数据自动调试和调整。它可以预测她未来30分钟、60分钟甚至90分钟的胰岛素需求。最终,他们希望制造出一种可以使这一调试过程基本自动化的人工胰腺。没有一部知识产权法律,当然也没有一部旨在阻止侵权者在网上分享电影的法律,可以阻止患者调整自己拥有的设备以维持生命。

这些担忧不仅限于我们这些有生命危险的人。目前,超过20%的美国人使用"可穿戴设备"这种直接依附在身体上的计算设备。[2] 当你购买乐活(Fitbit)的可穿戴跟踪器时,其销售条款特别规定,"产品包含的或组成产品的任何形式的软件……此类软件是授权给您的,而不是出售给您的。这些条款中使用的'出售'和'购买'等术语仅适用于产品中除软件以外的组成部分"[3]。同样,您拥有的只是外壳和组件,包括物

---

[1] 参见 Biz Carson, "They Hacked Her Pancreas and Found Love along the Way", Business Insider, August 27, 2015, http://www.businessinsider.com/hacked-raspberry-pi-artificial-pancreas-2015-8, accessed September 7, 2015。

[2] 参见 Michael Corkery and Jessica Silver-Greenberg, "Miss a Payment? Good Luck Moving That Car", New York Times, September 24, 2015, http://dealbook.nytimes.com/2014/09/24/miss-a-payment-good-luck-moving-that-car/, accessed September 7, 2015。

[3] "Terms of Sale", Fitbit, Inc., last modified December 30, 2014, http://www.fitbit.com/legal/terms-of-sale, accessed September 7, 2015。

理存储媒体在内的所有数字设备都属于乐活所有。虽然乐活的隐私政策确实承诺，无论何时与第三方共享有关您的记录时，它都会删除个人可识别信息，但它保留了无限期保留所有其他信息的权利，即使你删除了你的账户。[1] 乐活会跟踪您的每一个动作和每一步行动。正如凯特·克劳福德(Kate Crawford)所写，由于被这些设备收集的信息类型是如此个人化、如此私密，就好像这个设备本身成了一个比我们自身更权威的信息来源。[2]

网络安全已经成为医疗设备领域的一个重要课题。从胰岛素泵到人工电子耳蜗和有动力装置的假体关节，越来越多的医疗设备依靠于通过Wi-Fi和蓝牙协议将医疗数据传输给供应商。[3] 这些联系已经引发了众多安全问题。[4] 甚至前副总统迪克·切尼(Dick Cheney)声称已经关闭自己的起搏器

---

[1] 参见"Fitbit Privacy Policy", Fitbit, Inc., last modified December 9, 2014, http://www.fitbit.com/privacy, accessed September 7, 2015。

[2] 参见 Kate Crawford, "When Fitbit Is the Expert Witness", Atlantic, November 19, 2014, http://www.theatlantic.com/technology/archive/2014/11/when-fitbit-is-the-expert-witness/382936/, accessed September 7, 2015。

[3] 参见"Technology Breakthrough: A Prosthetic Device That Connects to Patients And Health Care Providers via Mobile Communications Technology", Business Wire, September 5, 2012, http://www.businesswire.com/news/home/20120905006102/en/Technology-Breakthrough-Prosthetic-Device-Connects-Patients-Health, accessed September 7, 2015。

[4] 参见 Dan Goodin, "Vast Array of Medical Devices Vulnerable to Serious Hacks, Feds Warn", Ars Technica (blog), June 13, 2013, http://arstechnica.com/security/2013/06/vast-array-of-medical-devices-vulnerable-to-serious-hacks-feds-warn/, accessed September 7, 2015; Jordan Robertson, "McAfee Hacker Says Medtronic Insulin Pumps Vulnerable to Attack", Bloomberg, February 29, 2012, http://www.bloomberg.com/news/articles/2012-02-29/mcafee-hacker-says-medtronic-insulin-pumps-vulnerable-to-attack, accessed September 7, 2015; Barnaby J. Feder, "A Heart Device Is Found Vulnerable to Hacker Attacks", New York Times, March 12, 2008, http://www.nytimes.com/2008/03/12/business/12heart-web.html, accessed September 7, 2015; William H. Maisel, "Semper Fidelis—Consumer Protection for Patients with Implanted Medical Devices", New England Journal of Medicine 358 (2008): pp.985–987, doi: 10.1056/NEJMp0800495。

上的无线功能来防止恐怖分子入侵。[1] 幸运的是,就像车辆安全测试一样,版权局批准了对外部医疗设备进行测试,并免除了那些以不影响功能的方式植入的被动测试。[2] 然而,创新和改进这些设备的能力仍然备受争议。

凯伦·桑德斯的开放源码起搏器的梦想可能会激励我们,但同时也会带来一些麻烦。与当前的专利模式相比,开放源码技术可以使患者以更灵活、更宽松的方式来检查、测试和改进设备,但是它们不能像模拟所有权那样赋予我们自治权。相反,它们为未来提供了不同的、更方便用户的导航限制。在医疗设备方面,个人所有权和控制权的争论引起了更深层的共鸣。对于我们购买的其他产品,风险可能会更低,但争论是相同的。如果你不拥有设备,你就无法修复或自定义设备。你不能用它们来创新。最后,你购买的产品对你的利用可能会比你对它们的使用更多。

---

[1] 参见 Dan Goodin, "Dick Cheney Altered Implanted Heart Device to Prevent Terrorist Hack Attacks", Ars Technica(blog), October 19, 2013, http://arstechnica.com/security/2013/10/dick-cheney-altered-implanted-heart-device-to-prevent-terrorist-hack-attacks/, accessed September 7, 2015。

[2] 参见 Joe Uchill, "What New DMCA Rules Mean for Medical Device Research", Christian Science Monitor, October 30, 2015, http://www.csmonitor.com/World/Passcode/2015/1030/What-new-DMCA-rules-mean-for-medical-device-research, accessed November 21, 2015。

第九章　专利与生活的平凡追求

本章探讨了专利制度是如何被用来控制用户所有权的。特配的"一次性"轮胎、打印机专用墨盒、咖啡机定制咖啡包……这些将产品与售后市场捆绑的出售策略体现了权利人攫取下游利润的野心。为了成功控制相关产品的售后市场,他们将目光投向专利法,向专利权用尽规则筑起的公共利益保护壁垒发起进攻。专利产品在被销售时能否附加限制条件?自我复制的专利产品是否适用专利权用尽规则?在国际销售中,专利权用尽规则能否由于价格歧视等原因被绕过?消费者对从专利所有人和授权销售商处购买来的产品是否享有绝对所有权?但在数字经济时代,专利法面临着前所未有的艰难挑战。

美国的专利法院认可对专利产品的相关限制,将其视为买卖双方在意思自治的前提下达成的"契约"。这种做法违背了过去一百多年来专利法的实践,其在本质上忽略了这样一个出发点:专利法的主要目的不是为专利所有人创造私人财富,而是促进科学和实用艺术的进步。

——译者注

155　　　想象一下，你走进一家特许经销商店来购买新车。你环顾四周，发现一个不错的车型，然后与销售人员联系，问清楚价格。他们解释说："哦，这是一笔好买卖！您看中的这个东西的价格与正常标价相比，是打九折的，但要提醒您注意一下。这种优惠要求您只能使用我们特配的'一次性'轮胎。这意味着您可以随心所欲地驾驶汽车，但是一旦汽车爆胎或漏气，您就不能自己修理或打气了；相反您必须从我们的线上商店订购新的'一次性'轮胎。否则，您恐怕会侵犯我们的专利。"

　　在某些人看来，你不能给自己所购买的轮胎打气这件事，不仅麻烦而且可笑。同时给轮胎打气可能使你以某种方式陷入专利侵权的想法则更加离奇。但是，美国最有影响力的专利法院最近裁定，对任何专利产品的此类限制都是合法的且可以强制执行的。

　　利盟（Lexmark）诉印象产品（Impression Products）案，涉及打印机制造商利盟。该公司经过十多年的努力，利用知识产权和数字版权管理的结合，阻止其客户购买竞争对手的墨盒或重新注满竞争对手授权的墨盒。就像科瑞格（Keurig）公司的咖啡计划一样，利盟的策略包括向客户销售设备，但他们的使用条件是要购买其授权的配件。你购买了咖啡机，但只能使用科瑞格公司的咖啡包；你购买了打印机，但只能使用利盟的墨盒，并且只能使用一次。

　　当利盟的客户购买其墨盒时，他们可能会在包装外面发现一段文字，称如果他们打开包装盒，他们就得"同意将空墨盒仅退还给利盟进行回收"。如果他们不接受这些条款，他们会被告知"将未拆开的包裹退还购买点"。如果他们愿意支付更高的价格，那么"也可以买到没有这些条款的常规价格墨盒"。

至关重要的是,利盟坚持认为违反这些限制的消费者是专利侵权人。重复使用你购买的产品怎么会侵犯专利呢?利盟认为,即使消费者拥有自己的打印机,他们也不是无条件地拥有装有墨水的墨盒。该公司说,利盟的客户只是被授权一次性使用墨盒,而重新填充墨盒的行为侵犯了其专利技术。如果利盟是正确的,客户是否能够使用自己拥有的打印机取决于利盟的许可。毕竟,没有墨水,打印机是没用的。这也意味着利盟(或任何设备制造商)可以利用其对一项产品的专利来控制相关产品的售后市场。

对于利盟而言,尝试将其产品和配件捆绑在一起并不是什么新鲜事。正如我们在第七章中讨论的那样。在2002年,该公司就尝试使用《数字千年版权法》的反规避规则来实现相同的目标。它声称,在打印机和墨盒之间交换数据的软件包含数字版权管理,数字版权管理可以保护打印机软件不被未经授权访问。幸运的是,第六巡回上诉法院驳回了这一主张。法院认识到此类索赔可能会产生反竞争和反消费者的影响,一位法官写道:"如果我们采纳利盟对法规的解读,制造商只要使用类似但更具创造性的锁定代码,就有可能在替换零部件上形成垄断。例如,汽车制造商可以通过引入锁定芯片来控制整个汽车零部件的市场。"[1]

这个结果显然不是国会想要的。尽管受到指责,利盟还是将策略从版权法转向了专利法,希望它可以通过不同的法律原则,对下游的使用实现相同的控制。这是否能够实现,将取决于最高法院如何看待专利所有者与专利设备购买者之间的相互作用,以及最高法院是否会承认专利权用尽原则的关键作用。

---

[1] Lexmark Int'l Inc. v Static Control Components, Inc., 387 F. 3d 522 (6th Cir. 2005).

1. 专利法对用尽原则的灵活处理

与版权用尽类似,专利权用尽向来在遏制专利产品的售后使用垄断方面,发挥着核心作用。在过去的一个世纪里,版权法主要集中于首个销售规则的法定体现,而专利法却采用了一种更为灵活的普通法用尽机制。早在1852年,最高法院在布鲁姆诉麦奎万案(Bloomer v. McQuewan)中就裁定:专利产品一旦出售,专利所有人就不能干涉购买者"在日常生活需求中"使用该产品的权利。[1]

出于我们已经讨论过的诸多原因,最高法院宣布了这一规则,特别在个人财产方面:"当机器移交到买方手中,它就不再处于(专利)垄断的范围内。工具或机器便成为(买方)私有的、个人的财产。"[2]但是,这对于在日常生活需求中使用数字商品意味着什么呢?至少,你希望能够按照预期的目的来使用一个设备,去维修它、转让它。但是根据利盟和许多物联网产品制造商的说法,这些常规用途取决于专利持有者的许可。然而,专利权用尽的历史直接与这一主张相矛盾。在布鲁姆案判决后仅仅26年,最高法院就特别明确地指出,购买专利产品"只要那台机器还能用,我就有权使用它"。[3]同样清楚的是,使用自己购买产品的权利,胜过了专利所有人对产品使用方式或地点施加限制的任何尝试。亚当斯诉伯克案(Adams v. Burke)涉及一家棺材制造商,该制造商向波士顿地区的殡仪馆出售特殊设计的棺材盖,并试图增加额外的地域

---

[1] 参见 Bloomer v. McQuewan, 55 U. S. (14 How.) 539, 549 (1852). The Court also articulated a specific economic rationale for such a limitation, one that tracks identically with the rationale for copyright exhaustion, that patentees "are entitled to but one royalty for a patented machine".

[2] Ibid. pp. 549-550.

[3] Adams v. Burke, 84 U. S. (17 Wall.) 453, 455 (1873).

使用限制,保证在十英里半径范围之内使用此种棺材。但是最高法院根据专利权用尽原则驳回了这一请求。法院认为,当专利所有者出售其设备时,它就"放弃了限制其使用的权利",这是"事物本质的一部分"[1]。

在亚当斯诉伯克案发生两年后,最高法院再次驳回了专利所有人对购买者施加售后限制的请求。在基勒诉标准折叠床公司案(Keeler v. Standard Folding-Bed Co.)中,法院明确表示:"从授权销售的人那里购买专利产品的人拥有该物品的绝对财产,不受时间或地点的限制。"法院深信,"相反的结论给公众带来的不便和烦恼是显而易见的,无须说明"[2]。

电椅作为有史以来最具争议的技术创新之一,有助于说明权利用尽将导致产品所有者无视专利持有人的反对意见。1890年8月6日,西屋电气公司(Westinghouse Electric Company)的交流电机被用于一种新的用途——杀人。一年前,28岁的纽约州布法罗水果和蔬菜销售商威廉·凯姆勒(William Kemmler),醉醺醺地回家并用斧头谋杀了他的爱人蒂莉(Tillie)。袭击发生后,据称凯姆勒告诉一名旁观者:"我做了这些,我希望能被处以绞刑。"[3]但是技术比凯姆勒领先了一步。那年早些时候,纽约州成为第一个授权执行电椅死刑的州,1889年5月13日,凯姆勒被判"电椅死刑"[4]。

在过去的十年中,使用交流电(AC)来杀死人类,一直是镀金时代(Gilded Age)两位最著名的美国人——工业百万富翁乔治·威斯汀豪斯(George Westinghouse)和交流电的竞争对手直流电(DC)的发明者托马斯·爱迪生(Thomas

---

〔1〕 Ibid.
〔2〕 157 U. S. 659, pp. 666-667 (1875).
〔3〕 Jill Jonnes, Empires of Light: Edison, Tesla, Westinghouse, and the Race to Electrify the World (New York: Random House, 2003), pp. 176-190.
〔4〕 Ibid.

Edison)之间的一场有争议的政治和宣传战的中心。尽管爱迪生极具聪明才智,但西屋公司还是在电气专家尼古拉·特斯拉(Nikola Tesla)的短暂帮助下,从电力市场上迅速崛起。为了急于推广直流电,爱迪生试图强调交流电的危险。因此,电椅成为了爱迪生阵营所说"致命电流"的完美象征。[1]

但是西屋公司拥有交流电关键组件的专利,并拒绝在行刑中使用它们。尽管如此,爱迪生的委托诉讼代理人并没有受到阻吓。他们意识到西屋公司的专利权可能会在单个发电机的首次出售后被用尽。于是他们联系了西屋公司一个心怀不满的授权人,并秘密购买了西屋公司的二手交流发电机,来制造历史上最早的三把电椅。西屋公司对此表示反对,但是专利权用尽使它无法在这些设备进入商业市场后控制它们。就这样,专利权用尽帮助爱迪生证明了使用西屋公司自己的专利产品会有多致命。[2] 如果西屋公司能够像今天的利盟和其他专利持有人那样,限制他的发电机使用,那么关于电椅的争论的中心将集中在假设上,而不是可怕的现实。

为什么专利持有人会反对这种未经授权的使用是很容易理解的。但是最高法院明白,专利权用尽在竞争政策和消费者保护两个方面具有重要利益。因此,法院抵制了那些使用利盟目前采用技术的公司们试图避开专利权用尽的尝试。在1917年的两个案件中,最高法院驳回了为专利设备的销售附加条件的请求。在第一起施特劳斯诉胜利唱片公司案(Straus v. Victor Talking Mach. Co.)的诉讼中,法院驳回了许可通知,该通知试图限制留声机的转售价格,强迫购买者仅使用专利持有人的唱片和唱针。法院认为,这无非企图"以全价出售

---

[1] Jill Jonnes, Empires of Light: Edison, Tesla, Westinghouse, and the Race to Electrify the World (New York: Random House, 2003), pp. 176-190.
[2] Jill Jonnes, Empires of Light: Edison, Tesla, Westinghouse, and the Race to Electrify the World (New York: Random House, 2003), pp. 176-190.

财产,并对其进一步转让加以限制"。最高法院解释说,这种策略"令法律厌恶""令公众利益受损"。

第二起案件是美国电影专利公司诉环球影业有限公司(Motion Picture Patents Co. v. Universal Film Manufacturing Co.),涉及爱迪生的电影放映机专利。爱迪生不顾专利持有人的反对,欣然使用了西屋公司的发电机;但当涉及自己的专利时,他的看法却截然不同。爱迪生的放映机非常受欢迎,但他很快意识到,真正的利润来自出售他也已获得专利的胶卷。因此,他在每台投影机上都安装了一块巨大的钢板,声明这些投影机只能与爱迪生胶卷一起使用。在爱迪生的胶卷专利到期后,被告决定制作与爱迪生放映机兼容的胶卷。爱迪生起诉了他们和他们的客户,声称使用拥有专利的投影仪的新卷轴违反了印在投影仪侧面的限制规定。

对爱迪生来说——就像利盟和科瑞格一样,将一个客户可能只购买一次的设备与耗材配件产品(如墨水、咖啡或胶卷)捆绑在一起,看起来是一种精明的商业模式。通过将竞争对手拒之门外,他可以独享利润更丰厚的电影胶卷市场。但是,最高法院对于电影专利公司的裁决最终驳回了爱迪生试图克服专利权用尽的企图。裁决解释道:"我们专利法的主要目的不是为专利所有人创造私人财富,而是'促进科学和实用艺术的进步'。"因此,"通过一次的、无条件的销售,卖方的权利已用尽,所出售的物品被置于专利法的垄断之外,并且不受供应商可能试图施加的任何限制"[1]。

这种"单一回收"方法根植于知识产权政策的基本目的。通过将专利持有人限制在单笔销售利润上,最大限度地激励新发明向尽可能多的人分配,同时鼓励购买者充分利用他们

---

〔1〕 Motion Picture Patents Co. v. Universal Film Mfg. Co., 243 U.S. 502, 511 (1917).

所购买的产品。这还避免对购买者造成高昂信息成本的特殊权利安排。[1]将专利持有人限制在单一回收的范围内,对于专利持有人被授予对投放市场的产品享有持续控制权时可能发生的滥用行为,也可以起到预防作用:"对原告施加这样一种潜在邪恶权利的限制……显然是无效的,因为它完全不属于我们专利法的范围和目的;如果持续下去,它将严重损害公共利益,我们已经看到,这种限制比促进私人财富更受法律的青睐。"[2]

就像最高法院最近在版权方面重申的那样,专利权用尽的基础是"普通法拒绝对动产转让进行限制"[3]。在柯察恩诉约翰·威利父子出版有限公司案(Kirtsaeng v. John Wiley & Sons)这一旧教科书案例中,法院强调"在转售或以其他方式处置这些商品时,让商品购买者可以自由竞争的重要性"。用尽原则在很大程度上反映了以下事实:"美国法律……普遍认为,竞争(包括转售自由)可以为消费者带来好处。"[4]专利设备和受版权保护的作品同样如此。

2. 爱迪生标签的回归

在过去的 150 年里,有如此强有力支持用尽原则的声明,你可能会想像利盟这样的公司怎么还能继续坚持这一想法:它们有权控制我们如何使用自己所购买的产品。如果最高法院拒绝了爱迪生的电影放映机标签,那么利盟打印机墨盒上的条款又有什么不同呢?答案就在几十年前由联邦巡回

---

[1] 参见 Zechariah Chafee Jr., "The Music Goes Round and Round: Equitable Servitudes and Chattels", Harvard Law Review 69 (1956): pp. 1250-1264, 1261; Thomas W. Merrill and Henry E. Smith, "Optimal Standardization in the Law of Property: The Numerus Clausus Principle", Yale Law Journal 110 (2000): pp. 1-70, 26-28。

[2] Motion Picture Patents, 243 U. S. at 519.

[3] Kirtsaeng v. John Wiley & Sons, Inc., 133 S. Ct. 1351, 1363 (2013).

[4] Ibid.

上诉法院裁决的案件中。联邦巡回上诉法院是美国处理所有专利上诉的法院。在马林克洛特诉麦德帕特(Mallinckrodt v. Medipart)一案中[1],联邦巡回法院试图改写专利权用尽的历史,且这种尝试可能已经成功了。

但是,要了解马林克洛特是如何偏离已定的专利权用尽法则的,我们需要回到 50 年前。在半导体时代之前,电子产品依靠真空管来控制电流。通用有声电影公司(General Talking Pictures)诉西部电气有限公司(Western Electronic)案[2]涉及真空管放大器的专利。美国电话电报公司(AT&T)的子公司西部电气有限公司,将其专利权授予给美国变压器公司(Transformer Company),以制造用于家用的电子管。但是西部电气保留了将它们的真空管放大器专利用于商业用途的权利,例如用于电影院。换言之,美国变压器公司获得了专利持有人的授权,只能为国内私人市场制造和销售设备,而不允许为商业市场制造或销售设备。美国变压器公司将这些设备卖给了通用有声电影公司,后者将它们提供给了电影院。这引起了西部电气的不忿,并最终引发了诉讼。

从表面上看,该案的事实似乎很简单:制造商在明知缺乏有效许可的情况下,制造和出售发明。生产专利设备需要获得专利持有人的许可,否则便构成侵权。西部电力本可以向美国变压器公司授予许可,允许其能够出于任何目的制造尽可能多的设备,然后将其出售给任何它选择的人。但西部电力并没有这样做。它授予的许可证"明确限制了制造和销售用于无线电业余接收,无线电实验接收和家庭广播接收的专利放大器的权利"。专利权用尽后需要专利持有人授权才可销售。但是,当美国变压器公司将设备出售给通用有声电影

---

[1] 参见 976 F. 2d 700 (Fed. Cir. 1992)。
[2] 参见 304 U. S. 175 (1938)。

公司时,并没有经过授权。就像双方都知道的那样,这样的销售行为被明确禁止。正如最高法院所说:"专利权人没有出售放大器,也没有授权美国变压器公司出售它们或其他任何用于影院或任何其他商业用途的放大器。"[1]所以那些未经授权的销售行为构成侵权。五十多年来,这似乎是该案件显而易见的、可以被接受的结果。

然而,在1992年联邦巡回法院裁决了马林克洛特一案(Mallinckrodt)。在此,法院采用了对通用有声电影公司一案的新解释。联邦巡回法院将通用有声电影公司的销售行为解释为"有条件的"销售行为,而不是未经授权的销售行为。但是,这种解读与一个多世纪以来最高法院的法律(适用)并不一致,最高法院否认专利持有人有权对合法出售的专利物品附加条件。

马林克洛特研究了一种气溶胶输送装置,并已获得专利,此类装置在医院中用于分发诊断肺部X射线的雾剂。这些设备的制造成本约为10美元,但售价却接近50美元。专利持有人马林克洛特将这些设备标注为"仅一次性使用",据称是为了鼓励将其作为"生物有害废物"进行妥善处置。[2] 当然,马林克洛特肯定知道限制一次性使用也会促进设备的销售。但一些医院没有在每次使用后都购买新设备,而是将已用完的设备交给被告麦德帕特(Medipart),后者对这些设备进行充电并送回医院以供重复使用。马林克洛特提起诉讼,称其"仅一次性使用"的标签超越了用尽规则,并阻止医院与麦德帕特合作修复这些设备。

审理此案的法官们面临着所有此类案件都会遇到的问题——如何平衡知识产权所有者的利益,与消费者和售后市

---

[1] 参见304 U.S. 175 (1938) at 180。
[2] 参见976 F.2d at 702。

场竞争对手的权利。也许是受软件行业采用许可证方式的影响,联邦巡回法院支持专利所有人,认为除非对购买者施加的限制以某种方式上升到垄断行业的反托拉斯违规水平,否则消费者和竞争对手可以选择不购买受限制的商品。

当面对包括电影专利在内的最高法院判例时,法官们实际上只是耸耸肩。他们把这些先例和过时的消费者保护概念与过时的经济学联系起来。相反,法院倾向于"契约自由",即各方可以自由达成他们认为最好的协议。但这种想法忽视了一个事实,即在过去的几百年里,类似限制专利产品销售的规定一直被拒绝,并且也未能区分合同违约和专利侵权行为。无论马林克洛特与医院之间达成了什么协议,该案中的被告麦德帕特从未同意过任何协议。

带着这种意识形态,联邦巡回法院接受了对通用有声电影公司的歪曲改写。该案代表了这样一种情况,即专利商品的"有效销售条件"会阻却用尽原则的适用,并限制购买者对产品的使用。但是,法院未能充分解释马林克洛特的"仅一次使用"标签与爱迪生的标签,或与布鲁姆诉麦奎万案、亚当斯诉伯克案、基勒诉标准折叠床公司案、斯特劳斯诉胜利留声机案中的限制有何不同。该案的解读忽略了长期以来对这种限制的不满。它还得出这样的结论:只要在产品上添加标签,专利持有人就可以消除用尽(原则)及其伴随的权利。

在马林克洛特诉麦德帕特案之后,专利权用尽的世界已经混乱了二十多年。"出售的有效条件"与不可强制执行的售后限制之间,到底有什么区别?你能再装满你的咖啡杯和打印机墨盒吗?

即使是最高法院最近对专利权用尽的调查,也因其本身缺乏明确性而遭受打击。在2008年的一宗案件中,乐金电子(LG Electronics)将广达电脑(Quanta Computer)诉至法院,因其在广达产品中使用了乐金电子的专利半导体芯片技术。广达从特许零售商美国英特尔公司（Intel）购买了这些芯片。因此从所有方面来看广达完全拥有芯片。然而，乐金电子辩称，他们与英特尔公司的合同中明确规定，英特尔有权出售乐金电子许可的芯片，但如果没有乐金电子的单独专利许可，英特尔公司的客户不能实际上使用这些芯片。

从法律上讲，这种说法具有一定道理。就像不动产一样，专利权可以分为几部分。乐金电子辩称，为什么不应该允许它将制造半导体芯片的权利出售给英特尔，然后再将使用该芯片的权利出售给英特尔的客户呢？除此之外，这种策略可能会导致价格歧视。芯片的购买者可能愿意支付相当不同的价格，来获得使用它们的特权。

但是最高法院明智地驳回了这些论点。最高法院的理解是，"专利产品的最初授权销售行为，终止了对该产品的所有专利权"[1]。乐金电子在授权销售后不能控制其专利设备的使用。当一项专利物品被合法生产和出售时，"为专利权人的利益，对其进行的隐含使用没有限制"[2]。毕竟，买一件不能用的东西有什么意义呢？此外，法院认识到如果允许专利权人通过律师巧妙的解释来避免专利权用尽，他们就可以"实际上保护任何专利项目免于用尽"。

由于最高法院驳回了乐金电子限制其产品下游使用的企图，许多人认为最高法院对广达案的意见破坏了马林克洛特案的根基。在裁定乐金电子的专利权已经用尽的情况下，广达电子的判决承认，执行售后限制的适当框架是合同法而非专利法。法院认为，即使发生了授权出售，违约合同的索赔仍

---

[1] Quanta Computer, Inc. v. LG Elecs., Inc., 553 U.S. 617, 621 (2008).
[2] Ibid. at 630.

可能存在。[1] 对法院而言,合同下的潜在补救措施与用尽原则的问题是分开的。

马林克洛特案的结论刚好相反,其认为"除非该条件违反其他法律或政策(在专利领域,尤其是滥用或反托拉斯法),否则私人方保留就销售条件订立合同的自由",因此只要限制是"合理地在专利授予范围之内"[2],就保留他们的专利权。但广达发现,如果是对某物品进行授权销售,无论签订多少合同,都不能改变专利所有者权利已经用尽的事实。

3. 自我复制技术与永久复制机之谜

与版权类似,专利权用尽也由于技术进步而变得复杂,特别是在可以很简单的,甚至可以自动执行复制的技术中。2013年,最高法院再次审核了专利权用尽原则,这一次是涉及转基因大豆种子。拥有这些种子的专利的孟山都公司(Monsanto),起诉了那些从以前的季节中保存种子并进行重新种植的农民,声称这侵犯了"制造"其专利产品的专有权。鲍曼(Bowman)是这些农民中的一员,他辩称当农民购买原始批次的种子时,种子的专利权就用尽了;而随后从收获的植物中获得的种子,其专利权也是用尽的。他认为种子是自然"自我复制的",它们自己成长。法院驳回了鲍曼的论点,包括所谓的"豆子应负全责"的辩护,但法院指出判决仅限于该案的事实。实际上,其他技术可能会在"购买者控制之外"进行自我复制,或者自我复制可能是"将商品用于其他目的的必要但偶然的步骤"。请注意,法院引用了《版权法》第117条的内容,你或许还记得,该条允许制作某一软件程序的必要步骤副本或对其修改。

---

[1] 参见 Ibid. at 637 n. 7。
[2] Mallinckrodt v. Medipart, 976 F. 2d at 708 (citation omitted)。

在不久的将来,可能还会出现另一起自我复制案例,这将给法院在平衡知识产权和个人财产权方面带来更大的挑战。在种子和联合收割机的背景下,农民面对这些问题的事实恰恰表明,技术所有权已经变得十分不确定。毕竟,如果他们不能轻松地享受平凡追求的农场生活,他们还能去哪里呢?

4. 全球销售,局部用尽

就像版权法在柯察恩(Kirtsaeng)案中面临的国际用尽问题(Internation Exhaustion)一样,专利法也在试图决定如何处理发生在美国以外的专利设备的销售。如果海外销售导致专利权用尽,从海外购买的产品(有时以更低的价格)可以进口到美国市场。如果不这样做,那么任何包含专利技术的产品的全球贸易,都将变得零散而复杂。

人们对这个问题的困惑始于2001年,尽管当时有很多案件表明,世界上任何授权销售都可能引发专利权用尽,但联邦巡回法院在爵士摄影公司诉国际贸易委员会(Jazz Photo Corp. v. International Trade Commission)一案中,却发现了相反的情况。[1] 富士写真胶片公司(Fuji Photo)为一次性相机申请了专利,在无处不在的照相手机出现之前,这款相机在婚礼、毕业典礼和生日聚会上大受欢迎。活动策划者会将相机分发给参加者,他们将在庆祝活动中拍摄照片,然后将相机留下,分批冲洗。富士的竞争对手看到了机会,他们拿走这些用过的相机,将它们运往海外以补充胶卷,再将其进口到美国销售。富士提起诉讼,称尽管这些公司合法购买了二手相机,但它们侵犯了富士公司的专利。富士认为,对它们进行翻新相当于制造一项新的专利产品。

联邦巡回法院判决,对在美国购买的相机适用专利权用

---

[1] 参见 264 F. 3d 1094 (Fed. Cir. 2001)。

尽原则，翻新是完全合法的；但对在国外购买的相机翻新则是侵权行为。为什么会有这样的差异呢？法院认为，"国外原产地的产品不会用尽美国的专利权"。为支撑其观点，该裁决引用了一个 1890 年最高法院的案例——博世诉格拉夫案（Boesch v. Graff），该案主张"合法的外国购买并不排除，在进口到美国并在美国销售之前，需要获得美国专利权人的许可"[1]。

然而，博世案却没有说明这一点。在这种情况下，专利权人同时拥有德国和美国的灯类燃烧器专利。被告在德国购买的灯类燃烧器，不是来自专利持有人而是来自赫克特（Hecht）。根据德国法律，赫克特被允许作为"优先用户"来制造和销售灯类燃烧器。此案的争议在于，被告是否可以在美国转售从赫克特那购买的灯类燃烧器。最高法院对此得出的结论是，赫克特所进行的销售与专利持有人所做的销售相反，并未导致专利权用尽。[2] 同时，用尽的基本要求是权利人对客体的授权转让。因此，在博世案中并不存在用尽，这并不是因为销售发生在海外，而是因为被告没有从专利持有人那里购买产品。联邦巡回法院对博世案的解读，使专利持有人享有全球性的地域歧视权，这与一百多年来专利权用尽的判例大相径庭。[3]

最高法院在柯察恩案的判决中，驳回了版权权利用尽的地域限制，使人们对爵士摄影公司的版权控制能力产生了严重的怀疑。正如我们前面提到的，柯察恩强调了用尽的普通法根源，即用尽没有领土上的限制。专利权用尽也分享了这些根源。柯察恩警告，严苛的国家用尽制度可能对商业带来

---

[1] 133 U.S. 697 (1890).
[2] Ibid. at 703.
[3] 参见 John A. Rothchild, "Exhausting Extraterritoriality", Santa Clara Law Review 51 (2011): pp. 1199-1201, 1205-1206。

荒谬的影响。法院指出,在这样的规则下,例如,海外生产的汽车因为包含受版权保护的代码,就不能被国内车主转售。这同样适用于车辆或智能手机中成千上万的已获专利的组件。柯察恩案还驳斥了版权持有人有权按地理区域划分市场的观点:"宪法的措辞中没有表明(版权)应该包括划分市场的权利,或伴随的对同一本书向不同的购买者收取不同价格的权利,比如提高或最大化收益。据我们所知,也没有任何立国(法)者提出过任何此类建议。我们没有发现任何先例表明,在解释版权法规时会优先考虑市场划分。"〔1〕

尽管它在最高法院受到冷遇,但这恰恰是专利持有人反对国际用尽的理由。如果海外销售导致用尽,就会给它们精心制定的计划带来麻烦。对此的一种回应是,就像最高法院在柯察恩案所做的那样,"太糟糕了"。专利,就像版权一样,并不赋予其所有者控制其产品的所有有价值的用途。这些权利是受限制的,专利持有人必须接受这些限制。

然而,正如约翰·威利(John Wiley)指出的,价格歧视可能对需要廉价教科书的发展中国家学生产生积极影响,专利持有人讲述了他们自己的,甚至更引人入胜的市场细分优势的故事。专利持有人指的不是廉价的书籍,而是廉价的药品。像美国这样发达国家的公民,通常比贫穷或欠发达国家的公民,支付得起更高价格的产品。通过向富裕国家收取更高费用,制药公司可以向贫穷国家收取更低费用。通常情况下就是这样。例如,2010年的一项研究调查了国际药品价格的差异,发现排名前五的国家,药品价格几乎是排名后五的国家的五倍。〔2〕专利持有者声称,其结果是获得潜在救命药物的机

---

〔1〕 Kirtsaeng, 133 S. Ct. at 1371.
〔2〕 参见 Frank R. Lichtenberg, "Pharmaceutical Price Discrimination and Social Welfare", Capitalism and Society 5, no. 1 (2010): pp. 1–29, at 4。

会增加了。

制药行业没有告诉我们太多关于智能手机或墨盒市场的信息,将其抛开不谈,我们有理由怀疑这个简单故事的准确性。[1] 毫无疑问,一些来自发展中国家的患者确实受益于价格歧视。但并非所有人都是这样。有时制药公司会受到诱惑,利用贫穷国家内部巨大的贫富差距,将产品以高价出售给利润丰厚的少数人。尽管有严格的出口禁令,许多药物在发展中国家仍然是负担不起的。[2] 而且像美国这样的国家,在财富不均方面也有自己的问题。当富裕国家通过高消费价格提供补贴时,这些国家中穷人的生活就会捉襟见肘。[3] 最终,尽管制药公司感到来自公众的压力,让发展中国家的药品价格保持低廉,但(它们)价格歧视的目标不是增加社会福利,而是使利润最大化。就像教科书出版商一样,大型制药公司享有非凡的利润。2014 年,《福布斯》(Forbes)报告辉瑞(Pfizer)的利润高达惊人的 42%[4],这并不是一家以社会福利为基础来定价的公司。

即使接受了应该提倡价格歧视的观点,但价格歧视是否依赖于限制专利权用尽还远未明朗。如果辉瑞想在不同国家的不同地区收取不同的价格,它有很多方法可以使用。作为

---

[1] 参见 Sarah R. Wasserman Rajec, "Free Trade in Patented Goods: International Exhaustion for Patents", Berkeley Technology Law Journal 29 (2014): pp. 317-376, 361-367; Ariel Katz, "The First Sale Doctrine and the Economics of Post-Sale Restraints", Brigham Young University Law Review (2014): pp. 55-142, 80-81。

[2] 参见 Katz, "The First Sale Doctrine", 81 (citing F. M. Scherer and Jayashree Watal, "Post-TRIPS Options for Access to Patented Medicines in Developing Nations", Journal of International Economic Law 5 [2002]: 913)。

[3] 参见 http://doggett.house.gov/images/DoggettLetter1.11.pdf, accessed April 10, 2016。

[4] 参见 Liyan Chen, "Best of the Biggest: How Profitable Are the World's Largest Companies", Forbes, May 13, 2014, http://www.forbes.com/sites/liyanchen/2014/05/13/best-of-the-biggest-how-profitable-are-the-worlds-largest-companies/, accessed November 20, 2015。

专利持有人,辉瑞具有令人难以置信的强大议价能力,并且可以坚持限制进口到美国的合同条款。产品跟踪技术已经得到了显著提高,所以与十年前相比,如今更有可能通过海关检查和其他形式的商业监督,来发现违规行为。除避免违约外,制药商和分销商还有信誉激励措施,(促使)它们遵守这样的协议。药品有关的非专利法规也需要考虑。对于在美国制造并销往海外的处方药,即使这些药物未获得专利,美国食品及药物管理局仍明确禁止其再进口。简言之,尚不清楚价格歧视是否需要国际用尽规则(Internation Exhaustion)。

5. 用尽原则,终局否?

因此,我们回到 2016 年 2 月裁决的利盟诉印象产品案。[1] 此案中,联邦巡回法院十二名法官小组中的多数人支持了利盟公司,认为该公司有权限制转售其授权销售但标注了"一次性使用"标签的打印机墨盒,重申了法院对马林克洛特案的错误推理。与此同时,尽管最高法院在柯察斯案中做出了裁决,但该公司仍坚持爵士摄影公司案的规则,认为在美国境外的授权销售不会引发专利权用尽。

联邦巡回法院认为,这不但是专利权用尽的彻底改写,而且对消费者财产利益性质的彻底改写。根据法院的说法,当专利持有人向你出售一种产品时,你使用和享受该产品的权利范围完全取决于专利持有人的意愿。根据联邦巡回法院的理解,这一销售代表了使用或转让该产品的默示许可——与约翰·迪尔的理论相似,即农民只有驾驶拖拉机的默示许可。但是,如果专利持有人通过标签、贴纸或其他方式宣布,希望限制你对所购商品的使用行为,那么你的财产

---

〔1〕 参见 Lexmark Int'l, Inc. v. Impression Products, Inc., No. 2014-1617, 2016 WL 559042 (Fed. Cir. Feb. 12, 2016)。

权就被单方面地重新定义了。但财产法不是这样运作的。从历史上看,法院也不是这样理解用尽的。对动产的财产权,甚至是受专利保护的动产,也不受这些木偶操纵线的支配。如果消费者使用和转让他们购买物品的权利,确实取决于默示许可,那么这些权利可以被随时剥夺。所有权不该是这样的。

除了解决售后限制问题外,联邦巡回法院还回避了柯察恩案的普遍用尽规则(Universal Exhaustion)。法院没有承认专利和版权用尽的共同普通法渊源,而是竭力区分这两个法律体系。法院指出,尽管在海外有所回报,但国际用尽规则也可能会剥夺专利持有人在美国首次销售的报酬,而对于柯察恩案下的版权持有人而言,情况同样如此。法院强调,专利保护的范围和可获得性因国家而异,版权法也不是统一的。法院还援引了属地原则——美国不能规范境外行为的概念——但是用尽原则并不要求在域外适用法律,而只需承认在域外发生的事实即可。无论如何,柯察恩案在版权问题上都驳斥了同样的论点。也许更有效的是,联邦巡回法院依据的事实是,柯察恩案援引了最高法院对《版权法》第109条的解释,而《专利法》没有等效的法律条款,因此法院的文本分析并不适用于此。但最高法院对法律的解读,深受之前几个世纪的个人财产普通法的影响,这段历史本应明示联邦巡回法院对版权用尽的理解,就像它明示最高法院对版权用尽的理解一样。在我们写这本书的时候,请愿书已经被提交至最高法院。如果法院同意审理此案,我们希望它能在一定程度上尊重买家的权利。否则,数字经济中的所有权将面临更大的风险。

无论是国际用尽(规则)、自我复制技术,还是试图进行的售后限制,专利法都面临着本书的核心问题——当你购买产品时,你拥有什么?这是150多年前,最高法院在第一次专利权用尽裁决中提出的问题,也是联邦巡回法院仍在努力充分回答的问题。在下一章也就是最后一章中,我们将探讨法院和立法者可能更清晰、更公正地回答这个问题的一些方法。

第十章　所有权的不确定的未来

在详尽地讨论所有权面临的威胁和其来源之后,作者在本章给出了初步的干预措施,来协调稳定、可靠的个人财产权与不可避免的数字未来。权利的意义就在于法律的认可与保护。而推动法律的变革并非易事,总是面临种种障碍,在数字经济时代更是如此。作者给出了包括对EULA要求披露和加以限制、限制DMCA第1201条的使用、重塑版权法及权利用尽原则等在内的初步建议。并指出了在租赁、订阅和共享的模式下,虽然用户获得了便捷、实惠、灵活的产品体验,但我们正在逐步失去在所有权和临时使用权之间选择的机会,并将不得不被无所不在的控制、安全和隐私的威胁所包围。重新定义数字商品的所有权并非是要因循守旧,而是要强调作为普通消费者的我们能够有机会、有权利在众多选项中进行选择。数字资产中有意义的个人产权将使消费者、创作者和整个市场受益。

——译者注

至此，这本书已经解释了消费者与所购产品之间关系的转化，以及推动这些转化的因素。法律、技术和市场的交相发展，削弱了我们对周围的数字商品和有形商品的所有权观念。在最后一章中，我们有两个目标。第一，我们将解释一个问题，为什么在租赁、订阅和共享有着许多好处的情况下，一种所有权消失的经济形式却是令人担忧的。第二，概述一些干预措施，尝试帮助维护所有权及其所服务的许多利益。我们的目的不是开倒车或阻止创新。相反，我们想通过强调削弱所有权的后果，来保留有意义的选择和个人财产的诸多利益。

1. 所有权、共享和选择

所有权不再被重视的时代不但无可避免而且已经到来。网飞和声破天等流媒体服务的爆炸性增长，以及实体媒体销量的直线下降，仅是故事的一小部分。同样的，数字媒体和设备受到许可证和数字版权管理的限制，已经是不争的事实。尽管它们本身很重要，但这些都是所有权发生转变的更普遍和更契合当代文化的例子。

我们在所谓的"共享经济"的出现中看到了这种转变的证据。对于不熟悉该术语的人，它泛指这样一种在技术的支持下，使个人和组织能够共享、租用和重复利用资源的服务和业务模式。如果你曾经乘坐优步（Uber）或曾在爱彼迎（Airbnb）的出租房过夜，那么你就已经参与到了共享经济之中。共享经济中的商品和服务范围是惊人的。除了出行和公寓外，还有出租的停车点、自行车、私人飞机、衣物。其他平台可帮助邻居共享工具和家庭用品。LeftoverSwap 和共飨时刻（EatWith）甚至将共享模式应用于进餐。

在日常英语中，"共享"是指免费给予的东西。实际上，一些网站例如 NeighborGoods 和 Streetbank 促进了共享。当然，这种共享是以个人所有权为前提的,因为你无法将不拥有的东西借给他人。但是,在"共享经济"的名义下,许多服务都是以短期租赁进而营利为目的的,大多数都是以货币交换获得短期的使用权。一些服务依赖于个人所有者通过技术平台连接到最终用户的分布式网络,其他的则依赖于协调大量用户需求的单一供应商。

共享经济中的一些尝试得到迅速发展,引起了人们广泛的关注。但是,远在第一个 iPhone 应用程序问世之前,人们就已经会租车,会住在旅馆里,或者租保龄球鞋了,那么,是什么使共享经济具有"颠覆性"呢?其中一点就是,无所有权模式已经逐渐常态化,例如我们以前多在假期才租车,而现在通过共享交通工具上下班成为常态。

在很大程度上,短期使用模式的扩展是技术发展所带来的效果。在每个人口袋里都有智能手机之前,租几个小时自行车的交易成本实在是高得让人望而却步。通过使所有者和用户更容易互动,技术使现有资源的利用更高效。例如,汽车大部分时间都被停放在一边,如果你按下一个按钮就能确实地呼叫到一辆车,将你带到要去的地方,为什么还要拥有汽车呢?尤其是如果它更便宜的话。当然,几十年来公共交通用户一直在反复提出和回应这样的问题。

所有权的弱化背后也有财富减少这一原因,特别是在千禧一代中。经济衰退后,与前几代人相比,年轻人更不太会优先考虑买车或买房这一类传统的财务大事。近年来,拥有汽车或房屋的年轻人的数量已大幅减少。[1] 渐渐的,所有权似

---

[1] Richard Fry, Young Adults After the Recession: Fewer Homes, Fewer Cars, Less Debt (Washington, DC: Pew Research Center, 2013), 2, http://www.pewsocialtrends.org/files/2013/02/Financial_Milestones_of_Young_Adults_FINAL_2-19.pdf, accessed September 4, 2015:"拥有主要居所的年轻家庭所占比例从 2007 年的 40%急剧下降到 2011 年的 34%……在 2007 年,在有 25 岁以下成年人的家庭中有 73%的家庭至少拥有或租赁了一辆车。到 2011 年,这些年轻人中有 66%的家庭拥有汽车。"具体内容可在以下网址查询:http://www.pewsocialtrends.org/files/2013/02/Financial_Milestones_of_Youn 19.pdf。

乎成为他们负担不起的奢侈品。从这个意义上说,优步与声破天并没有太大区别。如果你有钱,则可以拥有一辆汽车或一套唱片集;或者,你可以花更少的钱来获得乘车和音乐服务。

人们会被更低的标价所吸引是可以理解的,但有时价格标签无法反映隐藏的成本和其他风险。所有权对个人和整个社会都有长期的好处,但这些好处在隐私、自主权和竞争等方面并非总是显而易见的。这并不是说我们应该取消分配和共享资源的新模式,或者我们应该不惜一切代价保持现有模式。但是我们需要充分了解我们所追求的"实惠"背后是什么。

共享经济中有失败者,这不仅仅包括传统的出租车公司和昂贵的酒店。爱彼迎用户实现的节省以及公司的利润,部分是外部性的结果,这些外部性的费用无须爱彼迎及其用户承担。在大大小小的城市中,有证据表明,爱彼迎促使了民宿的租金的上涨。[1] 随着越来越多住户发展共享经济,当地人可租用的住房越来越少,长期房客甚至被驱逐,为度假者腾出空间。[2]

越来越多的工人被归为独立承包人,他们也承担了共享经济中的无形成本。优步目前的市值超过500亿美元,通过坚持将其驾驶员归为独立承包人,来规避为绝大多数工人支付

---

[1] 参见 Tim Logan, Emily Alpert Reyes, and Ben Poston, "Airbnb and Other Short-Term Rentals Worsen Housing Shortage, Critics Say", Los Angeles Times, March11, 2015, http://www. latimes. com/business/realestate/la－fi－airbnb－housing－market－20150311-story. html, accessed September 4, 2015; Laura Kusisto, "Airbnb Pushes Up Apartment Rents Slightly, Study Says", Wall Street Journal, March 30, 2015, http://blogs.wsj. com/developments/2015/03/30/airbnb－pushes－up－apartment－rents－slightly－study－says/, accessed September 4, 2015。

[2] 参见 Rachel Monroe, "More Guests, Empty Houses", Slate, February 13, 2014, http://www. slate. com/articles/business/moneybox/2014/02/airbnb_gentrificatio accessed September 4, 2015。

最低工资、工资税、医疗保险、失业救济金和工人补偿金。[1]这种成本转移对优步的用户来说并不明显。他们所看到的只是与出租车和一瓶免费瓶装水相比节省下来的几美元。

这些问题并非无法克服。它们很大程度上是一种超越了法律的商业模式所带来的后果。但是法律将会向前发展以适应这种模式。爱彼迎受到地方当局的严格审查,优步正在面临关于其司机雇佣状况的诉讼。共享经济创新提升了效率,进而带来了实惠,这些很有可能会保留下来。但到目前为止,它们所依赖的外部性却未能保留。

临时租用模式(Temporary-access models)还使我们容易受到价格波动的影响。当我们依靠他人拥有的资源时,我们必须接受他们所要求的价格。优步有争议的峰时定价模型说明了这一点。当对乘车的需求很高时(例如由于体育赛事或人质危机事件[2]),优步将价格提到了正常票价的八倍。[3] 其为这一政策辩护的理由是更高的价格有助于引导更多司机上路以满足消费者的需求。竞争能够对价格施加一些限制。如果你不想支付优步过高的价格,则可以乘坐价格受管制的出租车或公共交通工具,也可以自己开车。现在确实如此,然而一旦我们走上临时租用的道路,可能就很难再返回到这种状态。在即将来临的自动驾驶时代,自行驾车可能并非易事。

临时租用模型在价格和便利性等方面的优势使其人气火

---

[1] 参见 Stephen Gandel, "Uber-nomics: Here's What It Would Cost Uber to Pay Its Drivers as Employees", Fortune, September 17, 2015, http://fortune.com/2015/09/17/ubernomics/, accessed November 20, 2015。

[2] 参见 Alison Griswold, "Uber Surged Prices during the Sydney Hostage Crisis. It Needs to Do Better", Moneybox (blog), Slate, December 15, 2014, http://www.slate.com/blogs/moneybox/2014/12/15/uber_sydney_hostage_crisi accessed September 4, 2015。

[3] 参见 Dan Kedmey, "This Is How Uber's 'Surge Pricing' Works", Time, December 15, 2014, http://time.com/3633469/uber-surge-pricing/, accessed September 4, 2015。

爆，但我们也担心这种模型对以后的长期影响。所有权的物质和法律基础结构，很可能随着人们的忽视而丧失。制造商正在制造我们无法真正拥有的汽车、电子产品和其他设备，数字版权管理则使他们忠于另一个主人。出版商正在推出仅以数字版本形式存在的版本。[1] 尽管黑胶唱片最近重新流行，但在美国，只有二十家工厂在紧迫运营，它们难以满足需求。[2] 如果没有生产和交付途径，所有权就会变得更加昂贵，这是确有可能发生的。一旦唱片店消失了，CD 厂也关闭了，声破天等服务价格的竞争优势也会随之减弱。

同样重要的是，当我们以所有权换取使用权时，就牺牲了可靠性。我们大多数人都曾有过这样的经历，发现我们想看的电影已经从我们的网飞列表中消失了。[3] 随着授权到期和新交易的达成，列表无时无刻不在更新。或者，你最喜欢的专辑可能已从你订阅的音乐服务中撤出，因为该歌手与别家音乐服务签署了独家协议。当然，这些都是小问题，但是它们突出了消费者拥有控制权的模式与将控制权委托给第三方的模式之间的对比。更令人不安的是，作品可能会完全消失。在没有个人所有权的世界中，出版商可以从少数的订阅服务中撤出有争议的书籍、电影或专辑，使其就像从未存在过。

并且，当你不拥有设备时，就失去了对于设备使用方式的

---

[1] 参见 "Random House Launches New Digital – Only Imprints", Publisher's Weekly, November 29, 2012, http://www.publishersweekly.com/pw/by-topic/digital/content-and-e-books/article/54930-random-house-launches-new-digital-only-imprints.html, accessed September 4, 2015。

[2] 参见 Vish Khanna, "Why Aren't There More Vinyl Pressing Plants?" The Pitch (blog), Pitchfork, June 9, 2014, http://pitchfork.com/thepitch/363-vinyl-shortage/, accessed September 4, 2015。

[3] 参见 Ted Sarandos, "Why You'll See Some High Profile Movies Leave Netflix US Next Month", Netflix US & Canada Blog, August 30, 2015, https://web.archive.org/web/20151126144555/http://blog.netflix.com/2015/08/youll-see-some-high-profile-movies.html (site discontinued), accessed November 20, 2015。

控制权。到目前为止，对每个人的使用限制在很大程度上是相同的，即"你不能外借这本电子书"或"你的租用期为二十四小时"。但是，随着技术的进步，监视和评估个人行为的成本降低，我们可能会看到越来越细化的、基于个性化的使用限制。想象一下，你在放学后停车超过三次时，你时髦的跨界车会警告你："抱歉！您已经达到每日乘客下车数量的上限。您是否希望将您的汽车计划升级为停车 Pro 版服务？"如果这不够令人难堪，你的汽车制造商还可以依靠收集到的附近房产价值、驾驶模式和车内搜索历史信息对你进行准确预测，想知道你愿意花多少钱来换取送走最后一个脾气暴躁的一年级学生的特权。[1] 这正是我们在整本书中讨论的价格和地理歧视策略的目标，即将我们的生活细分为个性化交易，并尽可能多收取我们愿意为每笔交易支付的费用。放弃所有权是迈向那个未来的必不可少的一步。

临时租用模式并不是天生有害的。对于任何特定的消费者来说，这一选择是否正确将取决于许多因素：资源的类型、期望的使用功能、评估使用价值的方式、收入、对耐用性的期待以及许多其他的考虑因素。喜欢网飞的人可能会珍惜他们收藏的唱片。而一个极度依赖自行车的通勤者可能会热情地报名参加机器人汽车服务。没有一种适用于所有情形的万能方案。重要的是，我们可以根据自身的需要在所有权和临时使用权之间进行选择。

物理载体和商业模式在不断变换。Columbia House 实际上

---

〔1〕 如果这看起来有些牵强，请思考下福特市场与销售副总裁的声明："我们知道每个违反法律的人，我们都知道你是在什么时候这样做的。我们的车内装有 GPS，因此我们知道你在做什么。"Jim Edwards, "Ford Exec Retracts Statements about Tracking Drivers with the GPS in Their Cars", Business Insider, January 9, 2014, http://www.businessinsider.com/ford-jim-farley-retracts-statements-tracking-drivers-gps-2014-1, accessed September 4, 2015。

正在重新推出黑胶唱片。与插图手稿的消亡不同,我们今天所看到的转变,其背后的原因是所有权的概念和法律框架正在坍塌。在本章的其余部分,我们将探讨保留选择权的方法。

2. 法律改革之路

法律改革是维护所有权的最佳方式之一。法律是调节市场和保护个人利益的有力工具。知识产权的概念本身就是法律的产物,是法律对竞争的精巧平衡。从这个角度考虑,无论谁优先,平衡知识产权人和消费者的权利都是不可回避的问题。法律可以偏向权利人,这是通常做法。或者我们也可以利用法律维护所有人的利益。但是,没有一个单一的法律路径可以解决本书中详述的所有问题。

当然,法律变革也面临着障碍。司法程序进展缓慢,而法院往往在渐进地创新变革。立法的过程有其自身的困难。在当前的政治环境下,国会几乎无法避免政府定期停摆,更不用说就实质性政策变化达成协议了。且从历史上看,版权立法在考虑公共利益方面做得很差。[1] 但是,尽管有这些障碍,大规模的版权改革仍在进行中。玛丽亚·帕兰特(Maria Pallante)在著作权登记处的推动下呼吁制定"下一个伟大的著作权法案",对此国会已经采取了一些初步措施来重新考虑适用于数字经济的法律。[2] 这一努力将走向何处仍有待观察。

就是说,立法者,法院和监管者可以采取一些措施,但前

---

[1] 参见 Jessica Litman, "Revising Copyright Law for the Information Age", Oregon Law Review 75 (1996): pp. 19-48 (describing a legislative process dominated by industry insiders)。

[2] 参见 Maria A. Pallente, "The Next Great Copyright Act" (lecture, Columbia University, New York, March 4, 2013), https://web.law.columbia.edu/sites/default/files/microsites/kernochan/files/Pall The%20Next%20Great%20Copyright%20Act.pdf, accessed September 4, 2015。

提是他们了解消费者所面临的问题并有动力去解决相关问题。这些问题中,有些是执行现有法律的问题,有些则依赖于法院对法律条文的解释,使其对所有权所受威胁更加警觉,其他则是立法更新的问题。

(1)避免虚假的所有权承诺

我们已经讨论过的一个局部解决方案,其重点是确保我们选择所有权或使用模式时拥有准确的信息。如今,消费者没有很好的方法来区分授予所有权意义上的销售和施加各种限制的产品使用许可。两者都被贴上了"销售"的标签,鼓励我们去"购买"和"拥有",但并未提醒我们这些词在数字环境中传达的特殊含义。正如我们所指出的,实际上很多人都被欺骗了。如果消费者想选择租赁或订阅,他们应该是在自由选择的状态下进行,而不应该被误导性的语言欺骗,导致无法获得所有权。由于消费者自身不能轻易拒绝这些做法,法院不太可能受理一个质疑"立即购买"谎言的虚假广告案。这就把监督这些权利滥用的责任交给了FTC,它有能力应对这些行为。我们敦促FTC调查"立即购买"按钮,并鼓励零售商进行简明提示,明确指出买家对数字商品享有的权限。

(2)限制格式合同

正如我们在第四章中所论证的那样,法院不应再将许可视为合同,而应将其视为纯粹的许可授权。但是,即使法院坚持采用"许可等同于合同"的框架,也是解决所有权问题的另一种方法。许可试图重新定义消费者与其购买物之间的关系,其依赖的是法律拟制的自由协商协议。但是这种拟制并不能反映现实,应该被法院废除。提示某一合同条款与同意这一条款是不同的。法律施加"阅读义务"(to read),使人们对他们未能检查的条款负责,这是过往的遗留物,当时购买商品通常不会伴随数千字的法律限制。如今,没有消费者想要阅读数字环境中铺天盖地的复杂条款和条件,其中许多条款和条件比本章还要长。法院是时候摒弃认为这是理所应当的假设了。

理想情况下,法院应依据合同法的公平原则来遏制终端用户许可协议(EULA)的严重侵权,以保护个人。不平等的协议中对某一方的保护达到了惊人的程度,这源于双方谈判能力的悬殊。对于名为"销售"实则在交易中排除了所有权的许可,法院可以认定其显失公平而拒绝实施。消费者要么接受这些协议,要么放弃购买,这肯定有失公允。某些条款,例如单方面保留终止或更改协议的权利,也显然不合理。然而,法院并不急于找出这些勉强签订的协议中的显失公平之处,因为其不愿意干预市场。但是,如果市场上充斥着未读的条款和误导性的营销,则必须进行干预。

合同法与市场动态紧密相关,且过度依赖通知规则而非要求实质性的同意,意味着或许它无法解决人们对终端用户许可协议的担忧。如果是这样,我们需要寻找其他解决方案。其中,FTC的广告披露手段是一种有前途的策略。一系列产品的印刷广告、电视广告和网络广告,虽然都有明确价格,但没有充分披露所附加的条款。对此,FTC宣布了一项政策,要求对相关条款进行清晰、明确的披露。[1] 信息披露的评估采用FTC的4P原则:突出(prominence)、说明(presentation)、位置(placement)和接近度(proximity)。[2] 突出,要求披露内容

---

[1] 参见 Lesley Fair, "Full Disclosure", FTC Business Blog, September 23, 2014, https://www.ftc.gov/news-events/blogs/business-blog/2014/09/full-disclosure, accessed September 4, 2015。

[2] 参见 Ibid.; Nancy S. Kim, Wrap Contracts (New York: Oxford University Press, 2013), pp. 89-90。

易于阅读,而终端用户许可协议的细则并不完全满足条件。说明,着眼于披露方式是否以易于理解的方式编写,而晦涩的法律术语是不符合要求的。位置,考虑的是披露内容是否出现在消费者可能会看的地方,而 EULA 的披露根本无从发现与阅读。接近度,关注的是披露内容与其所修饰条款之间的关系。"立即购买"按钮与终端用户许可协议链接中披露的"该产品只是许可使用而未出售"的信息并不十分接近。如果使用这些标准来审查大部分数字媒体和设备上的 EULA,则这些条款将被无情舍弃。

欧盟的《消费者合同不公平条款指令》(The EU's Unfair Terms)提供了另一种法律制度,该法律制度要求对特定类型的消费者合同进行额外审查。[1] 通常,当合同条款没有经过单独协商时,该指令认为它们是不公平的,因为它们导致消费者和商家之间的权利和义务严重失衡。该指令还提供了许多不公平条款的具体例证,它们与许多数字商品的用户协议相似。这些条款包括:卖方不履行或履行不当时,限制消费者的合法权利;卖方没有履行义务或自行选择是否履行义务时,消费者也应承担义务;允许卖方在未发出合理通知的情况下终止合同;允许卖方单方面更改合同条款或产品特征。

根据指令,不公平条款不具有约束力。此外,该指令还要求条款要用通俗易懂的语言起草,并且对模糊条款的解释应有利于消费者。欧盟成员国必须在其国内立法中贯彻这些标准要求。如果美国对格式合同采用类似的严格标准,则可以避免终端用户许可协议中一些最严重的滥用权利行为。

限制合同的另一种方法是加强版权优先权原则。当州法

---

[1] 参见 Council Directive 93/13 1993 O.J. (l.95); Jane K. Winn and Mark Webber, "The Impact of EU Unfair Contract Terms Law on US Business-to-Consumer Internet Merchants", Business Lawyer 62 (November 2006): pp.209-228。

律(例如合同法)与联邦法律(例如版权法)发生冲突时,联邦法律优先。从理论上讲,对于否认持有人的转让权等终端用户许可协议条款,法院可以裁定其与版权法存在冲突,从而不予执行。但是,由于法院更多关注合同定义的权利与联邦版权法上的权利是否重叠,判定版权优先的情况很少见。法院几乎不考虑消费者对版权保护作品享有的权利是否受到了合同妨碍。我们认为,这种观点不仅误解了许可和版权之间的关系,也误解了我们知识产权制度的根本目的。

(3)将所有权人从数字版权管理中解放出来

即使没有合同限制,数字版权管理施加的机器代码限制仍然是所有权人控制其财产的主要障碍。数字版权管理可以限制所有权人对数字化媒体和软件嵌入式设备的使用方式,这在前数字时代是无法实现的。在《数字千年版权法》的反规避条款出台近二十年后,它被我们视为重大的政策失误。这些条款扼杀了创新和竞争,分散了市场,阻碍了研究,妨碍了教育工作者,并损害了安全性。除带来意料之外的后果之外,这些条款就其既定目的而言是无效的和非必要的,这已经得到证实。数字版权管理很少能防止甚至减少侵权,但起码一项研究已经表明它导致了销售量下降。[1] 正如自苹果公司放弃数字版权管理以来,音乐下载市场就已经表明,想让版权所有者在线销售或让粉丝购买内容,技术保护并不是必要条件。而且,在我们的车库门、打印机和车辆上的最令人发指的数字版权管理滥用,与版权侵权完全没有关系。

---

[1] 参见 Rice University, "Removal of Restrictions Can Decrease Music Piracy, Study Suggest", ScienceDaily, October 10, 2011, http://www.sciencedaily.com/releases/2011/10/111007113944.htm, accessed September 4, 2015。

我们完全看不到废除第 1201 条有什么不好。[1] 但是,如果政策制定者坚持要保留该条,则有两个办法来解决它给所有权造成的问题。法院已经裁定,除非规避行为与版权侵权行为具有某种"合理关系",《数字千年版权法》不能阻止破坏数字锁的行为。[2] 在合理使用原则或第 117 条所阐明的计算机软件权利用尽的规则下,一些法院发现,侵权的"关键联系"缺失了。[3] 将仅个人使用的或者所有权转让的情形纳入规避的范畴之中,是对现有法律的适度扩展,前者如修理拖拉机或在不受支持的设备上读书,后者如将数字电影赠送给朋友。

还有一种更简洁的解决方案,但需要在立法上采取行动,将所有者完全排除在第 1201 条的适用范围之外。如果你拥有数字商品,不管它是电影还是汽车,软件锁都不应妨碍你以合法方式访问或使用财产。无论数字版权管理是阻止你在新设备上阅读电子书,还是诊断说你的引擎启动缓慢,都对保护合法的版权所有者利益没有帮助。而那些入侵汽车操作系统,意图将侵权副本出售给竞争汽车制造商的人,仍应对版权侵权承担责任。[4] 但是,被《数字千年版权法》的法网所捕捉的常规用户往往比黑客更多。如果某些工具主要是为数字商

---

[1] 一个实际问题是,美国是《世界知识产权组织版权条约》的签署国。该条约要求当事方"针对规避有效的技术措施提供适当的法律保护和有效的法律补救措施"。可以想象,美国可以采用与权利用尽原则相一致的方式限制反规避法律,因为所有者所做出的使用将是"法律允许的"。

[2] 参见 Chamberlain Grp., Inc. v. Skylink Techs., Inc., 381 F. 3d 1178, 1202 (Fed. Cir. 2004)。

[3] 参见 Storage Tech. Corp. v. Custom Hardware Eng'g & Consulting, Inc., 421 F. 3d 1307, 1319 (Fed. Cir. 2005). The Fifth Circuit rejected an "interpretation [that] would permit liability under section 1201(a) for accessing a work simply to view it or to use it within the purview of 'fair use' permitted under the Copyright Act". MGE UPS Sys. Inc. v. GE Consumer & Indus., 612 F. 3d 760, 765 (5th Cir. 2005)。

[4] 尽管超出了本书的范围,但在某些情况下,破坏 DRM 可能会违反《计算机欺诈和滥用法》。参见 18 U.S.C. § 1030 (creating civil and criminal liability for "knowingly access[ing] a computer without authorization or exceeding authorized access")。

品的所有者设计和使用的,那么我们也将免除那些能够规避责任的工具制造商的责任。我们不应该期望每个电子书阅读器都能自己弄清楚如何在 Kindle 上使用 iBook。

然而,这并不是说《数字千年版权法》的反规避规则将是毫无作用的。根据该建议,数字版权管理仍然可以执行明确规定的租金和订阅限制。由于租户和订阅者不是所有者,权利人可以禁止规避软件代码来限制访问和使用数字商品。因此,如果用户超过了二十四小时的租用期或没有支付每月的订阅费用,自动执行代码可能会切断他们的访问权限。这种是一种直观的区别。尽管我们可能会觉得它们很烦人,我们仍接受对租用产品的使用限制,但这与控制我们使用数字内容和自己拥有的设备的代码截然不同。

(4)复兴权利用尽原则

在撰写本书时,最高法院正在审核联邦巡回法院对利盟公司诉印象产品(Impression Products)公司案(Lexmark v. Impression Products)的判决,该案判决认为,私自向墨盒灌墨的行为是非法的。在这个案件中,法院面临两个不同的问题:第一,专利持有人是否可以在产品售出后限制购买者对产品的使用方式;第二,在权利用尽方面,是否应将授权的国外销售与国内销售同等对待?对于这两个问题,近几十年联邦巡回法院都尽力重塑权利用尽原则,而我们敦促最高法院纠正这一做法。法院应该回到专利法中已确立的规则,拒绝售后限制和人为的地理限制,并重申其在广达电脑公司诉 LG 电子公司案(Quanta Computer v. LG)和吉尔特桑诉约翰·威利父子出版有限公司案(Kirtsaeng v. John Wiley & Sons)中的立场。

另一种选择是立法。国会干预比坚持联邦巡回法庭当前的用尽观点更为可取。但是,即使承认法院在过去二十年中的失误,我们仍然相信,灵活的普通法允许法院将权利用尽原则应用于不断变化的事实,这种方法是解决瞬息万变的市场中争议的最佳途径。

(5)重塑版权法

解决核心的所有权危机,要求对版权法进行修改。这些修改可以通过立法来实现,或让法院更广泛地采纳权利用尽的观点,也可以两者兼而有之。

多年来,已经有许多立法解决方案被提出。最早是在1997年,当时的代表人物瑞克·布歇尔(Rick Boucher)提出了《数字时代版权增强法》(Digital Era Copyright Enhancement Act)。[1] 该法案被提议作为《数字千年版权法》的替代方案,它曾强调修改法定的首次销售规则,以允许合法"数码格式"副本的所有者复制、表演、展出该版权作品,也允许将该作品分发给单一接受者,只要该所有者"基本上在同一时间段内"清除或者销毁他们的副本即可。从本质上讲,该法案将允许所有者转移其对数字商品的权益,只要他们不保留任何副本以备后用,便允许进行复制。该法案是有先见之明的,它由50个两党共同发起人。但是,版权人认为任何现有技术都无法确保副本所有者遵守规定,进而担心这会导致广泛侵权,因而这项提案以失败告终。[2]

最近,具有代表性的是布莱克·法伦索尔德(Blake Farenthold)于2015年提出的《设备所有权法案》(You Own Devices Act,或YODA)。[3] 该法案解决了软件设备转售这一较小但紧迫的问题。如我们所见,许多设备制造商坚持认为购

---

[1] 参见 H. R. 3048, 105th Cong. (1997)。

[2] 参见 Christopher Wolf, The Digital Millennium Copyright Act: Text, History, and Caselaw (Silver Spring, MD: Pike & Fischer, 2003), p.460。

[3] 参见 H. R. 862, 114th Cong. (2015)。

179 买者不拥有手机、汽车和家电中内置的软件。这可能会使这些设备的转售构成侵权行为，YODA可以防止这种荒谬的结果发生。根据该法案，当产品由某个计算机程序运行，该产品的所有者"在销售、租赁或以其他方式转让该产品时，有权转让该计算机程序的授权副本或获得该副本"。这项权利不能通过合同而放弃。到目前为止，这些明智的修正案几乎没有得到支持。但一个有希望的转折是，最近参议员Grassley和Leahy要求版权局研究版权法在多大程度上损害了消费者对软件设备的合法使用。[1]

如果国会不采取行动，法院应该介入。毕竟，最初是法院而不是国会创建了权利用尽原则。法院更易于灵活适用权利用尽原则。在版权法将初次销售规则编入法律之前，法院对权利用尽原则的解释十分宽泛。用尽原则不仅包括分发副本的权利，还有修改副本的权利，以及为修复或恢复副本进行复制的权利。我们认为，存在一些同样对背景条文敏感的裁决，这可以使法院将权利用尽这一基本原则应用于数字商品。立法的变化往往是细小而严格的，而司法上的变化却具有灵活性。但是，鉴于第109条和第117条的内容，当涉及突破权利用尽原则的既定边界时，法院（的权限）自然会受到限制。因此，尽管我们认为如今法院有权采用更广泛的权利用尽原则，但它们可能仍需要国会的额外支持。

理想情况下，国会将批准一种不那么严格的权利用尽原则，该方法可以适应数字市场的现实，但这种方法将授权法院谨慎平衡各方的竞争利益，这是法院本就擅长的任务。该解决方案与版权法历史上另一个关键的限制合理使用相同。该

---

〔1〕 参见"Grassley & Leahy Call for Copyright Study", Sen. Chuck Grassley's webpage, October 22, 2015, http://www.grassley.senate.gov/news/news-releases/grassley-leahy-call-copyright-study, accessed November 20, 2015。

学说始于法官制定的普通法。当合理使用最终被纳入1976年的《版权法》之中时,国会明智地采用了由四个非排他性因素组成的灵活框架,以指导法官审理合理使用案件。[1] 尽管合理使用并非总是十分清晰的模型,但该框架为版权法适应新技术、市场条件和作品合理使用提供了空间。[2]

那么用尽原则的多维框架会是什么样呢? 当然,法院需要确定的第一个问题是:某个特定消费者是否是所有者? 我们在第四章中概述了我们认为法院应该考虑的各种因素。这些因素包括消费者持有的时间长短,费用是一次性支付还是持续性支付,以及商家如何向公众描述该交易。简而言之,我们认为,通过一次性支付,从而以永久或开放的方式拥有或使用数字商品,就享有所有权,无论这种商品是否是有形商品。当在交易中使用"出售""购买"或"拥有"之类的词来表征交易时,更是如此。因此,当你点击"立即购买"并支付9.99美元时,即使没有永久拷贝到设备上,你也拥有数字电影所有权。当用现金购买咖啡机时,你不仅拥有咖啡机,也拥有其中的软件。

假设法院正在处理所有权人的事宜,那么下一个需要处理的问题是,判定相关行为是否属于权利用尽原则的范畴。换句话说,所有权人是否行使了自己的财产权,或者是否使用了版权人的版权。目前,普遍的观点是,除了计算机软件之外,权利用尽原则涵盖了发行与其他少许内容。[3] 数字时代的权利用尽应该允许个人复制行为,甚至是创造衍生品,以保

---

[1] 参见 17 U.S.C. § 107。

[2] 参见 Pamela Samuelson, "Unbundling Fair Uses", Fordham Law Review 77 (April 2009): pp. 2537-2621, 2602-2615; Michael J. Madison, "A Pattern-Oriented Approach to Fair Use", William & Mary Law Review 45, no. 4 (2004): pp. 1525-1687, at 1687。

[3] 参见 17 U.S.C. §§ 109 & 117。

障权利得以从一个所有者转移到另一所有者,我们已经阐述过这样做的原因。对于权利转移,在某些情况下涉及将特定副本从此处移到他处;另一些情况则需要创建新副本;还有些情况需要许可新用户访问某些无形资源的权限。但是,无论采用哪种机制,权利用尽原则都不能成为象征性或字面意义上数字自由的借口。所有者对于自己的购买物的所作所为应当被施加限制,这至关重要。

在进行判定时,法院应考虑:
①所有人在多大程度上放弃占有或使用数字商品;
②使用在多大程度上影响了权利持有者的合理收益;
③所有者是否已实质性地更改了受版权保护的作品的基本表达方式。

第一个因素确定了合法销售、出租或赠与的主要特征。当你永久或暂时转让对某资源的权利时,你将失去对该资源的使用权。如果你出售自己的汽车,就无法继续驾驶。如果你本周将空余卧室出租,你将无法在此卧室中入睡,除非你是有史以来最差的爱彼迎房东。对于有形商品,这一结果部分是由其物理性质所决定的。这就是竞争的本质,但这也是所有权法律构造的功能之一。数字商品的数量毫不逊色于实体商品,转移数字商品的权利不能导致更多人同时享有作品。因此,如果所有者不放弃自己的权利——例如他们"出售"了自己收藏的数字唱片,却又听唱片副本——那么他们的行为就不会受到权利用尽原则的保护。

要求权利人放弃使用权的程度取决于他们所拥有的权利以及转让的类型。如果你购买了两本喜欢的书,你可以留下一本并借出一本,数字商品也应如此。此外,不同类型的转让对应着不同程度的权利减损。赠与和出售是永久丧失所有权,借贷或租用是临时丧失使用权。有时问题会比较棘手。

例如《掌握法国菜的烹饪艺术》(Mastering the Art of French Cooking)这本书分为两卷,朱莉娅·查尔德(Julia Child)作为这本书的所有人,是否可以借出一卷电子书,而保留另一卷?将数字作品分两卷出版意味着什么?所有人的权利是否取决于这两卷是分开出售还是捆绑出售?实际上,实体书不会产生这么棘手的问题。但是在许多情况下,版权法都难以对多卷本做出定义。

第二个因素关注使用权对于权利人经济激励的影响。权利用尽原则的合理性部分在于,出售已经有力地表明权利人获得了公平的补偿。[1] 毕竟,售价是由权利人确定的。因此,有关二级市场收入减少的观点不足以反驳权利用尽原则。如果真是如此,图书馆和二手唱片商店将被取缔。但是数字商品和模拟商品之间存在重要差异,在某些情况下,这些差异可能会导致权利人的大量收入被转移,破坏版权的激励结构。法院需要一种方法来识别和解决这些情况。

在模拟世界中,版权人可以凭借实体商品的固有限制来抑制权利用尽原则的影响。一本小说在被磨损之前只能被借给有限的人,一杯饮料被意外打翻后就没有了。但是数字商品不同,它们可以更快且以更低的成本转移。从短期来看,数字商品更耐用。同样一本小说的电子书可以被阅读一千遍而不会磨损。但是,从长远来看,数字商品面临着来自自身的挑战。硬件和软件发展迅速,十年或二十年前流行的存储介质

---

[1] Platt&Munk Co. v. Republic Graphics,Inc.,315 F. 2d 847,854(2d Cir。1963)指出"首次销售"原则中包含的最终问题是"对文章的处理方式是否可以使专利权人(或版权人)因该文章被使用而获得了报酬(原作更改)(引自 US v. Masonite Corp.,316 US,265,278 [1942]);Parfums Givenchy, Inc. v. C & C Beauty Sales, Inc., 832 F. Supp. 1378, 1389 (C.D. Cal. 1993)指出发行权和首次销售原则基于版权人有权在其处置后获得的每一副本或录音制品的全部价值不超过且不少于其全部价值的原则";Burke & Van Heusen, Inc. v. Arrow Drug, Inc., 233 F. Supp. 881, 884 (E.D. Pa. 1964)指出"'首次销售'原则下的最终问题是,对受版权保护的物品的处置是否可以合理地说版权人已经获得了对相应的奖励"。

和文件格式很快就会成为古老的文物,导致数字商品几乎远比模拟商品更早地无法使用。[1] 随着时间的流逝,硬盘、软盘和光盘都将退化。尽管如此,鉴于数字商品的特征,法院仍需要确保转售和出借不损害版权法的基本激励结构。

假设在一个电子书借阅的网络社区中,成千上万的用户通过此社区同步他们的电子书,使他们能够搜索要阅读的书。当你从用户 A 那儿借书时,该书将被转移到你的设备,包括 A 在内的其他用户都无法使用该书。到目前为止,这听起来和模拟图书借阅没有太大不同。但是,试想电子书借阅平台能够随时知道是否有人在阅读用户 A 的这本书。如果没有人阅读,则会允许其他用户借阅这本书。只要有足够大的用户基础,这一超高效的借阅系统可以保证,电子书一旦售出就不会在循环中被闲置。每时每刻都有人在某处阅读这本书,而不必担心书脊断裂或页面破损,这全都归功于用户 A 的一次购买。如果权利用尽原则允许这种体系出现,销售量和出版商的收入将直线下降,甚至低于盈利点。一种应对措施是大幅提高价格以抵消销售损失,或者完全放弃销售并转为订阅模式。而这些后果都不是版权法应鼓励的。

上述设想回答了为什么我们不能简单地将权利用尽原则移植到数字市场。法院需要一种方法来评估权利用尽原则可能带来的影响,以判定它们是否对权利人造成不当损害。我们的第二个因素就在于此。诚然,不当损害的认定是一个棘手的问题。这主要是因为尽管制定了激励措施,但政策制定

---

[1] Christina Mulligan, "A Numerus Clausus Principle for Intellectual Property", Tennessee Law Review 80 (2013), 280: "Digital works have greater hurdles to preservation than analog or physical copies of works; in addition to preserving a copy and translating the language, 'digital translation' presents an additional problem"; Reese, "The First Sale Doctrine in the Era of Digital Networks", Boston College Law Review 44 (2003): pp. 577-652, at 633-639(指出在语言、软件、硬件和文件格式发生快速变化的环境中保存可读数字内容的困难)。

者一直未能衡量知识产权的经济影响,更不用说就激励措施的理想水平进行认真的讨论了。他们似乎相信,激励越多越好。但是没有可信的评估可以支持该结论。对排他原则比如权利用尽原则,甚至是激励原则,都有必要进行一定的限制。但是限制的程度应该如何界定呢?

有两种方法可以判定使用不当是否损害了版权人的利益。一是由法院判定,这正是合理使用原则所采纳的方式。合理使用原则中的第四个因素要求法院考虑"使用对版权作品潜在市场或价值的影响。"[1]如果使用造成了足够的损害,就不符合合理使用。该法规没有明确告知法院到底是何种类型与何种程度的损害,但经过数十年对普通法的推理,法院已经对市场的损害有了相当清晰的认识。对于权利用尽原则,法院也可以采取同样的做法。

如果说这种办法会产生太多的不确定性,那么二是可以让国会或法院都能确定超出数字商品权利用尽原则范畴的使用类别。《版权法》已经采用了这种方法,它禁止出租、租赁或出借音乐和软件,但不包括电子游戏。但是,非商业性出借仍然是合法的。[2]第117条就归档、改编和必要副本及其转让制定了一套相当详细的规则。政策制定者可以类似对待数字商品,允许转售和赠与,但禁止出租和出借。或者可以区分私人租用和公共租用,允许将电子书出借给朋友而非陌生人。甚至还可以通过限制所有人出借数字内容的次数或频率,来尝试仿造模拟商品世界中的一些交易成本模式。有了这些办法,权利用尽原则与数字发行就能够相互协调。

考虑第三个因素,只是为了防止权利用尽原则成为修改作品的后门,而合理使用原则要求对修改作品更加谨慎。有

---

[1] 17 U.S.C. § 107.
[2] 参见17 U.S.C. § 109(b)。

时，所有者会出于兼容性目的而修改其副本，例如，使其电子书在 Kindle 上运行。权利用尽原则会允许这种操作，正如第 117 条允许所有者修改其计算机程序以适用新的硬件和软件。但是，判断对作品进行重制或者做出其他重大更改行为的合法性时，权利用尽原则并非一个合适的框架。

我们的方法能让法院直接、透明地评估权利用尽原则对所有者和权利人利益的影响。它不仅使一套根植于存在已久的财产规则的所有权体系得到巩固，也能与数字经济的差异相协调。这些权利将由法律而不再由私人起草的规则所决定。我们认为，此框架解决了权利用尽原则的核心问题，并且将被证明能够适应市场不可避免的变化。

但是，我们还应解决版权人对权利用尽原则提出的另一项反对意见。他们担心权利用尽原则可能被用来掩盖广泛的侵权行为。拥有了出借和转售数字商品的权利，购买者将与朋友和陌生人共享商品，甚至转售单次购买的多份副本。版权人担心的，不是权利用尽原则会允许这种行为发生，或者为其找借口，而是会让人们更容易逃脱惩罚。他们认为，鉴于在线复制的便利性，侵权早已大量存在。而任何提高侵权行为风险的做法都无济于事。

我们能够理解这种担忧，但并不认为它很有说服力。首先，那些盗版者早已经有了许多侵权机会。其次，权利用尽原则是积极抗辩手段，这就意味着，它判定出借和转售等一系列行为通常是非法的，但可出于不同原因而被豁免。作为一种积极的抗辩，权利用尽原则将举证责任施于被告。因此，如果版权人怀疑某个人或某个组织超出了该原则的合法范围，则必须由该人或该组织证明其行为是合法的。他们必须证明最初的购买是合法的，他们在转售或出借时是所有人，并且其行为属于权利用尽原则所允许的行为。如果他们不能对此予以证明,将会被认定为侵权者。

当然,监控二级市场并发现潜在的侵权者需要版权人付出成本,但他们并不愿意。然而,在转售市场的边缘地带,发生侵权并不是什么新鲜事。早年间,你可以自由地刻录CD副本,然后再将收藏的CD出售给二手唱片商店;你也可以一卷一卷地录制你的黑胶唱片。无论线上还是线下,普遍都认为应当由版权人承担清除侵权者的成本。去二手唱片商店和跳蚤市场中突击检查,查找未经授权的副本,这只是一项在模拟世界开展业务的成本。不管是蒂芙尼(Tiffany)有义务在易贝上找到假冒珠宝[1],还是版权人有义务识别YouTube上未授权的视频。[2] 法院已经在互联网上一次又一次地重申了这一义务。

尽管版权人怀有可怕的预测和恐惧,但在美国境外,消费者早已经被允许转售其数字商品,这也并没有带来大问题。在德国UsedSoft公司诉甲骨文(Oracle)案(UsedSoft GmbH v. Oracle)中,欧洲法院裁定,即使交易以数字形式交付并受限制性许可协议的约束,购买者也有权转售他们购买的软件。[3] Oracle起诉UsedSoft允许用户购买二手软件的行为,它主张UsedSoft的用户下载软件时,非法复制了代码。对此法院并不支持,法院认为由于该软件最初是从Oracle合法购买的,应适用权利用尽原则。法院将通过一次性支付获得下载和使用软件的权利推断为出售。而该出售并不与任何特定的下载或复制有关,而是与软件使用权有关。

最近,荷兰一家法院将UsedSoft案中的原理扩展到了电子

---

[1] 参见Tiffany (NJ) Inc. v. eBay, Inc., 600 F. 3d 93 (2d Cir. 2010), aff'g 576 F. Supp. 2d 463 (S. D. N. Y. 2008)。

[2] 参见Viacom Int'l, Inc. v. YouTube, Inc., 676 F. 3d 19 (2d Cir. 2012), aff'g in part, rev'g and rem'g in part, 718 F. Supp. 2d 514 (S. D. N. Y. 2010)。

[3] 参见Case C-128/11, UsedSoft GmbH v. Oracle Int'l Corp., 2012 E. C. R. I-0000。

书领域。[1] 2014年,汤姆·卡比内特(Tom Kabinet)开设了一家二手电子书商店,其允许读者转售电子书,但是要证明是合法购买并已删除所有本地副本。汤姆·卡比内特很快就被荷兰出版商协会起诉。最初,法院拒绝根据 UsedSoft 案的判决关闭该网站,但之后法院裁定该网站只有在采取进一步措施确保转售的电子书合法获得后,才能继续开放。[2] 汤姆·卡比内特随即应用了一项数字水印系统。虽然这并不能保证杜绝侵权,但荷兰上诉法院(霍夫·阿姆斯特丹)驳回了关闭汤姆·卡比内特商店的请求。[3]

无论是我们提出的权利用尽的框架,还是欧洲采用的框架,都将关注重点从特定的副本本身转移到使用特定作品的权利上。顾名思义,版权(Copyright)长期以来一直与副本(copies)息息相关。但在数字世界中,副本无处不在。我们认为,法院与其精心计算副本的数量来确定特定行为是否合法,不如关注谁有权使用和欣赏作品这个问题。而一个更激进但公认更简洁的方式是:将副本完全地从版权中删除。克里斯蒂娜·穆里根(Christina Mulligan)建议我们通过取消版权法中的复制权的方式,令侵权人对作品具有商业价值的使用(例如展示或表演)承担责任,来解决数字时代的权利用尽问题。[4] 如果创建新副本并没有引发侵权责任,数字商品将与虚拟商品处于相同的地位。你可以自由转让它们。当非所有者展示或表演作品时,即使是非公开的,也会发生侵权。这

---

〔1〕参见 Rb. Den Haag, 3 september 2014, ECLI:NL:RBDHA:2014:10962, IEF 14164 (VOB/Stichting Leenrecht e. a.) (Neth.), http://uitspraken.rechtspraak.nl/inziendocument? id=ECLI:NL:RBDHA:2014:10962, accessed September 4, 2015。

〔2〕参见 Hof Amsterdam, 20 januari 2015, ECLI:NL:GHAMS:2015:66, NUV/Tom Kabinet (Neth.), http://uitspraken.rechtspraak.nl/inziendocument? id = ECLI:NL:GHAMS:2015:66, accessed September 4, 2015。

〔3〕Ibid.

〔4〕参见 38. Christina Mulligan, "Killing Copyright", on file with authors。

项提议是有希望的,但是其影响远远超出了所有权问题。

一般而言,我们更愿意授予法院相当大的权利来进行改革,但政策制定者也有许多方式更新版权法以巩固数字市场的所有权。但是,通常法律的变化(尤其是涉及知识产权的法律变化)是由技术发展引起的。我们已经讨论过,如 ReDigi 之类的公司是如何发明出软件,迫使我们重新思考法律的适用,重新思考我们对于转售市场性质的假设。现在,我们将概述可能改变所有权概念的其他技术。

3. 技术的角色

早在 20 世纪 90 年代末,版权政策领域就在讨论"转发和删除"技术。这些软件工具(当时纯粹是理论性的)会使用户转让数字商品所有权时保持诚信。[1] 因此,如果你向朋友出售或借出电子书,该软件会将文件转发(forward)给他们并删除(delete)你的本地副本。当时还没有能够保护此类转让的技术,这导致布歇尔代表更新版权法中权利用尽原则的尝试宣告失败。[2] 这也导致在 2001 年版权局反对将权利用尽原则扩大到数字商品。[3]

近十年,人们才开始致力于概念化和开发可转让数字商品所有权的技术。电气和电子工程师协会(IEEE)是由工程师、科学家和其他技术专家组成的协会,是世界上最具影响力

---

[1] 参见 Public Hearing Filed in Response to 65 FR 63626, November 29, 2000 (testimony of Susan Mann, National Music Publishers Association)。

[2] 参见 40. National Telecommunications & Information Administration, Report to Congress: Study Examining 17 U. S. C. Sections 109 and 117 Pursuant to Section 104 of the Digital Millennium Copyright Act (2001), https://www. ntia. doc. gov/report/2001/report - congress-study - examining - 17 - usc - sections - 109 - and - 117 - pursuant - section - 104 - digital, accessedSeptember 4, 2015。

[3] 参见 U. S. Copyright Office, DMCA Section 104 Report (2001), http://www.copyright. gov/reports/studies/dmca/sec - 104 - report - vol - 1. pdf, accessed September 4, 2015。

的标准制定机构之一,其领导了一项早期工作。IEEE 在 2010 年成立了一个工作组,以制定"消费者拥有的个人数字财产"(DPP)标准。[1] 但是迄今为止,标准还没有出台。

大约在同一时间,诸如苹果公司和亚马逊公司之类的公司正在开发系统,使消费者之间能够转让数字内容。例如,亚马逊公司申请了"应用于数字对象的二级市场"的专利。[2] 该系统用户可以将电子书、音频、视频和应用程序存储在云柜中。当用户决定不再需要时,系统允许用户将现在使用的数字内容转让给另一个用户。同时,数字内容将从其账户中删除。同样,苹果公司获得了一种"对数字内容项目的访问权管理"方法的专利。[3] 苹果公司的系统也允许在用户之间转让数字内容。可以设想,当用户将其购买的数字内容出售给第二个用户时,在线商店(此处为 iTunes)会存储这些交易的有关数据,以确立"当前哪个用户可以访问数字内容"。一旦用户转让了他们的音乐、电影或其他购买的商品,就会"被阻止访问数字内容"。其他有关"提供数字商品市场"和"数字媒体内容的二级市场"的专利也涵盖了几乎相同的领域。[4]

尽管亚马逊公司在尝试限制电子书"借阅"时采用了类似方法,但美国的大部分零售商都尚未应用这些技术。然而,这

---

〔1〕 提议的 DPP 标准将允许消费者通过使用"转移"按钮与他们选择的任何人共享数字文件。但是,当收件人单击"获取"按钮时,最初购买者提供的所有其他副本将无法被访问。Paul Sweazey, "Introduction to Digital Personal Property", in Consumers in the Information Society: Access, Fairness and Representation, ed. Jeremy Malcolm (Kuala Lumpur: Consumers International, 2012), pp. 53–71.

〔2〕 参见 Erich Ringewald, Secondary market for digital objects, US Patent 8,364,595, filed May 5, 2009, issued January 29, 2013。

〔3〕 参见 Eliza C. Block and Marcel van Os, Managing access to digital content items, US Patent Application 20130060616, filed June 22, 2012。

〔4〕 参见 Jack Bertram Coronel and Joseph R. Coronel, Method, system, and device for providing a market for digital goods, US Patent 8,631,505, filed March 16, 2013, issued January 14, 2014; Brian K. Buchheit. Secondary marketplace for digital media content, US Patent 8,359,246, filed March 19, 2010, issued January 22, 2013。

些专利说明了两件事。第一,这些技术已经从理论推测转变为现实。第二,数字零售市场中的主导参与者,已经认识到了促进数字资产类财产权利系统的经济潜力。但是,这些专利还揭示出至少像亚马逊和苹果公司所设想的系统包含了一些潜在的恼人的限制。例如,亚马逊指出,在数量不详的交易后中止或终止数字内容的传输,这些情形可能是在许可协议中定义的,并屈从于出版商的要求。

苹果的专利考虑了不同的转让成本和负担,将一部分转售价格的利润交给发行商。[1] 数十年来,转售版费一直是法院和国会争论的主题,因为它会不断削减产品原创者的未来销售。这让人想到第二章中,我们讨论过 J·K.罗琳笔下关于小精灵哥布林财产的法案,在麻瓜议会(Muggle Congress)中被多次提出,但最终都被否决了。最近的一项法案是 2014 年的《美国版权非常法案》(American Royalties Too (ART) Act)。[2]最近,适用加利福尼亚州的州转售版税法于该州外发生的销售被裁定违宪。[3] 通常,该立法的关注重点是画家、雕塑家等视觉艺术家,原因是他们在初次出售作品时,无法估量出作品的全部价值。由于转售版费往往只有利于最成功的视觉艺术家,还需引入昂贵的官僚机构,因此转售版权仅获得微弱的支持。[4] 而对于唱片公司和电影公司并不存在上述情况,它们几乎从来都不是不平等市场议价能力的受害者。

苹果公司和亚马逊公司的这两个方面的专利显示出,在私有化管理数字市场当中,存在一个普遍的问题。当根据版

---

〔1〕 参见 Block and van Os, Managing access to digital content items: "A portion of the proceeds of the 'resale' may be paid to the creator of the digital content item"。
〔2〕 参见 S. 2045, 113th Cong. (2014); H. R. 4103, 113th Cong. (2014)。
〔3〕 参见 Sam Francis Foundation v. Christies, 78 F. 3d 1320 (9th Cir. 2015)。
〔4〕 参见 Guy A. Rub, "The Unconvincing Case for Resale Royalties", Yale Law Journal Forum 124 (2014): 1, http://www.yalelawjournal.org/forum/the-unconvincing-case-for-resale-royalties, accessed September 4, 2015。

权人和技术平台提供商之间协商的规则运行市场时,我们将财产权转化为了有条件的特权。即使私人行为者在编写下一版许可协议时,可能会更偏向消费者,但归根到底,不应该由他们来定义所有人对其财产享有的权利。财产权的基准应该由法律所确定,而不是取决于版权人和零售商的友善程度。因此,这些模拟的数字市场可能会表现出财产权的外观,但它们实际上提供的是一套稍微宽松的许可证限制。

有总比没有好,但是我们认为这还不够。我们有充足的理由支持这种自由的二级市场,真正的财产权将使这些严格控制的沙箱成为可能。首先,隐私和匿名将成为牺牲品。零售商和出版商会知道你购买、出售和借了什么书,更不用说你向谁借书或借给谁了。其次,由于苹果公司、亚马逊公司和其他零售商可能会使用不同的、不互通的平台,这些系统会使市场分裂。它们还增加了用户锁定的风险,例如,如果你的电子书收藏以及借方、出借人和转售商的网络都属于苹果生态系统,那么你极其不可能转用 Kindle。

最后,由于消费者权利取决于每个平台和出版商之间达成的交易,消费者面临着极大的信息成本。某些数字内容可以被借出,但不能转售;某些内容在一个月内可以被借两次,但不能借三次;有些内容则根本无法出借或转售。我们希望由消费者来确定他们购买的每本电子书、电影或专辑应遵循哪些规则。避免这些信息成本是建立明确的财产规则的主要原因之一。

我们应该得到更好的服务。有两种主要方法可以改进这类系统。第一种方法是使平台变得中立。无论由谁来管理技术,转让都不应仅限于单个提供商的生态系统。如果苹果用户想将数字电影出借给亚马逊用户,技术不应成为它们的障碍。我们可以为第三方技术扫清障碍来实现中立性,第三方技术不会因经济利益关联而厚此薄彼。第二种方法，向所有者明确规则，允许何种转让。这些规则应由公开制定的法律，而非私人许可来决定。但是，即使有这些更改，这些解决方案从根本上仍依靠数字版权管理来控制所有者的行为。这些技术旨在让软件代码来代替消费者做决策，从而"保持消费者诚实"。即使是旨在修正权利用尽原则，我们也会发现数字版权管理存在问题，诸多原因我们已经列出。如果数字版权管理是创建一个可行的数字权利用尽制度的唯一方法，我们可能会勉强接受它。但是，还有另一种方法。

转发和删除的数字版权管理试图控制传输前后的副本数量，从而减少对发生侵权的担忧。这种解决问题的方法，就像 ReDigi 决定对副本进行费力的统计一样，是基于 20 世纪的思想。它假定副本是有价值的、持久的并且难以获得。但今天，由于我们信息网络的基本体系结构，合法和非法的副本无处不在。权利人和决策者应该关注的不是谁拥有作品的副本，而是谁拥有使用和转让该作品的权利。如果能找到谁拥有这些权利的可靠证据，将使得向数字权利用尽原则的过渡大大简化。

从某种意义上说，立法者在转让数字商品时面临一个问题，即如何核实所有权以防止无效转让，这个问题是每个财产制度都必须面对的。对于价值很高的资产，我们借助于详尽且成本高昂的文档系统，比如你的房屋有契据、汽车有所有权凭证，它们都在集中的公共档案中注册，由档案确立了所有权。这些档案为所有权问题提供了具有法律效力的答案，并帮助潜在的购买者核实卖家是否适格。在知识产权方面也有类似的制度，版权、专利和商标由相关机构记录在可搜索的数据库中。

对于小型个人财产，我们通常依据占有来推断所有权归属。你放在口袋里的手机和戴在手腕上的腕表,被推定为归你所有。这种不太正式的方法之所以有其意义,有两个原因。其一,若每卖出一双袜子或一罐豆子要进行详尽的权利记录,成本太过高昂。其二,在大多数时候,占有特定有形物体的只有一个人。能够利用物品的价值离不开物品本身。但是,这些现有方法不能很好地适用于数字资产。一个 mp3 歌曲集的价值不足以高到为之建立正式的记录系统。而且由于数字文件的复制非常简单,占有本身几乎说明不了有关法律权利的任何信息。

令人惊讶的是,像比特币这样的加密货币可能有助于解决以下问题:追踪数字资产的权利。[1] 比特币创建于 2008 年,它是一套支付系统,也是对应的数字货币。它不受任何中央机构的管理,没有政府、中央银行或金融机构为市场上的 30 亿比特币背书。相反,比特币依靠其核心基础创新(区块链)来验证交易。从根本上讲,区块链就是交易记录。它的功能类似于当地县文员办公室的权利记录或你自己的支票簿分类账。不同的是,区块链跟踪的是全球范围内每笔比特币交易,每十分钟更新一次,以提供完整可靠的所有权记录。区块链不是神奇的解决方法。[2] 但是,它或许能为如何创建一个可行的数字个人财产系统提供一些洞见。

区块链与其他记录系统的不同之处在于它是公开维护的。与你的支票簿或车管所的权利记录不同,区块链无须一个集中的机构来维护,其存在是巧妙而复杂的合作努力的结果。这就意味着区块链的维护成本非常低,同时非常难以

---

[1] 有关比特币对一般资产特别是数字资产的深入讨论,参见 Joshua A. T. Fairfield, "Bitproperty", Southern California Law Review 88 (May 2015): pp. 805–874。

[2] 参见 James Grimmelmann and Arvind Narayanan, "The Blockchain Gang", Slate, February 16, 2016, http://www.slate.com/articles/technology/future_tense/2016/02/bitcoin_s_bloc accessed April 10, 2015。

被篡改。对于区块链，信任是必不可少的。如果其提供的信息不能使用户信赖，像区块链这样的分类账就没有价值。

尽管比特币仍是数字货币的一场大规模试验，但其底层技术与应用程序无关。马克·安德森（Marc Andreessen）的风险投资公司已向与比特币相关的公司投资了5000万美元，他在《纽约时报》（New York Times）中写道："比特币为我们提供了一种方式，它第一次使互联网用户可以将独特的数字资产转让给另一个互联网用户，并可确保转让是安全可靠的。每个人都知道转让已经发生，没有人可以质疑转让的合法性。这一突破怎么赞扬也不为过。"[1]

那么，区块链是如何实现这个奇迹的呢？让我们首先从个人转账开始，看看它是如何验证和记录的。如今，区块链被主要应用于追踪比特币的所有权，但是任何资产的所有权权益，无论是数字的还是有形的，都能以相同的方式追踪。假设你在市场上购买了使用了区块链技术的二手电子书。首先，你需要确保发送的付款和要接收的电子书不会被恶意的第三方拦截。你可以使用所谓的公钥加密来避免这种情况。这种基本方法从1970年代就开始被使用了，它是当下流行的电子邮件加密程序的基础，其中，Pretty Good Privacy（PGP）就是典型代表。

加密可以保护你免受第三方侵害，但是你如何知道卖家是否可以信任呢？卖方可能实际上并不拥有他们所承诺出售的资产，又或许他们已经答应将其出售给其他人。在有形财产领域交易中也存在类似问题，这就是为什么在购买房屋之前要先进行登记检索，也是易贝（eBay）拥有信誉系统的原因。

---

[1] Marc Andreessen, "Why Bitcoin Matters", Dealbook (blog), New York Times, January 21, 2014, http://dealbook.nytimes.com/2014/01/21/why-bitcoin-matters/, accessed September 4, 2015.

但对数字资产而言,这个问题更具挑战性。与稀有黑胶唱片的销售商或郊区的错位销售商不同,电子书所有人只需敲击键盘就可以制作副本。我们如何防止他们试图将一项资产出售给两个不知情的买家?如果他们这样做了,我们该如何确定谁是合法所有者?

此时,轮到公共分类账本(Public Ledger)登场了。作为全面、最新的交易记录,它使任何人都可以验证所有权转让,识破即将发生的欺诈行为。[1] 因此,当你购买电子书时,你和你的设备上的某些软件将检查卖方是否真正拥有电子书,后者的可能性更大。如果他们已经将其出售给其他人或根本不曾拥有电子书,那么这将被反映在公共分类账本中,交易也会被取消。

但是,如果一切顺利的话,你就会为电子书付费,你的购买将进入公共分类账本中,并与构成"区块"的其他交易捆绑在一起。例如,比特币每十分钟将交易捆绑到一个新区块中,但是该时间段可以根据需要进行调整。按顺序添加的新块形成了区块链。一旦将一个区块添加到链中,它便成为完整的交易记录的一部分,该记录可以跟踪系统中每个数字资产所有权的变化。

显然,维护区块链的准确性至关重要。因为如果有人能够向链中添加虚假信息,那么他就有权重新分配数字资产的所有权。通常,我们通过将控制权集中在某些可信赖的官员(县书记员[2]或专利商标局)的手中来管理这种风险。但是,区块链没有这样的中央权威。相反,该系统的可信赖之处

---

[1] 尽管公共账户不包括发送者和接收者的姓名,但确实包括了账号。用户可以采取一些步骤来维护隐私,但公众认为这些措施并不完善。人们正在努力开发新的增强隐私的工具。参见 Bitcoin, "Protecting Your Privacy", https://bitcoin.org/en/protect-your-privacy, accessed September 4, 2015.

[2] 美国负责选举及房产登记事项的官员。——译者注

在于添加区块需要大量的资源投资。这个事实并不能完全防止虚假信息进入区块链。但是,它确实为用户提供了足够高的可靠性,可以将区块链视为所有权证明。

区块链中的区块是通过"挖矿"添加的。在多数时候,"矿工"使用的计算机是专门用于"挖掘"新区块的。不存在技术细节的困扰,"挖掘"新区块涉及一个复杂的猜谜游戏。"矿工"越多,就越难猜到正确答案。赢得此数学彩票的人可以将区块添加到链上,并获得一些适度的经济报酬。随着成千上万的"矿工"竞相验证交易并将其添加到区块链中,潜在的骗子需要始终比"矿工"群体更快地做出正确的猜测。要完成这项任务,需要近乎不可能达到的计算能力。"矿工"网络规模越大,区块链账户就越安全,越有价值。

依靠由比特币开创的区块链技术,我们可以构想一个这样的数字资产市场;其消费者可以购买、出售、借出和交易他们购买的电子书、音乐、电影、应用程序、游戏,甚至是发现或制作的虚拟物品,例如电子游戏《命运》(Destiny)中的强大武器"玉兔"(Jacle Rabbit)[1]。这些交易将是安全且可验证的,能防止可能损害消费者和知识产权人的欺诈行为。公共分类账本所保障的技术基础设施,能帮助我们过渡到法律学者约书亚·费尔菲尔德(Joshua Fairfield)所说的"比特财产"时代,这里的比特财产是指与任何有形物体分离的财产利益。[2]

4. 结论

我们日常生活的物品正在被信息所替换或补充。我们消

---

[1] 与任何财产一样,数字资产的价值可能会波动。忠实的 Destiny 玩家会告诉您,曾经强大的 Gjallarhorn 被游戏制造商 Bungie"削弱了",使其不那么诱人了。

[2] 参见 Fairfield,"Bit property"。

费的媒介存储在云中，而不是在我们的手中。尽管我们的汽车、手表和衣服仍是实体，却加上了一层代码，这些代码既增加又限制了它们的功能。围绕互连的设备和数据构建的数字经济具有巨大的前景，但也带来了风险。也许最令人不安的是，这种新经济有权重新定义甚至消除个人财产的概念。如果我们不小心应对的话，所有权将成为历史。所有权的丧失使我们所有人都有被剥削的风险。它给社会带来了巨大但分散的成本。它剥夺了我们决定自己如何生活的权利，并将其委托给少数私人公司。

如果仅仅依靠技术的话，无论这些技术多么具有开创性，都无法解决所有权问题。但是，结合有意义的法律变革，新的创新可以使这种新兴经济体中个人财产概念得到保留。如果不修改法律，这些相同的技术将成为权利人限制我们行为的另一种工具。代码可以巩固财产权，它可以使财产更容易转移且易于追踪，但是它无法创建财产权。

归根结底，财产权是法律的产物。无论是邻居对自己房屋的利益，版权人对其作品的利益，还是你对所购买产品的利益，把一项利益称为财产权就是做出声明，即当你面临一项竞争性权利主张时，法律要在多大程度上保护你的权益。[1]

"财产"这一标签带有很强的修辞能力。这就是为什么专利权人和版权人采用"财产"一词来进行描述，以及为什么他们在法院和国会加强、延伸和扩展这些权利的努力中都取得了成功。但是这些努力本身揭示了财产作为一种制度的关键

---

〔1〕 参见 Arnold S. Weinrib, "Information and Property", University of Toronto Law Journal 38（1988）: pp. 117-150, at 120; "它还表明确了'财产'一词的结论性性质；它是一种法律特征，表明法院已选择为相关利益分配特定形式的保护"；另见 Johnson v. M'Intosh, 21 U. S.（8 Wheat.）543, 572（1823）, 其指出财产索赔"必须完全取决于其所在国家的法律"; 杰里米·边沁在《立法理论》中指出: "财产和法律一起诞生，一起消亡。在制定法律之前，没有财产；取消法律，财产也就无处容身了。"

问题。随着时间的流逝，什么属于财产，特定的规则和例外，以及我们解决财产所有者之间冲突的方式都在变化。这些决定是我们通过立法和司法程序，针对不断变化的条件和价值做出的。一旦立法者意识到知识产权人和消费者对财产享有平等主张时，便可以更好地平衡他们之间的竞争。而且在某种程度上，他们的利益是互补的。

我们认为，数字资产中有意义的个人财产权将使消费者、创作者和整个市场受益。消费者能获得稳定且可预测的使用权、更好的隐私保护以及使用其购买的产品来创造经济和社会价值的自由。从创作者的角度来看，这种附加价值为人们消费提供了充分理由。人们希望拥有借出、转售和赠送自己拥有的东西的自由，为获得这些自由，他们愿意花更多钱。而且由于所有权降低了信息成本并加强了竞争，整个市场的效率都得到提高。

这并不是说所有权是数字经济中我们需要的唯一模式。我们强调的是有意义的选择十分重要。我们所有人都应该有机会从多样的选项中进行选择，正如我们过去那样。有时选择租赁模式、有时选择订阅模式、有时选择所有权模式。但是，如今许可制度下的市场充斥着复杂的定制权利，这违背了财产的目的。它缺乏清晰性、确定性，并给公众带来了沉重的成本。由于充斥错误信息、没有真正的替代方案以及法律的惯性，这些问题在今天依然存在，而采纳数字所有权的概念能够解决这三个问题。

几乎可以肯定的是，数字财产中理想的权利束与虚拟财产的权利并不相同，调整这些权利将不是一件容易的事。但是，除非我们愿意看见个人财产权成为历史，接受不能出借和拥有这些数字财产的束缚，否则，定义适用于数字商品的所有权概念刻不容缓。

索 引

英文词汇	中文对译词	页码[1]
A		
321 Studios v. MGM Studios, Inc.	321电影制片公司诉米高梅电影制片公司	225[2]
ABC v. Aereo	美国广播公司诉Aereo科技公司案	45
ACLU v. Gonzales	美国公民自由联盟诉(司法部长)冈萨雷斯案	223
Adams v. Burke	亚当斯诉伯克案	157, 162, 232
Adobe	奥多比系统公司	7, 55, 59-60, 115
as property transactions	作为房地产交易	71-74
as an affirmative defense	作为一种肯定性辩护	28-36
Airbnb	爱彼迎	169, 171, 180
Akerlof, George A.	乔治·A.阿克尔洛夫	207

―――――――

〔1〕 本索引所标注的页码为本书英文版的页码,即本书页边码。——译者注
〔2〕 原书193页及以后的尾注已译为中文版的脚注,故此表中193及以后的页码数字仅与原版书页码对应,在中文版中无直接对应的页边码。——译者注

(续表)

英文词汇	中文对译词	页码
Alamogordo, NM	新墨西哥州阿拉莫戈多市	25
Alphabet	爱法贝	141
Alpo Petfoods, Inc. v. Ralston Purina Co.	阿尔宝宠物食品股份有限公司诉瑞思顿普瑞纳公司宠物食品企业案	213
Alschuler, Albert W.	艾伯特·阿舒勒	199
Am. Exp. Co. v. Italian Colors Rest.	美国运通公司 v. 意大利特色多彩餐厅	213
Amazon	亚马逊公司	(无)[1]
1984 incident	《1984》事件	1-2, 43, 93, 114
American Library Association (ALA)	美国图书馆协会(ALA)	104-105, 218-219
American Royalties Too (ART) Act	美国版权非常法案(艺术领域)	187
Anderson, Chris	克里斯·安德森	225
Andreessen, Marc	马克·安德森	239
Android	安卓	93, 143
Apache	阿帕奇	71
Apple	苹果公司	(无)
App Store	苹果商店	61, 141

[1] 该词汇为下括两词汇的上级主题,故无对应页码。下同。——译者注

(续表)

英文词汇	中文对译词	页码
Archives	档案文件	103, 111-114, 118
Armstrong, Herbert	赫伯特·阿姆斯特朗	113
Aro Mfg. Co. v. Convertible Top Replacement Co.	艾若制造公司诉敞篷车顶更换公司案	228
as contracts	作为合同	65-71
AT&T	美国电话电报公司（AT&T）	141-142, 160
AT&T Mobility LLC v. Concepcion	美国电话电报公司诉康塞普西翁案	213
Atari	雅达利	25
Atkinson, George	乔治·阿特金森	30
Audio Home Recording Act (AHRA)	家庭录音法案	130
Augusto, Troy	奥古斯托,特洛伊	75-76
Author's Guild v. Google, Inc.	作者协会 v. 谷歌股份有限公司	222
Automaker's Alliance	汽车制造商联盟	147
Autonomy	自主选择权	10-11, 24, 104, 121, 123, 137, 148, 151, 154, 170
B		
backup copies	备份副本	61, 125, 129

(续表)

英文词汇	中文对译词	页码
Bakos, Yannis	亚尼斯·鲍科什	207
Barbie	芭比	150-151, 230
Barnes & Noble	巴诺书店	116
Barrett, Brian	布莱恩·巴雷特	150, 230
Basheer, Shamnad	莎姆纳德·卜希尔	201
Beachbody	Beachbody 家庭健身视频制作商	30, 202
Beatles	披头士	52
Beats	Beats 公司（现苹果旗下的耳机品牌）	49
Beck	贝克	51
Bell, Alexander Graham	亚历山大·格拉汉姆·贝尔	141
Bell Telephone. See AT&T	贝尔电话公司	见 AT&T
Bentham, Jeremy	杰里米·边沁	239
Bernard of Chartres	来自法国沙特尔的伯纳德	145
Bernasek, Anna	安娜·柏纳西克	210
Bernays, Edward	爱德华·伯奈斯	104
Betamax	老式贝塔卡带	11, 201
Bitcoin	比特币	189-191, 238-239
BitTorrent	比特流	97

(续表)

英文词汇	中文对译词	页码
Blackstone, William	威廉·布莱克斯通	20, 199
Blitz, Marc	马克·布里兹	222
Blizzard	美国暴雪公司	135
Block chain	区块链	189-191
Blockbuster	百视达	31, 51, 202, 205
Bloomer v. McQuewan	布鲁姆诉麦奎万案	156, 162, 167, 232
Blu-ray, BD+DRM used on	蓝光技术, BD+DRM 混用	133
Bluestone, Marisa	玛丽莎·布鲁斯通	204
Bobbs-Merrill Co. v. Straus	博布斯-美林出版社诉施特劳斯集团案	27, 200
Boesch v. Graff	伯希诉格拉夫案	164-165
Borghi, Maurizio	莫里吉奥·博尔吉	203
Boucher, Rick	瑞克·布歇尔	178, 186
Bowman v. Monsanto Co.	鲍曼诉孟山都公司案	163, 228
Bradbury, Ray	雷·布拉德伯里	121, 123
Brambilla, Marco	马可·布朗碧拉	231
Brantley, Peter	彼得·布兰特利	87, 196, 212
Breaux, Travis	特拉维斯·布瑞鲁克斯	217
Bridge, Catherine	凯瑟琳·布里奇	215
Brooks, Garth	加斯·布鲁克斯	30, 51-52

(续表)

英文词汇	中文对译词	页码
Bundle of rights	权利束	见 Property
Burke & Van Heusen, Inc. v. Arrow Drug, Inc.	伯克 & 范豪森公司诉阿罗制药公司案	237
Buy Now button	即刻购买按钮	（无）
Byrne, David	大卫·伯恩	51
C		
Cablevision	美国有线电视公司	47
California Reader Privacy Act	《加利福尼亚州读者隐私法》	104
Camfield v. City of Okla.	坎菲尔德诉俄克拉荷马市（政府）案	197
Campbell, Joseph	约瑟夫·坎贝尔	199
Capital Records, LLC v. ReDigi Inc.	国会唱片公司诉 ReDigi 公司案	204
Carterphone	卡特风决议	142
Cartoon Network LP, LLLP v. CSC Holdings, Inc.	卡通网络有限责任公司诉 CSC 控股有限公司	47, 204
Carver, Brian W.	布莱恩·W.卡弗	210
Chafee, Zechariah Jr.	小撒迦利亚·查菲	198, 233
Chamberlain v. Skylink	Chamberlain 诉 Skylink 案	137, 138, 226, 236

(续表)

英文词汇	中文对译词	页码
Charles of the Ritz Distribs. Corp. v. FTC	丽兹查尔斯公司诉联邦贸易委员会案	214
Cheney, Dick	迪克·切尼(前美国副总统)	153
Chrome	谷歌浏览器	61, 208
Chrysler	克莱斯勒	147, 229
Circumvention	规避行为	131-133, 138, 142, 156, 176-177
City of Los Angeles v. Patel	洛杉矶市(政府)诉帕特尔案	223
Clark, John Willis	约翰·威利斯·克拉克	117
Clemens v. Estes	克莱门斯诉埃斯蒂斯案	200
Cloud computing	云计算	42
Coase, R. H.	罗纳德. H. 科斯(著名经济学家)	197
Coca-Cola Co. v. Procter & Gamble Co.	可口可乐公司诉宝洁公司案	213
Cohen, Julie E.	朱莉·E·科恩	196
Colligan v. Activities Club of N. Y.	Colligan 诉纽约活动俱乐部案	213
ComiXology	ComiXology 数字漫画公司	85

(续表)

英文词汇	中文对译词	页码
Common law	习惯法	74, 156, 159, 165, 167-168, 178-179, 182
complexity of	复杂性	59-62
common law origins of	习惯法起源	24-28
Computer Fraud and Abuse Act (CFAA)	计算机欺诈和滥用法	236
Computer Software Copyright Act of 1980	计算机软件著作权法	204
Computer Software Rental Amendments Act	计算机软件出租修正案	31
Contracts	合同	（无）
consideration on	考虑	66
duty to read	阅读义务	70, 174
formation	形成	65-70
unconscionability	不合理	69, 174-175
Consumer surplus	消费者剩余	80
consumer perception of	消费者感知	2, 39, 90-101, 174-175, 180
Content Scramble System (CSS)	内容扰乱系统（CSS）	127-128
DeCSS	DeCSS程序	131-132
Copy/work distinction	副本/作品差异	36-38

(续表)

英文词汇	中文对译词	页码
Copyright Act	版权法	（无）
Copyright Office	版权局	107, 131, 142-148, 153, 186, 238
Corley, Eric	埃里克·科里	132
Craigslist	克雷格列表网站	10, 33
Cranor, Lorrie Faith	洛莉·费斯·克兰诺	217
Crawford, Kate	凯特·克劳福德	153, 231
Cryptography	加密技术	125, 128, 190
D		
Davidson & Assoc. v. Jung	Davidson&Assoc软件公司诉荣格（Jung）案	226
De Mattos v. Gibson	迪玛托斯诉吉布森案	198
De Sousa, Yannick Ferreira	亚尼克·费雷拉·德索萨	206
Deceptive advertising	欺骗性广告	见 False advertising
dependence on ebook vendors	对电子书供应商的依赖	108, 111, 115
Diamond v. Diehr	戴蒙德诉迪尔案	209
Dick, Philip K.	菲利普·K.迪克	139
Digital audio tape (DAT)	数字音频磁带（DAT）	130

(续表)

英文词汇	中文对译词	页码
Digital downloads	数字下载	3, 35, 38-39, 42-43, 48, 53-54, 109
Digital Era Copyright Enhancement Act	数字时代版权增强法	178
Digital Millennium Copyright Act (DMCA)	美国数字千年版权法	130-133, 137-140, 144, 146, 148, 176-178
Digital Public Library of America	美国数字公共图书馆	117
Digital Rights Management (DRM)	数字版权保护 (DRM)	4, 6, 121-123, 128-132, 146-150
DiscoVision	激光录像磁盘	127
Disney	迪士尼	9, 24, 30, 126-127, 197
Doan v. Am. Book Co.	多恩诉美国图书有限公司	200
Doctorow, Cory	科里·多克托罗	134, 206, 220, 224-226
Douglas, Justice William O.	大法官威廉·道格拉斯	115
DSC Commec'ns Corp. v. DGI Techs.	DSC Commec'ns 公司诉 DGI 科技公司案	210
Dudamel, Gustavo	古斯塔夫·杜达梅尔	109

(续表)

英文词汇	中文对译词	页码
DVD Copy Control Ass'n, Inc. v. Kaleidescape	DVD Copy Control Ass'n,公司诉 Kaleidescape 案	224
Dye, Skip	斯基普·戴伊	110
E		
E. T. the Extra-Terrestrial	《E. T. 外星人》	25
Easterbrook, Frank	弗兰克·伊斯特布鲁克	67-70, 79
eBay	易贝(线上拍卖及购物网站)	10, 26, 28, 30, 63, 75, 184, 190
Edison, Thomas	托马斯·爱迪生	158-160, 162
Eisenberg, Melvin Aron	梅尔文·阿伦·艾森伯格	209
Eisenstein, Elizabeth L.	伊丽莎白·爱森斯坦	203
Electronic Frontier Foundation（EFF）	电子前沿基金会（EFF）	142
Elverum, Phil	菲尔·埃尔沃姆	51
Eminem	艾米纳姆	62
End user license agreement（EULA）	终端用户许可协议	（无）
Engle, Mary Koelbel	玛丽·科贝尔·恩格尔	221
Equitable servitudes	衡平法上的地役权	16

(续表)

英文词汇	中文对译词	页码
Exhaustion	用尽原则	(无)
Externalities	外部性	8-9, 15, 21, 24, 171
F		
Facebook	脸书	78, 95, 150
Fair use	合理使用	24, 105, 111, 112-113, 118, 126, 143, 177, 179, 182-183
failure of	未实现	123-128, 132-146
Fairfield, Joshua A. T.	约书亚·阿特·费尔菲尔德	191, 199, 238, 239
Fairplay DRM	Fairplay 数字版权管理系统	122, 133-134
False advertising	虚假广告	83-90, 97-98
Farenthold, Blake	布莱克·法伦索尔德	178
Farmers	农民	144-146, 163-164, 167
F. B. T. Prods. v. Aftermath Records	F. B. T. Prods 诉西海岸唱片公司案	209
FTC Act	联邦贸易委员会法	87-90, 174-175
Feist Publ'ns, Inc. v. Rural Tel. Serv. Co.	菲斯特股份有限出版公司诉乡村电话服务公司案	199
Feldman, Lauren	劳伦·费尔德曼	211
Felten, Ed	埃德·费尔顿	133, 135
Ferrari	法拉利	146, 148

(续表)

英文词汇	中文对译词	页码
Ferris v. Frohman	费里斯诉费罗曼案	203
Fitbit	Fitbit 可穿戴设备厂商	4, 153, 231
first sale doctrine	首次销售原则	25, 27-31, 40, 51, 107, 157, 178-179
Fixation	固定	18, 37, 40
Ford Motor Company,	福特汽车公司	146-148, 235
Forward and delete technology	转发和删除技术	186, 188
Franklin, Benjamin	本杰明·富兰克林	95, 103
Free software	自由软件	71, 149
Free Software Foundation	自由软件基金会	230
Freeman, Andrea	安德里亚·弗里曼	211
French, Brian	布莱恩·弗伦奇	217
Fry, Richard	理查德·弗赖伊	234
G		
GameStop	游戏驿站	31
Garage door openers	车库门打开器	137-143
Gasser, Urs	乌尔斯·加瑟	218-219
Gates, Bill	比尔·盖茨	124
General Motors (GM)	通用汽车公司(GM)	71, 146, 229
General Talking Pictures v. Western Electric	通用有声电影公司诉西部电气有限公司案	160

(续表)

英文词汇	中文对译词	页码
GNU General Public License (GPL)	GNU通用公共许可证(GPL)	71
Goblin property	哥布林地产公司	17, 187
Godwin, Mike	迈克·戈德温	125, 130
Good, Nathaniel	古德·纳森尼尔	217
Google	谷歌	61, 78, 95, 117–118, 140–141, 151
Gordon, Wendy	温迪·戈登	211
Grannis, Amanda	阿曼达·格兰尼斯	217
Grassley, Chuck	查克·格拉斯利	236
Greenberg, Joshua M.	乔舒亚·M.格林伯格	201
Greenwald, Glenn	格伦·格林沃尔德	197
Grimmelmann, James	詹姆斯·格里梅尔曼	238
Grossklags, Jens	詹斯·格洛斯拉各斯	217
Grove Press v. Gerstein	格罗夫出版社诉格斯坦案	196
growth of	……的增长	48–54
Gutenberg, Johannes	约翰内斯·古腾堡	36, 38, 203
H		
Hamlet	哈姆雷特	59
Harmony	Harmony软件(一项软件技术,用以破解苹果公司的Fair Play DRM)	134

(续表)

英文词汇	中文对译词	页码
HarperCollins	哈珀柯林斯	109
Harrison v. Maynard, Merrill & Co.	哈里森诉美林·梅纳德公司案	200
HathiTrust	海西图书资料集团	117, 224
Hegel, Georg	格奥尔格·黑格尔	22
HeinOnline	美国数据库 HeinOnline	86, 212
Hesse, Thomas	托马斯·汉森	136
Higgins, Parker	帕克·希金斯	230
Hoofnagle, Chris Jay	克里斯·杰·胡夫纳格尔	214
Houweling, Molly Shaffer Van	莫莉·沙弗·范·胡韦林	198
Huang, Andrew "bunnie"	安德鲁·宾妮·黄	227
Hulu	Hulu 视频网站	48–49
Humphrey, Watts S.	瓦茨·S.汉弗莱	209
Hush-A-Phone Corp. v. United States	Hush-A-Phone 诉美国政府案	227
I		
IBM	美国国际商用机器公司	40, 62–63
iBook	苹果电子书	93, 177, 183
iCloud	苹果云空间	42
Image Comics	Image 漫画公司	85–86, 212

(续表)

英文词汇	中文对译词	页码
impact on research	对研究所造成的影响	132-138
Information costs	信息成本	7-10, 17-21, 74, 81, 187-190
Infringement	侵权	12, 22, 27, 40, 45, 47, 50, 75, 97, 118, 123, 130, 155, 162, 164, 176-179, 183-185
Institute of Electrical and Electronics Engineers (IEEE)	电气与电子工程师协会(IEEE)	186
Intangible property	无形财产	见 Property
Intellectual property	知识产权	11-19, 24-26, 62-63, 71, 75, 111, 173
Internet Archive	互联网档案馆	117
Internet of Things (IoT)	物联网	13, 135, 140-141, 145, 150, 152, 157
international exhaustion	国际专利权用尽原则	164-165, 167-168
Interview, The	采访	9, 197
ios	ios 系统	93, 141, 143
iPad	苹果平板电脑	94
iPhone	苹果手机	10, 62, 94, 141-143
iPod	苹果音乐播放器	38, 42, 133-34, 141
Isbell, Jason	杰森·伊斯贝尔	51

(续表)

英文词汇	中文对译词	页码
iTunes	iTunes音乐和视频播放器	20, 35, 39-43, 54, 59, 84, 93, 122, 133-134, 186
iWatch	苹果智能手表	4
Iyengar, Sheena S.	希娜·S·艾扬格	211
J		
Jailbreaking	越狱	141-143
Jazz Photo Corp. v. International Trade Commission	爵士摄影公司诉国际贸易委员会案	164
Jeep. See Chrysler	吉普	147
Jefferson, Thomas	托马斯·杰斐逊	19, 95, 199
Jobs, Steve	史蒂夫·乔布斯	133, 141, 143, 225
Johansen, Jon	乔恩·约翰森	131-133
John Deere (Deere & Company)	约翰迪尔公司	144-146, 167
John D. Park & Sons Co. v. Hartman	约翰帕克父子有限公司诉哈特曼案	198
John Wiley & Sons	约翰威利父子出版公司	28-29, 78-79, 159, 178, 200, 233
Johnson & Johnson v. Smithkline Beecham Corp.	强生公司诉史克必成公司案	213
Johnson v. M'Intosh	强生公司诉麦景图案	239
Jonnes, Jill	吉尔·琼斯	233
K		

(续表)

英文词汇	中文对译词	页码
Kahneman, Daniel	丹尼尔·卡尼曼	206
Katz v. United States	卡茨诉美国政府案	222
Katz, Ariel	阿里尔·卡兹	200, 234
Keeler v. Standard Folding-Bed Co.	基勒诉标准折叠床公司案	157, 162
Kemmler, William	威廉·凯姆勒	158
Keurig	科瑞格公司	4, 10, 149-150
Kidizoom	伟易达	151
Kim, Nancy S.	南希·S.金	208
Kindle	亚马逊电子阅读器	见 Amazon
Kipling v. G. P. Putnam's Sons	吉普林诉普特南森出版公司案	200
Kirtsaeng v. John Wiley & Sons, Inc.	基尔特桑诉约翰威利国际出版公司	159, 178, 200, 233
Konstan, Joseph	约瑟夫·康斯坦	217
Korngold, Gerald	杰拉尔德·康戈尔德	198
L		
Lamont v. Postmaster Gen.	拉蒙特诉邮政局长案	222
Lanham Act	兰汉姆法案	87-88, 212-213
Lardner, James	詹姆斯·拉德纳	201
Leahy, Patrick	帕特里克·莱希	179, 236
Leibrand, Scott	斯科特·莱布兰德	152-153

(续表)

英文词汇	中文对译词	页码
Lemley, Mark	马克·莱姆利	67, 209
Lending	出借	96-100, 118, 170, 181-184, 188, 191-193
length of	……的长度	59, 71
Lepper, Mark R.	马克·莱珀	211
Lewis, Dana	黛娜·刘易斯	152
Lexmark	利盟	(无)
Lexmark v. Impression Products	利盟公司诉印象产品公司案	155, 167, 177
Lexmark v. Static Control Components (SCC)	美国史丹迪公司(SCC)案	138, 213, 226, 232
Libraries	库	(无)
Library Company of Philadelphia	费城图书馆公司	103
License	许可证	59-74
Licensed secondary markets	获许可的二级市场	63
Lichtenberg, Frank R.	弗兰克·R.利希滕伯格	233
Liebesman, Yvette Joy	伊维特·乔伊·利伯曼	199
Linux	Linux 操作系统	131-132
Litman, Jessica	杰西卡·利特曼	235
Liu, Katy K.	凯蒂·K.刘	217

(续表)

英文词汇	中文对译词	页码
Locke, John	约翰·洛克	22, 199
Lockout	锁定	129
Los Angeles Philharmonic	洛杉矶爱乐乐团	109
Luke Records, Inc. v. Navarro	卢克唱片公司诉纳瓦罗案	197
M		
Macbeth	《麦克白》	59, 71
Made in the USA Found. v. Phillips Foods, Inc.	美国制造基金会诉Phillips食品公司案	213
MAI v. Peak	MAI诉Peak案	47
Maisel, William H.	威廉·H.梅瑟尔	232
Major League Baseball (MLB)	美国职业棒球大联盟(MLB)	6
Malarkey, Alex	亚历克斯·马拉基	114
Mallinckrodt v. Medipart	Mallinckrodt诉Medipart案	160-162, 233
Market for lemons	柠檬市场	60
Market segmentation	市场分割	29, 166
Marotta-Wurgler, Florencia	弗洛伦·马罗塔-沃格勒	207, 215
Masnick, Mike	迈克·马斯尼克	207-208
Mattel	美泰公司	150-151, 230

(续表)

英文词汇	中文对译词	页码
McGraw-Hill	麦格劳-希尔教育出版集团	29
McNeilab, Inc. v. Am. Home Prods. Corp.	麦克尼拉布公司诉美国家用公司案	214
MDY Indus. LLC v. Blizzard Entm't, Inc.	MDY Indus. 有限责任公司诉暴雪娱乐公司案	226
MediaShop study	媒体商店研究	90-101
Medical devices	医疗器械	141, 152-154
Meltzer, Kimberly	金伯利·梅尔策	211
Mercedes Benz	梅赛德斯奔驰	146-147, 229
Merrill, Thomas W.	托马斯·W. 梅里尔	197, 233
MGE UPS Sys. Inc. v. GE Consumer & Indus.	法国梅兰因兰电器公司诉通用电气消费者和工业公司案	236
Microsoft	微软	（无）
MSN Music	MSN 音乐	6
Miles Med. Co. v. John D. Park & Sons Co.	迈尔斯医疗公司诉约翰帕克父子有限公司案	198
Miller, Henry	亨利·米勒	196
Miller, James C.	詹姆斯·米勒	214
Moglen, Eben	艾本·莫格伦	71, 210
Mongan, D. T.	D. T. 蒙根	210
Monsanto	孟山都公司	144, 163

(续表)

英文词汇	中文对译词	页码
Bowman v. Monsanto	鲍曼诉孟山都公司案	163, 228
Monsanto Canada Inc. v. Schmeiser	孟山都（加拿大）公司诉 Schmeiser 案	228
Morewedge, Carey K.	凯里·K. 摩尔韦奇	206
Morrison, Heather	希瑟·莫里森	201
Motion Picture Patents Co. v. Universal Film Mfg. Co.	电影专利公司诉环球电影公司案	223
MSN Music	MSN 音乐	见 Microsoft
Mulligan, Christina	克里斯蒂娜·穆里根	185, 198, 237
Mulligan, Deirdre	迪尔德里·穆里根	217, 226
Munro, Alistair	阿利斯泰尔·芒罗	206
Museums	图书馆	25-26, 73-74, 111, 117
N		
Napster	Napster 在线音乐服务	32, 124
Narayanan, Arvind	阿文德·纳拉亚纳南	238
National Security Agency (NSA)	美国国家安全局 (NSA)	7, 116
National Telecommunication and Information Administration (NTIA)	美国国家电信和信息管理局 (NTIA)	148, 238
Nest	Nest 公司	140-141, 151
Netflix	美国奈飞公司,简称网飞	5-6, 13, 21, 35, 48-51, 75, 81, 98, 169, 172-173

(续表)

英文词汇	中文对译词	页码
New York Public Library (NYPL)	纽约公共图书馆 (NYPL)	117
Newman, Chris	克里斯·纽曼	210
Newton, Isaac	艾萨克·牛顿	145, 228
Nintendo	任天堂	31
Nook	巴诺书店旗下的 Nook	见 Barnes & Noble
Novartis Consumer Health, Inc. v. Johnson & Johnson-Merck Consumer	诺华消费者健康公司诉强生公司案	116
Nygaard, Linn	林·尼加德	2-3
O		
O'Brien, David R.	大卫·R.奥布莱恩	218-219
Obama, President Barack	美国总统巴拉克·奥巴马	143, 228
O'Reilly Media	欧莱理媒体公司	87
origins of	……的起源	62-65
OverDrive	赛阅公司	86, 108-109, 118
Ownership, distinguishing licenses from sales	所有权,区分许可证和销售许可证	64, 74-81
ownership of copiesc	副本所有权	63
Oxford English Dictionary	《简明牛津英语词典》	55
P		
P90X	九十天魔鬼训练	30, 202

(续表)

英文词汇	中文对译词	页码
Pacemaker	心脏起搏器	1, 140, 152-153
Palfrey, John	约翰·波尔弗里	217-219
Pallante, Maria	玛丽亚·帕兰特	173, 235
patent exhaustion	专利用尽	156-168, 177-178
Parfums Givenchy, Inc. v. C & C Beauty Sales, Inc.	纪梵希公司诉C&C美容销售公司案	237
Parton v. Prang	Parton诉Prang案	203
Patents	专利	(无)
personal property	私人财产	2, 12-13, 15-27, 30, 32, 38, 44-45, 53, 74, 84, 97, 103, 108, 121, 127, 138, 156, 189, 192-193
Pfizer	辉瑞制药有限公司	166
Pharmaceuticals	生物制药	166
Phillips, Douglas E.	道格拉斯·E·菲利普斯	207
Phlips, Louis	路易斯·菲利普斯	80, 211
Pigou, Arthur	阿瑟·庇古	197
Pirate Bay, The	海盗湾	12, 50, 97, 198
Platt & Munk Co. v. Republic Graphics, Inc.	Platt & Munk公司诉Republic Graphics公司案	236
PlayStation	PlayStation游戏机	见Sony
Pollio, Marie C.	玛丽·C.波利奥	217

(续表)

英文词汇	中文对译词	页码
POM Wonderful, LLC. v. FTC	POM Wonderful 有限责任公司诉联邦贸易委员会案	214
Pope v. Curl	蒲柏诉科尔案	203
Pope, Alexander	亚历山大·蒲柏	37
Popken, Ben	本·波普肯	201
post-sale restrictions	售后限制	13, 156-157, 162-163, 167-168
Preemption	优先购买权	176
Preservation	保存	9-10, 27, 42, 55, 105, 111-113, 135
Pretty Good Privacy (PGP)	PGP,一种加密隐私算法	190
Price discrimination	价格歧视	5-6, 29, 67, 77-81, 162, 166-167
Price, Rob	罗伯·普莱斯	227
Printers	出版商	137-139, 155-156, 167
Privacy	隐私	7, 43, 104-105, 110, 114-117, 151, 153, 170, 187, 192
ProCD v. Zeidenberg	ProCD诉泽登伯格案	67-68, 77, 209
Profit margins	利润率	29, 94
Project Cicero	西塞罗项目	118-119, 224
Property	财产	(无)
Public goods	公共物品	19

(续表)

英文词汇	中文对译词	页码
Pushman v. New York Graphic Society	普什曼诉纽约图形协会案	203
Q		
Quanta Computer, Inc. v. LG Electronics, Inc.	广达电脑公司诉乐金电子公司案	162-163, 178, 233
R		
Radin, Margaret Jane	玛格丽特·简·拉丁	209
Radiohead	Radiohead 乐队	52
Rajec, Sarah R. Wasserman	萨拉·R.瓦瑟曼·拉耶克	233
RAM copy doctrine	RAM 复制原则	46
Random House	兰登书屋	6, 86-87, 110
Reader Privacy Act	读者隐私法案	117, 222
RealNetworks	瑞尔视科技有限公司(媒体系统研发平台)	131, 134
real property	不动产	15-16, 23
Redbox	红盒子公司	7, 21
ReDigi	ReDigi 公司	40-41, 185
Reese, R. Anthony	R.安东尼·里斯	196, 219
R. Reidenberg, Joel R.	乔尔·R·雷登伯格	217
Remote Storage Digital Video Recorder (RS-DVR)	远程存储数字视频录像机(RS-DVR)	47

(续表)

英文词汇	中文对译词	页码
Rental	租赁	16-17, 25, 30-33, 63, 74-75, 81, 84-85, 170, 180, 183
Repair	修理	1, 4, 6, 26, 103, 135, 139, 144-148, 154, 157, 179
Resale	转卖	2-3, 6, 10, 17, 25-26, 40-43, 51, 63, 75, 83, 85, 95-100, 103, 159-160, 183-184
Resale Royalty Act	转售版权法案	187
restrictions on lending	出借限制	106-107
restraints on alienation	对转让的限制	158-159
Reverse engineering	逆向工程	61, 72, 129, 131, 138
Revolv	Revolv 制造商	140-141
Reyes, Emily Alpert	艾米丽·阿尔珀特·雷耶斯	234
Richards, Neil	尼尔·理查兹	104, 218
Right of First Refusal Agreement	优先拒绝协议	146, 148
Right to Repair law	修理权法	147
Riley v. California	Riley 诉加利福尼亚州案	222, 226
Riva, Paolo	保罗·里瓦	231
Roberts, Chief Justice John	首席大法官约翰·罗伯茨	60, 140

(续表)

英文词汇	中文对译词	页码
Robinson, Glen O.	格伦·O.罗宾逊	198
Rogers, Fred	弗雷德·罗杰斯	11, 126
Rootkit	Rootkit 软件	136-137, 226
Rose, Mark	马克·罗斯	203
Rothchild, John A.	约翰·A.罗斯查尔德	233
Rowling, J. K.	J. K.罗琳	17, 187, 199
Rub, Guy A.	盖伊·A.鲁布	238
Russinovich, Mark	马克·鲁西诺维奇	136
S		
Sacchi, Simona	西蒙娜·萨基	231
Sam Francis Foundation v. Christies	弗朗西斯基金会诉佳士得案	238
Samsung	三星	17, 140, 151
Samuelson, Pamela	帕梅拉·萨缪尔森	236
Sandler, Karen	凯伦·桑德勒	152
Scholastic	美国学术出版社	3
Schwartz, Barry	巴里·施瓦茨	211
Secondary markets	二级市场	9, 12, 27, 50, 63, 80, 111, 181, 184, 186-187
section 109	第109条	73, 168, 179
section 117	第117条	42, 63-64, 73, 129, 163, 177, 179, 183

(续表)

英文词汇	中文对译词	页码
section 1201	第1201条	见 Digital Millennium Copyright Act[DMCA]
self-replicating technologies	自我复制技术	163, 168
Sega v. Accolade	世嘉诉荣誉公司案	129, 225
Serial Copy Management System (SCMS)	连接复制管理系统 (SCMS)	130
servitudes on chattels	动产衡平地役权	16-17, 27
Sharing economy	共享经济	169-171
Shaver, Leah	莉亚·沙弗	200
Sheffner, Ben	本·谢夫纳	215
Shelley v. Kraemer	雪某诉克雷默案	198
shift to digital collections	向数字收藏的转变	108-111
Short notice	临时通知	90, 99-101, 174
Sidhu, Dawinder S.	达文德·S.西杜	223
Silver-Greenberg, Jessica	杰西卡·希尔弗-格林伯格	208, 229, 231
Simpsons, The	辛普森一家	54, 206
single recovery theory	单一追偿规则	159
Skywalker Records, Inc. v. Navarro	天行者唱片公司诉内瓦罗案	197
Sleepsense	Sleepsense 睡眠追踪器	140
Smart cow problem	聪明的奶牛问题	125, 131, 133

(续表)

英文词汇	中文对译词	页码
Smith v. Maryland	Smith 诉 Maryland 案	222
Smith, Henry E.	亨利·E.史密斯	197, 233
Smith, Kevin	凯文·史密斯	109, 206, 220
Software	软件	(无)
Song of the South	南方之歌	9, 197
Sony	索尼	(无)
Sony Corp. of Am. v. Universal City Studios, Inc.	索尼公司诉影城公司	126-127, 198, 202
Sperb, Jason	杰森·斯珀布	197
Spotify	声破天(流媒体音乐平台)	5, 13, 38, 48-53, 98, 169-172
State St. Bank and Trust Co. v. Signature Fin. Grp., Inc.	美国道富银行和信托公司诉 Signature 基金集团股份有限公司案	209
Stationers Company	Stationers 公司	36
Statute of Anne	安妮法令	36
Stephens v. Cady	史蒂芬斯诉凯蒂案	37, 203
Storage Tech. Corp. v. Custom Hardware Eng'g & Consulting, Inc.	美商存储科技公司诉 Custom Hardware 能源与咨询公司案	236
Storia	Storia 电子书平台	3
Straus v. Victor Talking Mach. Co	斯特劳斯诉胜利唱片公司案	158, 162

(续表)

英文词汇	中文对译词	页码
Streaming	流媒体	3, 5, 35, 46-54, 97, 117
Striphas, Ted	泰德·斯特里达斯	104, 218
Subscription services	用户订阅服务	3, 13, 31, 97
Sweazey, Paul	保罗·斯威泽	238
Swift, Taylor	泰勒·斯威夫特	52-53, 205
T		
Taddy & Co. v. Sterious & Co.	Taddy公司诉Sterious公司案	198
Tattered Cover, Inc. v. City of Thornton	破烂封面书店诉桑顿市案	222
Telebrands Corp. v. Media Grp., Inc	Telebrands公司诉Media集团公司案	214
Tesla, Nikola	尼古拉·特斯拉	158
Textbooks	教科书	28-29, 166
Thaw, David	大卫·陶	217
Theberge v. Galerie d'Art du Petit Champlain Inc	泰伯格诉小尚普兰美术馆案	204
Tiffany (NJ) Inc. v. eBay, Inc	蒂芙尼(新泽西州)公司诉易贝公司案	237
Tom Kabinet	汤姆·卡比内特	184-185
Toyota	丰田	17
ToyTalk	ToyTalk智能玩具	150-151
Tractors	拖拉机	144-146

(续表)

英文词汇	中文对译词	页码
Trademarks	商标	18, 62, 83, 87, 189
trademark exhaustion	商标用尽	199
Trademark Security System (TMSS)	商标安全系统(TMSS)	129
Transaction costs	交易成本	8, 69, 170, 183
Trossen, David R	大卫·R.特罗森	207, 215
Turow, Joseph	约瑟夫·图罗	211
Twain, Mark	马克·吐温	26
Twentieth Century Music Corp. v. Aiken	二十世纪音乐公司诉艾肯案	201
U		
Uber	优步	169–171
UMG Recordings v. Augusto	环球音乐集团诉奥古斯托案	75–76, 210
Unfair Terms in Consumer Contracts Directive	消费者合同中的不公平条款	175
Uniform Commercial Code (UCC)	美国统一商法典(UCC)	74–75
United States v. Curtin	美国诉柯廷案	223
United States v. Jones	美国诉琼斯案	222
United States v. Miller	美国诉米勒案	222
United States v. Rumley	美国诉拉姆利案	222
United States v. Wise	美国诉怀斯案	204, 210
Universal City Studios v. Corley	环球城工作室诉科尔公司案	225

(续表)

英文词汇	中文对译词	页码
Unlocking	解锁	142-143
Unlocking Consumer Choice and Wireless Competition Act	《解锁消费者选择和无线竞争法案》	143
Unordered Merchandise Act	未订购商品法案	210
Urban, Jennifer M	珍妮弗·M.厄本	221
UsedSoft GmbH v. Oracle	德国UsedSoft公司诉甲古文公司案	237
User innovation	用户创新	9-10, 27, 124, 132, 135, 142, 145-146, 176
V		
Valenti, Jack	杰克·瓦伦蒂	126, 128, 224
van Os, Marcel	马塞尔·范·奥斯	238
Vault v. Quaid	拱顶公司诉奎德软件公司案	129
VCR	录像机	11, 32, 37, 125-128, 131
Vernor v. Autodesk	Vernor诉欧克特公司案	76
Viacom Int'l, Inc. v. Youtube, Inc	Viaco国际公司诉Youtube公司案	237
Video games	电子游戏	25, 31
used market for	二手市场	31-32
Video Privacy Protection Act	《视频隐私保护法》	104

(续表)

英文词汇	中文对译词	页码
Vinyl records	黑胶唱片	30, 38, 53-54, 93, 172, 190
Volkswagen	大众汽车	148
von Hippel, Eric	埃里克·冯·希佩尔	145, 197, 225, 228
VTech	伟易达集团	151
W		
Walmart	沃尔玛超市	6, 29, 31, 90, 196
Wearable technology	可穿戴技术	4, 140
Webber, Mark	马克·韦伯	235
Weinrib, Arnold S	阿诺德·S.韦恩里布	239
Westinghouse, George	乔治·威斯丁豪斯	158
White-Smith v. Apollo	阿波罗·怀特·史密斯	47, 204
Wiens, Kyle	凯尔·温斯	145, 224, 228
William H. Morris Co. v. Group W, Inc	威廉·莫里斯公司诉W集团公司案	214
Wilson, Benjamin	本杰明·威尔逊	199
Winn, Jane K	简·K.温	235
Wu-Tang Clan	武当派乐队	74, 210
Wyden, Ron	罗恩·怀登	196
X		
Xbox	Xbox	3, 10, 32, 94, 142

(续表)

英文词汇	中文对译词	页码
Y		
Yahoo	雅虎	6,43
Yorke, Thom	汤姆·约克	51
You Own Devices Act (YODA)	设备所有权法案 (YODA)	178
Z		
Zuckerman, Ethan	伊森·祖克曼	145,228
Zune	Zune 播放器	133

译后记

《所有权的终结：数据时代的财产保护》一书的出版可谓几经波折，在我博士论文写作即将收尾时偶获本书，便有了将它翻译成中文版的愿望。翻译伊始，我就一直在思索数字经济时代的权利保护该如何落实，很遗憾，在当下中国，这样一个宏大的命题很难找到一个令人满意的答案。作为译者，真诚地希望读者能从本书找到值得研究的素材，以此推进这一理论问题的研究。

本书能顺利出版，需要感谢的人很多。感谢我的父母，他们让我的学术之路没有后顾之忧。感谢李昊教授、陆建华编辑、张文桢编辑的热忱相助，尤其要感谢陆建华老师为本书版权的引进和出版提供的巨大帮助。感谢我的导师龙卫球教授，他亲手为我打开了学术之门，并不计回报地倾囊相授。

2022年2月10日，在本书即将付梓的最后阶段，把我亲手带大的姥姥溘然长逝，她的离开让我开始重新探索学术研究的意义。我开始理解，为学固然重要，但家人的陪伴才是每个人生命中最为重要的一环。

姥姥的一生，是正直的一生。她待人宽厚，时时处处总是把困难留给自己，把方便让给别人，日子再苦，姥姥也咬牙坚持；日子再难，姥姥从未抱怨过一句。

姥姥的一生，是奉献的一生。她勤俭持家一辈子，独自含辛茹苦抚育了两代人：艰苦年代里的父辈六人和新时代里的孙辈十一人。姥姥给了我们无微不至的关怀呵护。忘不了，为了让我们接受更好的教育，在我们小时候，姥姥一字字一句句地把唐诗宋词读给每一个孩子听。这对于没有正式上过学的姥姥来说，需要何等的毅力和精神！忘不了，姥姥年近八十时，仍然每天会把饭菜准备好，给儿女们和孙子们打电话通知回家吃饭，对后辈来说，是何其珍贵的一份家庭温暖！忘不了，姥姥期盼我们回家时喜悦的眼神。更忘不了，姥姥弥留之际仍然在关心着儿孙们的健康、学业和事业。

　　姥姥的一生，也是幸福的一生。她见证了两代人的成长，一代为社会奉献着重要力量，一代正在茁壮成长。在天有灵的姥姥，一定是幸福地看着我们继续在她的言传身教里走向更远的前方。她经常挂在嘴边的一句话是："好好学习是你们这一代人的出路，以后一定要做对社会有用的人。"她的温良恭俭、她的善心厚德、她的所言所传，是我们整个家族的精神寄托。姥姥更是我作为老师一生学习的榜样。我想，对姥姥最好的缅怀方式，就是带着她的教诲勇敢地活下去。

　　是为译后记。

赵精武

2022 年 3 月 8 日于黄骅

2022 年 5 月 20 日二校于北京

法律人进阶译丛

⊙ 法学启蒙

《法律研习的方法：作业、考试和论文写作（第9版）》，〔德〕托马斯·M.J.默勒斯 著，2019年出版
《如何高效学习法律（第8版）》，〔德〕芭芭拉·朗格 著，2020年出版
《如何解答法律题：解题三段论、正确的表达和格式（第11版增补本）》，〔德〕罗兰德·史梅尔 著，2019年出版
《法律职业成长：训练机构、机遇与申请（第2版增补本）》，〔德〕托尔斯滕·维斯拉格 等著，2021年出版
《法学之门：学会思考与说理（第4版）》，〔日〕道垣内正人 著，2021年出版

⊙ 法学基础

《法律解释（第6版）》，〔德〕罗尔夫·旺克 著，2020年出版
《法理学：主题与概念（第3版）》，〔英〕斯科特·维奇 等著
《德国基本权利（第6版）》，〔德〕福尔克尔·埃平 著
《德国刑法基础课（第6版）》，〔德〕乌韦·穆尔曼 著
《刑法分则I：针对财产的犯罪（第21版）》，〔德〕伦吉尔 著
《刑法分则II：针对人身与国家的犯罪（第20版）》，〔德〕伦吉尔 著
《民法学入门：民法总则讲义·序论（第2版增订本）》，〔日〕河上正二 著，2019年出版
《民法的基本概念（第2版）》，〔德〕汉斯·哈腾豪尔 著
《民法总论》，〔意〕弗朗切斯科·桑多罗·帕萨雷里 著
《德国民法总论（第42版）》，〔德〕赫尔穆特·科勒 著，2022年出版
《德国物权法（第32版）》，〔德〕曼弗雷德·沃尔夫 等著
《德国债法各论（第17版）》，〔德〕迪尔克·罗歇尔德斯 著

⊙ 法学拓展

《奥地利民法概论：与德国法相比较》，〔奥〕伽布里菈·库齐奥 等著，2019年出版
《所有权的终结：数字时代的财产保护》，〔美〕亚伦·普赞诺斯基 等著，2022年出版
《合同设计方法与实务（第3版）》，〔德〕阿德霍尔德 等著，2022年出版
《合同的完美设计（第5版）》，〔德〕苏达贝·卡玛纳布罗 著，2022年出版

《民事诉讼法(第4版)》,〔德〕彼得拉·波尔曼 著
《消费者保护法》,〔德〕克里斯蒂安·亚历山大 著
《日本典型担保法》,〔日〕道垣内弘人 著,2022年出版
《日本非典型担保法》,〔日〕道垣内弘人 著
《担保物权法(第4版)》,〔日〕道垣内弘人 著
《信托法》,〔日〕道垣内弘人 著
《公司法的精神:欧陆公司法的核心原则》,〔德〕根特·H.罗斯 等著

⊙ **案例研习**

《德国大学刑法案例辅导(新生卷·第三版)》,〔德〕埃里克·希尔根多夫著,2019年出版
《德国大学刑法案例辅导(进阶卷·第二版)》,〔德〕埃里克 希尔根多夫著,2019年出版
《德国大学刑法案例辅导(司法考试备考卷·第二版)》,〔德〕埃里克 希尔根多夫著,2019年出版
《德国民法总则案例研习(第5版)》,〔德〕尤科·弗里茨舍 著,2022年出版
《德国法定之债案例研习(第3版)》,〔德〕尤科·弗里茨舍 著
《德国意定之债案例研习(第6版)》,〔德〕尤科·弗里茨舍 著
《德国物权法案例研习(第4版)》,〔德〕延斯·科赫、马丁·洛尼希著,2020年出版
《德国家庭法案例研习(第13版)》,〔德〕施瓦布著
《德国劳动法案例研习(第4版)》,〔德〕阿博·容克尔 著
《德国商法案例研习(第3版)》,〔德〕托比亚斯·勒特 著,2021年出版

⊙ **经典阅读**

《法学方法论(第4版)》,〔德〕托马斯·M.J.默勒斯 著,2022年出版
《法学中的体系思维和体系概念》,〔德〕克劳斯-威廉·卡纳里斯 著
《法律漏洞的发现(第2版)》,〔德〕克劳斯-威廉·卡纳里斯 著
《欧洲民法的一般原则》,〔德〕诺伯特·赖希 著
《欧洲合同法(第2版)》,〔德〕海因·克茨 著
《德国民法总论(第4版)》,〔德〕莱因哈德·博克 著
《合同法基础原理》,〔美〕麦尔文·艾森伯格 著
《日本新债法总论(上下卷)》,〔日〕潮见佳男 著
《法政策学(第2版)》,〔日〕平井宜雄 著